Convenção de Arbitragem

Convenção de Arbitragem
VINCULAÇÃO DE NÃO SIGNATÁRIOS

2020

Renato Fernandes Coutinho

CONVENÇÃO DE ARBITRAGEM
VINCULAÇÃO DE NÃO SIGNATÁRIOS
© Almedina, 2020
AUTOR: Renato Fernandes Coutinho

DIRETOR ALMEDINA BRASIL: Rodrigo Mentz
EDITORA JURÍDICA: Manuella Santos de Castro
EDITOR DE DESENVOLVIMENTO: Aurélio Cesar Nogueira
ASSISTENTES EDITORIAIS: Isabela Leite e Larissa Nogueira

DIAGRAMAÇÃO: Almedina
DESIGN DE CAPA: Roberta Bassanetto

ISBN: 9786556271323
Dezembro, 2020

Dados Internacionais de Catalogação na Publicação (CIP)
(Câmara Brasileira do Livro, SP, Brasil)

Coutinho, Renato Fernandes
Convenção de Arbitragem : vinculação de não signatários / Renato Fernandes Coutinho. -- 1. ed. -- São Paulo : Almedina, 2020.

ISBN 978-65-5627-132-3

1. Arbitragem 2. Arbitragem (Direito) 3. Arbitragem - Leis e legislação I. Título.

20-46155   CDU-347.918(81)

Índices para catálogo sistemático:

1. Brasil : Arbitragem : Processo civil 347.918(81)

Aline Graziele Benitez - Bibliotecária - CRB-1/3129

Este livro segue as regras do novo Acordo Ortográfico da Língua Portuguesa (1990).

Todos os direitos reservados. Nenhuma parte deste livro, protegido por copyright, pode ser reproduzida, armazenada ou transmitida de alguma forma ou por algum meio, seja eletrônico ou mecânico, inclusive fotocópia, gravação ou qualquer sistema de armazenagem de informações, sem a permissão expressa e por escrito da editora.

EDITORA: Almedina Brasil
Rua José Maria Lisboa, 860, Conj.131 e 132, Jardim Paulista | 01423-001 São Paulo | Brasil
editora@almedina.com.br
www.almedina.com.br

"Enquiry into the limits of consent, albeit inconsistent with prevailing dogma, is of crucial conceptual and practical importance."
Karim Youssef

A Leticia,
minha alegria.

AGRADECIMENTOS

O presente trabalho é fruto dos meus estudos na pós-graduação da Universidade de São Paulo, sob a orientação do Professor Carlos Alberto Carmona. Assim, em primeiro lugar, agradeço a ele pela confiança em mim depositada, pela seriedade com que conduziu a orientação e por todos os ensinamentos ao longo dessa trajetória.

Aos membros de minha banca de qualificação, Professores Hermes Marcelo Huck e Francisco Paulo De Crescenzo Marino, meu muito obrigado pelas críticas e sugestões que fizeram ao trabalho, quando muito ainda havia a ser feito. Também aos colegas da pós-graduação com quem dividi minhas dúvidas e aflições, em especial a Antonio Carlos Nachif Correia Filho e Hugo Tubone Yamashita.

Aos amigos do FCDG Advogados, agradeço por todo o incentivo, pela compreensão e por colocarem a barra sempre tão alta. Ainda do escritório, agradeço aos que trabalham na área administrativa, na pessoa de Edison Santos, pelo valioso apoio na obtenção de material bibliográfico.

Aos amigos Ferdinando Cesar Lunardi Filho, Gustavo dos Santos Kulesza, Marco Deluiggi e Riccardo Giuliano Figueira Torre, muito obrigado pelas conversas e por todo o apoio que deram, sempre.

Agradeço, ainda, a Bruna de Godoy Marques das Neves, Caroline Oliveira Dias, Cristina Saiz Jabardo, Denise Martins, Edson Bossonaro Jr., Fernando Alberto Taddei Cembranelli, Gabriela Moraes de Ulhôa Rodrigues, Isabella Pereira Camargo, Lucas Bonassi Lucchesi e Mateus Fernandes Lima de Assis. Cada um, a seu modo, contribuiu para tornar esse projeto uma realidade.

Aos Professores que compuseram minha banca, Ricardo de Carvalho Aprigliano, Giovanni Ettore Nanni e Paulo Henrique dos Santos Lucon, agradeço pelas contribuições e provocações, que deram novo impulso à revisão do texto.

Por fim, à minha família, na pessoa de minha mãe, primeira e grande incentivadora de mais esse passo; à família dela, por ter abraçado o projeto e ajudado a torná-lo possível; e, claro, à Leticia, cujo apoio tão incondicional quanto essencial a fazem quase coautora deste trabalho.

PREFÁCIO

A atuação acadêmica é corriqueiramente propícia a ocasiões de inquestionável satisfação por oportunidades vivenciadas. O convite de Renato Fernandes Coutinho para escrever o prefácio de sua obra *Convenção de arbitragem: vinculação de não signatários* bem simboliza o episódio.

Em primeiro lugar, retrata a honra por ter sido selecionado pelo autor para escrever o texto preambular do livro, apresentando ao público a distinta monografia publicada pela Editora Almedina Brasil.

A obra é fruto de sua dissertação de mestrado submetida na Faculdade de Direito da Universidade de São Paulo, defendida no dia 16 de abril de 2020, perante a comissão julgadora presidida pelo Professor Doutor Carlos Alberto Carmona, também integrada pelos Professores Doutores Paulo Henrique dos Santos Lucon e Ricardo de Carvalho Aprigliano, cuja banca examinadora igualmente tive o privilégio de compor.

Exposto a rigorosa arguição, o autor transmitiu indiscutível gabarito e notório domínio do assunto, respondendo com êxito todos os questionamentos formulados. Foi aprovado com elogios, obtendo merecidamente o título de Mestre em Direito.

É sempre motivo de contento participar de encontros universitários desta natureza, que decerto revelam a alma e corroboram a opção pela carreira do magistério, pois nestes debates teóricos se proporciona o constante aprendizado, o que não foi diferente na banca de Renato Fernandes Coutinho.

Em segundo lugar, o livro inaugura a parceria editorial celebrada entre a Editora Almedina Brasil e o Comitê Brasileiro de Arbitragem – CBAr – cuja instituição tenho hoje a regalia de presidir –, rendendo a criação da *Coleção CBAr-Almedina*, voltada à publicação de trabalhos especializados nas áreas de arbitragem, de mediação e de outros métodos extrajudiciais de resolução de controvérsias.

Trata-se de inegável realização do CBAr, viabilizando a veiculação editorial de qualificados trabalhos, cumprindo fielmente sua missão institucional de entidade acadêmica voltada ao desenvolvimento científico da temática.

Ademais, a parceria levada a efeito reafirma o inexorável compromisso da tradicional casa editorial portuguesa com a excelência, visto que a Almedina jamais desprezou a qualidade em benefício do interesse comercial. Embora o intuito lucrativo seja indeclinável, é notório que desde sempre valorizou o predicado.

O livro de Renato Fernandes Coutinho se enquadra perfeitamente no ensejo retratado. Tem o mérito de consubstanciar exata combinação entre virtuosa narração teórica e percuciente abordagem prática, de tal sorte que é recomendado para pesquisadores em busca de problematização para discussões conceituais, assim como para profissionais a fim de solucionar questões concretas de seu quotidiano.

O tema central é dirigido pelo exame de inquietante situação que se exibe com acentuada frequência acerca de quem se encontra subordinado ou não à eficácia de cláusula compromissória que, na sua origem, não subscreveu.

Como expõe o autor, a sofisticação das relações empresariais e a velocidade do mundo moderno revela concretude em que, por vezes, o consentimento quanto à cláusula compromissória não se mostra tão evidente. Os pactos sofrem alterações no curso da execução de seu programa, levando a modificações subjetivas e ao ingresso de outros sujeitos que inicialmente não faziam parte daquela posição contratual.

Por conseguinte, surgida a controvérsia no contexto de tais vicissitudes, invariavelmente desponta o conflito acerca da vinculação à cláusula compromissória.

Já no princípio a obra bem situa o assunto, aduzindo que não se trata de *extensão* da cláusula compromissória a terceiros, mas de efetiva *vinculação* por meio de consentimento de não signatários.

De fato, a chamada *extensão* da cláusula compromissória consiste em ficção que não condiz com o instituto. O ponto fulcral que se deve investigar é se a parte está ou não vinculada à convenção de arbitragem, o que se apura por intermédio de interpretação.

A discussão muitas vezes ocorre entre empresas integrantes do mesmo grupo econômico, porém é sabido que cada pessoa jurídica detém personalidade distinta da de seus membros, pelo que cada qual mantém sua independência jurídica. Assim, os negócios jurídicos somente obrigam as partes e não outras sociedades membros do grupo econômico.

O tema é bastante controvertido. O debate sobre pertencerem ou não ao mesmo grupo econômico; constituírem ou não grupos de fato, com pessoas jurídicas autônomas e independentes; serem ou não afiliadas, subsidiárias, controladoras etc., são questões de fato a serem levadas em consideração para o exame da situação concreta.

Na realidade, o mais importante é saber se a parte não signatária está ou não atada à cláusula compromissória, o que se investiga a partir de sua declaração negocial ou de seu comportamento. Se assim ocorre, a eficácia da convenção arbitral lhe é aplicável, por *vinculação* própria à convenção de arbitragem, mas não por *extensão*.

Alicerçado nesta constatação teórica, o autor registra o consentimento como fundamento da arbitragem, dado que sua premissa primacial.

Em seguida, bem demonstra que o consentimento não há de ser apenas expresso, uma vez que se admite a forma tácita, igualmente dotada de eficácia vinculante, desde que, evidentemente, presentes os seus respectivos requisitos.

Firmadas as premissas conceituais de suas proposições, Renato Fernandes Coutinho anuncia critério classificatório que, segundo suas palavras, ainda não foi explorado na literatura nacional, o qual se propõe a organizar os principais fundamentos invocados pela doutrina e pela jurisprudência para a vinculação de não signatários à convenção de arbitragem.

Classifica as diferentes situações em que ocorre a vinculação de não signatários em três grupos: (i) casos em que se está em busca da *determinação* ou *identificação* das partes originárias da convenção de arbitragem; (ii) casos em que há a *adição* de uma parte à convenção de arbitragem, sem prejuízo da manutenção das partes originárias; e (iii) casos em que uma parte originária da convenção de arbitragem é *substituída* por outra, não signatária.

Aduz que o mérito desta divisão é o de focar a atenção do intérprete para o que se busca, afinal, constatar quanto aos limites subjetivos da convenção de arbitragem. Caso se trate de descobrir quem é verdadeira parte da convenção de arbitragem, isso é, se B ou C; caso se pretenda verificar a existência de parte adicional não signatária, sem prejuízo da manutenção das partes signatárias à convenção, isso é, se, além de A e B, também C é parte daquela cláusula compromissória; ou, por outro lado, caso se queira averiguar se uma parte da convenção de arbitragem deu lugar a outra, ou seja, se B deu lugar a C, mantendo-se A. A partir desse questionamento inicial abrem-se teorias das mais variadas, que, no entanto, segundo o autor, parecem sempre poder ser encaixadas em um desses três grandes grupos.

Sólido nesta assertiva, ressalta que não pretendeu empreender sistematização integral de todas as situações em que são discutidos os limites subjetivos da convenção de arbitragem. Buscou apenas catalogar algumas das hipóteses mais recorrentes com base em critério classificatório que reputou apropriado para tratar de situações bastante variadas, como aquelas envolvendo (i) a representação; (ii) a incorporação por referência; (iii) a adesão a cláusulas compromissórias em entes associativos; (iv) os grupos de sociedades; (v) os conceitos de *estoppel* e *venire contra factum proprium*; (vi) a desconsideração da personalidade jurídica na arbitragem; (vii) a estipulação em favor de terceiro; (viii) a cessão da posição contratual; (ix) a cessão de crédito; (x) a assunção de dívida e (xi) a sucessão.

Na sequência, aborda cada uma das figuras acima citadas, o que consiste em outra fortaleza do livro, já que enfrenta e fornece soluções aos eventos que se apresentam com maior frequência na experiência real.

O leitor, interessado na teoria ou na prática, certamente não se arrependerá de compulsar a obra *Convenção de arbitragem: vinculação de não signatários*. Encontrará valiosos pontos de vista no texto, que faz jus a aplausos.

Expresso, assim, a alegria ao prefaciar o trabalho de Renato Fernandes Coutinho, não só pelos atributos do livro, mas também por iniciar a *Coleção CBAr-Almedina*, que faço votos seja de grande entusiasmo e proveito.

Giovanni Ettore Nanni
Mestre e Doutor em Direito Civil pela PUC-SP
Professor de Direito Civil nos Cursos de Graduação e de Pós-Graduação *Stricto Sensu* na PUC-SP
Presidente do Comitê Brasileiro de Arbitragem – CBAr
Advogado em São Paulo

ABREVIATURAS

ADR	*American Depositary Receipt*
AgRg	Agravo Regimental
Ampl.	Ampliado
Art.	Artigo
Atual.	Atualizado
CAM	Câmara de Arbitragem do Mercado
CAM/CCBC	Centro de Arbitragem e Mediação da Câmara de Comércio Brasil-Canadá
CC	Código Civil (Lei nº 10.406/2002)
CCI	Câmara de Comércio Internacional
CDC	Código de Defesa do Consumidor (Lei nº 8.078/1990)
Cf.	Confira
CPC	Código de Processo Civil (Lei nº 13.105//2015)
Convenção de Nova York	Convenção sobre o Reconhecimento e a Execução de Sentenças Arbitrais Estrangeiras – recepcionada pelo Decreto nº 4.311, de 23 de julho de 2002
Des.	Desembargador(a)
D.J.	Data do julgamento
Eds.	Editores
IDR	*International Depositary Receipt*
Lei das S.A.	Lei nº 6.404/1976
Lei de Arbitragem	Lei nº 9.307/1996, conforme alterada pela Lei nº 13.129/2015

Lei do Inquilinato	Lei nº 8.245/1991
Min.	Ministro(a)
NR	Nota de Rodapé
N.Y.S.E.	*New York Stock Exchange*
REsp	Recurso Especial
SEC	Sentença Estrangeira Contestada
STF	Supremo Tribunal Federal
STJ	Superior Tribunal de Justiça
TJ/DF	Tribunal de Justiça do Distrito Federal
TJ/GO	Tribunal de Justiça de Goiás
TJ/MG	Tribunal de Justiça de Minas Gerais
TJ/PR	Tribunal de Justiça do Paraná
TJ/RJ	Tribunal de Justiça do Rio de Janeiro
TJ/SP	Tribunal de Justiça de São Paulo
TJ/SC	Tribunal de Justiça de Santa Catarina
TRF-4	Tribunal Regional Federal da 4ª Região
TRF-5	Tribunal Regional Federal da 5ª Região
UNCITRAL	*United Nations Commission on International Trade Law*

SUMÁRIO

CAPÍTULO 1. INTRODUÇÃO E JUSTIFICATIVA DO TEMA 19
  1.1. Estrutura adotada 24
  1.2. Esclarecimentos terminológicos 26
    1.2.1. A opção pelos termos "vinculação" e "não signatários" 26
    1.2.2. O emprego das expressões "convenção de arbitragem", "cláusula compromissória" e "compromisso arbitral" 34

CAPÍTULO 2. PREMISSAS TEÓRICAS FUNDAMENTAIS 37
  2.1. O consentimento como fundamento da arbitragem 37
  2.2. Desnecessidade de manifestação expressa de consentimento 42
  2.3. Desnecessidade de manifestação autônoma de consentimento 47

CAPÍTULO 3. CLASSIFICAÇÃO DAS DIFERENTES HIPÓTESES DE VINCULAÇÃO DE NÃO SIGNATÁRIOS 53
  3.1. Algumas classificações possíveis 54
    3.1.1. *Transmissão* v. *extensão* 54
    3.1.2. Eficácia originária v. eficácia sucessiva 60
    3.1.3. A divisão proposta por BREKOULAKIS. 62
  3.2. O critério tripartite proposto 65

CAPÍTULO 4. IDENTIFICAÇÃO DE PARTES NÃO SIGNATÁRIAS 69
  4.1. Representação 72
  4.2. Incorporação por referência 81

4.3. A cláusula compromissória em entes associativos — 89
    4.3.1. ADRs — 99

CAPÍTULO 5. ADIÇÃO DE PARTES NÃO SIGNATÁRIAS — 105
5.1. Grupos de sociedades — 107
5.2. *Estoppel* e *venire contra factum proprium* — 116
5.3. Desconsideração da personalidade jurídica na arbitragem — 127
5.4. Estipulação em favor de terceiros — 138

CAPÍTULO 6. SUBSTITUIÇÃO POR PARTES NÃO SIGNATÁRIAS — 145
6.1. Cessão da posição contratual — 146
6.2. Cessão de crédito — 155
6.3. Assunção de dívida — 160
6.4. Sucessão — 163

CONCLUSÕES — 171

REFERÊNCIAS — 173

JURISPRUDÊNCIA E PRECEDENTES ARBITRAIS — 185

Capítulo 1
Introdução e justificativa do tema

É por meio da celebração de uma convenção de arbitragem, tal como estabelecida no Capítulo II da Lei nº 9.307/1996, conforme alterada pela Lei nº 13.129/2015 ("Lei de Arbitragem"), que as partes interessadas elegem arbitragem como método de resolução de disputas. A assinatura de um negócio jurídico qualquer contendo cláusula compromissória ou a celebração de um compromisso arbitral fazem prova do consentimento das partes com essa forma de solução de controvérsias[1].

Mas a expressão do consentimento com a solução de conflitos pela via arbitral pode também dar-se de maneira não tão direta e evidente, como acontece com as manifestações de vontade externadas no contexto de qualquer outro contrato que não exija forma ou solenidade especial[2]. De fato, há casos em que uma parte manifesta sua opção pela arbitragem por meio de seu comportamento, seja no curso das negociações do negócio jurídico que contenha a convenção de arbitragem, seja durante a fase de execução desse instrumento, seja, ainda, quando de sua transmissão para um novo sujeito de direitos. Assim, aquele que não firmou a convenção de arbitragem, comumente referido como *terceiro* ou *não*

---

[1] Ressalve-se que, nos contratos de adesão, a eficácia da convenção de arbitragem fica condicionada à presença de requisitos especiais previstos no art. 4º, § 2º da Lei de Arbitragem.
[2] Cf. item 2.2, abaixo. Sobre o tema, recomenda-se: PINTO, Paulo da Mota. *Declaração tácita e comportamento concludente no negócio jurídico*. Coimbra: Almedina, 1995.

signatário, revela-se uma parte efetiva da convenção, com os mesmos direitos e ônus das partes signatárias.

Embora a validade da declaração de vontade não dependa de forma especial, ressalvada a existência de convenção de arbitragem escrita, é certo que a interpretação do consentimento da parte não signatária é normalmente mais problemática. Isso porque, em princípio, impende aferir não apenas se, mas *como* aquele que não assinou a convenção de arbitragem efetivamente com ela consentiu, assim como se e *como* consentiram as demais partes em resolver, por meio de arbitragem, controvérsias envolvendo o não signatário. Em outras palavras, é preciso ter evidências concretas da opção do não signatário por se vincular à convenção arbitral, e do modo pelo qual os demais sujeitos vinculados àquela mesma convenção de arbitragem consentiram com a participação do não signatário.

Não se pode perder de vista que reunir, na mesma sede, os diferentes protagonistas de uma disputa qualquer contribui para a boa e efetiva distribuição da justiça[3], fato que eventualmente pode influenciar decisões favoráveis à ampliação dos limites subjetivos da cláusula compromissória, muitas vezes de forma indevida.

Por outro lado, a efetividade e a própria sobrevivência da arbitragem enquanto método seguro de resolução de controvérsias dependem, em certa medida, da certeza de que não haverá ampliação injustificada dos limites subjetivos da convenção de arbitragem[4]. Isso é, de que *terceiros* não serão compelidos a participar de uma arbitragem contra a sua vontade, nem poderão forçar sua inclusão em procedimento arbitral ausente a concordância das efetivas partes.

---

[3] JABARDO, Cristina Saiz. *"Extensão" da Cláusula Compromissória na Arbitragem Comercial Internacional: o Caso dos Grupos Societários*. Dissertação (Mestrado). São Paulo, 2009, pp. 66-67. No mesmo sentido: REDFERN, Alan; HUNTER, Martin; BLACKABY, Nigel; PARTASIDES, Constantine. *Law and Practice of International Commercial Arbitration*. London: Sweet & Maxwell, 1991, p. 37.

[4] O risco foi bem exposto por GUILHERME RECENA COSTA: "Paradoxalmente, ao afirmar sua competência de maneira excessiva, um tribunal arbitral pode acabar por reduzir, no longo prazo, o número de conflitos trazidos para a arbitragem. Sem um controle adequado, portanto, a efetividade da arbitragem sofre, pois atores racionais não querem se sujeitar a um sistema arbitrário." (*Partes e Terceiros na Arbitragem*. Tese (Doutorado). São Paulo, 2015, p. 24).

1. INTRODUÇÃO E JUSTIFICATIVA DO TEMA

Saber quando um não signatário está efetivamente vinculado à convenção de arbitragem tem consequências práticas relevantes. A depender da situação, o não signatário terá que se valer da convenção de arbitragem para demandar signatários e, eventualmente, outros não signatários, assim como poderá ser demandado por estes pela via arbitral; ou, ao contrário, não poderá invocar a convenção de arbitragem a seu favor, tendo que recorrer ao Poder Judiciário a fim de postular seus direitos, ao mesmo tempo em que poderá opor-se à tentativa de partes que queiram forçar sua participação em procedimento arbitral com o qual não consentiu.

Assim, o estudo das formas pelas quais pode se dar a vinculação de não signatários à convenção de arbitragem, a partir do exame de diferentes fundamentos jurídicos invocados por doutrina e jurisprudência para tanto, traz previsibilidade e segurança[5]. Não apenas às partes que convencionaram resolver suas disputas por meio de arbitragem, mas também aos terceiros que, ao contrário, dela não pretendem participar. Também poderão se beneficiar deste estudo os tribunais arbitrais e judiciais que vierem a enfrentar o tema, uma vez que a pesquisa aqui desenvolvida poderá ser útil à resolução de novos casos.

Nesse passo, não se desconhece que a arbitragem é comumente referida como um método *alternativo* de solução de controvérsias[6] e que, portanto, responde por um baixo percentual de disputas levadas à resolução por um terceiro, se confrontada com o universo de casos que desaguam no Poder Judiciário[7]. Também se sabe que as hipóteses aqui tra-

---

[5] Como ressalta LEONARDO DE CAMPOS MELO, diversos fundamentos já foram invocados pela doutrina e em decisões arbitrais e judiciais para justificar a *extensão* de cláusulas compromissórias para não signatários, dentre eles, as teorias do grupo de sociedades, *estoppel*, a desconsideração da personalidade jurídica, a existência de contratos coligados a incorporação por referência da convenção de arbitragem e o contrato de representação (*Extensão da Cláusula Compromissória e Grupos de Sociedades – A prática arbitral CCI e sua compatibilidade com o direito brasileiro*. Rio de Janeiro: Forense, 2013, p. 62).

[6] Nesse sentido, vide, entre outros: LUCON, Paulo Henrique dos Santos; BARIONI, Rodrigo; MEDEIROS NETO, Elias Marques de. *A causa de pedir das ações anulatórias de sentença arbitral*. In: Revista de Arbitragem e Mediação. São Paulo: Revista dos Tribunais, v. 46, 2015, p. 266.

[7] De fato, a arbitragem permanece sendo, no mais das vezes, uma jurisdição de exceção à regra geral da resolução de controvérsias pelo Poder Judiciário, ainda que, mais recentemente, a doutrina tenha questionado o uso da expressão "método alternativo" de resolução de disputas e sugerido o emprego da locução "método adequado" para a resolução de certas

tadas cuidam de situações excepcionais dentro da própria arbitragem, em que os limites subjetivos da convenção de arbitragem não são plenamente aferíveis pela simples verificação da assinatura das partes em negócio jurídico que contenha o pacto arbitral.

Isso não obstante, diante da grande utilização do instituto da arbitragem no Brasil[8] e da crescente complexidade das relações jurídicas submetidas a essa forma de resolução de disputas[9], torna-se relevante a adequada compreensão de hipóteses não tão convencionais de vinculação subjetiva a uma convenção de arbitragem. Afinal, ainda que se esteja a cuidar de uma exceção (limites subjetivos da convenção de arbitragem não bem definidos) dentro de outra exceção (recurso à arbitragem em detrimento do Poder Judiciário), a pesquisa de precedentes que fizemos revela que as situações examinadas neste trabalho são mais recorrentes do que se poderia imaginar.

---

disputas, conforme destaca CARLOS ALBERTO CARMONA: "Faço aqui um alerta: a terminologia tradicional, que se reporta a 'meios alternativos' parece estar sob ataque, na medida em que uma visão mais moderna do tema aponta meios adequados (ou mais adequados) de solução de litígios, não necessariamente alternativos. Em boa lógica (e tendo em conta o grau de civilidade que a maior parte das sociedades atingiu neste terceiro milênio), é razoável pensar que as controvérsias tendam a ser resolvidas, num primeiro momento, diretamente pelas partes interessadas (negociação, mediação, conciliação); em caso de fracasso deste diálogo primário (método autocompositivo), recorrerão os conflitantes às fórmulas heterocompositivas (processo estatal, processo arbitral). Sob este enfoque, os métodos verdadeiramente alternativos de solução de controvérsias seriam os heterocompositivos (o processo, seja estatal, seja arbitral), não os autocompositivos (negociação, mediação, conciliação). Para evitar esta contradição, soa correta a referência a métodos adequados de solução de litígios, não a métodos alternativos. Um sistema multiportas de resolução de disputas, em resumo, oferecerá aos litigantes diversos métodos, sendo necessário que o operador saiba escolher aquele mais adequado ao caso concreto." (*Arbitragem e Processo: Um Comentário à Lei nº 9.307/96*. São Paulo: Atlas, 2009, pp. 32-33). No mesmo sentido, CAHALI, Francisco José. *Curso de Arbitragem – mediação, conciliação, tribunal multiportas*, São Paulo: Thompson Reuters Brasil, 2018, p. 125; e BONICIO, Marcelo José Magalhães. *Arbitragem e Estado: ensaio sobre o litígio adequado*. In: Revista de Arbitragem e Mediação, São Paulo: RT, v. 45, 2015, p. 158.

[8] Vide, nesse particular, pesquisa *"Arbitragem em Números e Valores"*, realizada no período de 2010 a 2016 por SELMA FERREIRA LEMES. Disponível em: http://selmalemes.adv.br/artigos/An%C3%A1lise-%20Pesquisa-%20Arbitragens%20Ns%20%20e%20Valores%20_2010%20a%202016_.pdf. Acesso em: 12 abr. 2018.

[9] Sobre o tema, vide, entre outros: HANOTIAU, Bernard. *Complex Arbitrations: Multiparty, Multicontract, Multi-Issue and Class Actions*. The Hague: Kluwer Law International, 2006.

1. INTRODUÇÃO E JUSTIFICATIVA DO TEMA

Feita essa ressalva, registre-se que, a despeito da existência de boa doutrina nacional e estrangeira sobre os temas aqui abordados, sobretudo se individualmente considerados, o presente trabalho procura apresentar um critério classificatório ainda não explorado na literatura nacional, com vistas a organizar os principais fundamentos invocados pela doutrina e pela jurisprudência para a vinculação de não signatários à convenção de arbitragem[10]. Com efeito, buscamos classificar as diferentes situações em que ocorre a vinculação de não signatários nos seguintes três grupos: (i) casos em que se está em busca da *determinação* ou *identificação* das partes originárias da convenção de arbitragem; (ii) casos em que há a *adição* de uma parte à convenção de arbitragem, sem prejuízo da manutenção das partes originárias; e (iii) casos em que uma parte originária da convenção de arbitragem é *substituída* por outra, não signatária.

A eleição desse critério classificatório e sua justificativa são explicadas no item 3.2. "O critério tripartite proposto", abaixo. Diga-se desde logo que seu principal objetivo foi o de agrupar as hipóteses de vinculação de não signatários de acordo com a natureza do problema verificado pelo operador do direito quando da necessidade de determinação dos limites subjetivos da convenção de arbitragem. Não tivemos a pretensão de buscar uma sistematização completa das diversas hipóteses em que pode ocorrer a vinculação de não signatários. Apenas de agrupar aquelas que reputamos mais relevantes a partir de um critério que, em princípio, pareceu-nos adequado e abrangente o suficiente para abarcar situações das mais variadas.

Assim, são examinadas na presente dissertação as seguintes situações: (i) representação, (ii) incorporação por referência, (iii) adesão a cláusulas compromissórias em entes associativos, (iv) grupos de sociedades, (v) *estoppel* e *venire contra factum proprium*, (vi) desconsideração da personalidade jurídica na arbitragem, (vii) estipulação em favor de terceiro, (viii) cessão da posição contratual, (ix) cessão de crédito, (x) assunção de dívida e (xi) sucessão.

---

[10] A classificação aqui adotada foi aventada por GIORGIO DE NOVA em: *I terzi e la convenzione arbitrale*. In: Rivista dell'arbitrato. Milão: Giuffrè, ano XXII, n. 4, 2012, p. 777. O autor italiano, no entanto, além de examinar a questão à luz do direito de seu país, não desenvolveu o critério classificatório tripartite que apresentou, limitando-se a sustentar sua pertinência e adequação.

1.1. Estrutura adotada

No que concerne à estrutura do trabalho, em primeiro lugar, buscamos apresentar o objeto deste estudo, circunscrevendo o tema aqui desenvolvido e destacando sua pertinência.

Em seguida, procuramos justificar as escolhas terminológicas que fizemos, em especial no que se refere ao uso das expressões "vinculação" e "não signatários" constantes do título e que são repisadas ao longo de toda a dissertação[11]. Aqui são explicadas as razões pelas quais evitamos falar em "extensão" da cláusula compromissória e em "terceiros", quando nos referimos àqueles que, embora não tenham assinado uma convenção de arbitragem, a ela aderiram de alguma forma. Também discorremos sobre as expressões "convenção de arbitragem", "cláusula compromissória" e "compromisso arbitral" que, conquanto tenham contornos nítidos, merecem a devida contextualização a fim de justificar seu emprego em diversas passagens deste trabalho.

Feito isso, discorremos sobre as premissas teóricas fundamentais que adotamos como ponto de partida na presente dissertação, notadamente o caráter consensual da arbitragem comercial brasileira; o fato de que, isso não obstante, o consentimento pode ser dado tacitamente, sem a necessidade de aposição da assinatura da parte no pacto arbitral; e o significado do princípio da autonomia da cláusula compromissória, que não impõe a verificação de um consentimento específico com relação a ela, bastando a manifestação de vontade quanto ao negócio jurídico base, em que a cláusula compromissória está inserida. Essas premissas nortearão o posterior exame de cada uma das teorias comumente invocadas para a vinculação de não signatários à cláusula compromissória.

Partimos, então, em busca de um critério classificatório apto a melhor organizar as hipóteses de vinculação de não signatários acima exemplificadas. São examinadas algumas possibilidades metodologicamente defensáveis, aludidas pela doutrina, até concluirmos pela utilização do critério tripartite mencionado acima. Isso a despeito de a divisão por nós aplicada não ter, por vezes, contornos tão rígidos, de modo que

---

[11] Ressalte-se, contudo, que os termos que preterimos por vezes aparecem no presente trabalho, a fim de contextualizar uma situação qualquer ou melhor esclarecer um ponto que, por alguma razão, reputamos de mais difícil compreensão sem a utilização dessas expressões.

1. INTRODUÇÃO E JUSTIFICATIVA DO TEMA

pode haver certa fluidez no enquadramento de algumas situações aqui examinadas em um ou outro grupo, como se verá no capítulo 3, abaixo.

Os capítulos subsequentes do trabalho são organizados de acordo com a classificação aqui proposta, com suas respectivas subdivisões.

No primeiro deles, o capítulo 4 – "Identificação de Partes não Signatárias" –, após justificamos a opção feita em nosso trabalho por não cuidarmos da figura do interveniente-anuente, abordamos os casos em que se está em busca da *determinação* ou *identificação* de quem são as partes da convenção de arbitragem, como, por exemplo, quando se está diante de uma hipótese de representação. Também discorremos sobre a incorporação por referência e o caso das cláusulas compromissórias constantes em estatutos e documentos parassociais de entes associativos. Aqui sintetizamos o grande debate doutrinário que precedeu a reforma da Lei de Arbitragem em 2015 e a alteração na Lei das S.A., bem como as particularidades desse tipo de vinculação à arbitragem. Feito isso, avançamos sobre a questão da obrigatoriedade, à luz do direito brasileiro atual, de portadores dos chamados *American Depositary Receipt* ("ADRs") e de outros certificados de depósito de valor mobiliário emitidos no exterior, para negociação em bolsa de valores estrangeira, resolverem eventuais conflitos com base em cláusula compromissória estatutária.

No capítulo 5 – "Adição de Partes não Signatárias" –, tratamos dos casos em que há uma ou mais partes supervenientes à convenção de arbitragem por *adição*. Nesse passo, primeiro abordamos a teoria dos grupos de sociedades e fazemos breve recapitulação histórica, para então criticá-la enquanto fundamento autônomo para vinculação de um não signatário à arbitragem. Também cuidamos da vinculação de não signatários com base nos conceitos de *estoppel* e de *venire contra factum proprium*, além de enfrentamos o tema da vinculação forçada por desconsideração da personalidade jurídica, isso é, feita inobstante a vontade daquele que passa a se submeter à arbitragem, examinando sua compatibilidade com o direito brasileiro. Por fim, tratamos da estipulação em favor de terceiros, para averiguar se o não signatário beneficiário do contrato celebrado *inter alios* está vinculado à respectiva convenção de arbitragem.

No capítulo 6 – "Substituição por Partes não Signatárias" –, passamos a cuidar dos casos em que há a *substituição* de uma parte da convenção de arbitragem por outra, como acontece nas hipóteses de cessão da posição contratual, cessão de crédito, assunção de dívida e sucessão. Nessas situações, a mudança da posição de ao menos um dos contratantes originais é justamente a causa da modificação dos limites subjetivos da convenção de arbitragem[12].

Em cada um desses capítulos, procuramos conciliar os fundamentos próprios do respectivo instituto com as premissas estabelecidas neste trabalho, notadamente a natureza consensual da arbitragem, examinando em quais cenários doutrina e jurisprudência têm admitido a vinculação de um não signatário à cláusula compromissória, seja diante dos acontecimentos verificados na fase de negociação do negócio jurídico que contém a convenção de arbitragem, seja diante daqueles ocorridos no curso da execução desse negócio jurídico, seja, ainda, por conta de sua transmissão. Buscamos, outrossim, averiguar como é tratada a questão do consentimento de cada uma das partes potencialmente envolvidas, conforme o caso: aquela que eventualmente deixa de ser parte do negócio jurídico, aquela que nele permanece e aquela que passa a integrá-lo.

Finalmente, tecemos nossas considerações conclusivas, por meio das quais retomamos brevemente o dogma do consentimento que marca a arbitragem no Brasil, para discorrer sobre sua atual conformação.

1.2. Esclarecimentos terminológicos

1.2.1. *A opção pelos termos "vinculação" e "não signatários"*

O fenômeno da vinculação de um não signatário à convenção de arbitragem é comumente referido por doutrina e jurisprudência como *"extensão"* da cláusula compromissória, que passaria a abarcar não apenas partes signatárias, mas também *"terceiros"*[13]. Os termos *"extensão"* e *"terceiros"*

---

[12] CARDOSO, Paula Butti. *Limites subjetivos da convenção de arbitragem*. Dissertação (Mestrado). São Paulo, 2013, p. 157.

[13] Na literatura estrangeira, as expressões mais frequentes são *"extension of an arbitration agreement to non-signatories"* (encontrada, entre outros, em MANTILLA-SERRANO, Fernando. *Multiple parties and multiple contracts: divergent or comparable issues?* In: Multiparty Arbitration. Dossiers ICC Institute of World Business Law. Paris: Hanotiau & Schwartz (eds.), 2010, pp. 13 e 18; e YOUSSEF, Karim. *The Limits of Consent: the Right or Obligation to Arbitrate of Non-Signatories in Group of Companies*. In: Multiparty Arbitration. Dossiers ICC Institute of World

1. INTRODUÇÃO E JUSTIFICATIVA DO TEMA

são, no entanto, objeto de grande controvérsia e não nos parecem traduzir com precisão todas as situações verificadas na prática[14].

De um lado, reputamos adequada a observação de que, quando se fala em *extensão* da cláusula compromissória, pensa-se na ampliação de seu campo de incidência. Ocorre que não se trata propriamente de se estender os efeitos da convenção a quem dela não é parte, mas apenas de se verificar quem com ela consentiu, inclusive de outra forma que não mediante a aposição de sua assinatura ao pacto arbitral ou ao respectivo negócio jurídico que o contém[15].

Trata-se, destarte, de examinar-se quais são as partes que aderiram tacitamente à cláusula compromissória, sempre que a intenção de arbitrar for exteriorizada por meio do comportamento de um não signatário e deduzida, de forma objetiva, pelo mesmo comportamento[16]. Em suma, verificar-se a abrangência subjetiva da cláusula compromissória a partir de outros elementos além da mera assinatura.

Afinal, se o livre consentimento é fundamento básico da arbitragem no direito brasileiro, como se assentará abaixo, não faz sentido estender-se uma cláusula compromissória a quem não concordou com essa

---

Business Law. Paris: Hanotiau & Schwartz (eds.), 2010, p. 71 et seq.); e seu equivalente em francês *"L'extension de la clause d'arbitrage aux non-signatories* (DERAINS, Yves, *L'extension de la clause d'arbitrage aux non-signatories: la doctrine des groupes de sociétés*. In: Arbitration Agreement: its multifold aspects. Genève: Association Suisse d'Arbitrage, ASA Special Series, n. 8, 1999, p. 242).

[14] Nesse sentido, entre outros: BORN, Gary B. *International Commercial Arbitration*. The Hague: Kluwer Law International, 2014, pp. 1137-1138.

[15] BESSON, Sébastian. *Piercing the corporate veil: back on the right track*. In: Multiparty Arbitration. Dossiers ICC Institute of World Business Law. Paris: Hanotiau & Schwartz (eds.), 2010, p. 157. No mesmo sentido: JABARDO, Cristina Saiz. *"Extensão" da Cláusula Compromissória na Arbitragem Comercial Internacional: o Caso dos Grupos Societários*. Dissertação (Mestrado). São Paulo, 2009, p. 70; MAZZONETTO, Nathalia. *Partes e terceiros na arbitragem*. Dissertação (Mestrado). São Paulo, 2012, p. 260, nota de rodapé 711. Registre-se que, ao justificar o emprego da palavra "extensão" em seu trabalho, PÉRSIO THOMAZ FERREIRA ROSA afirma: "'*Extensão'*, em Direito Arbitral, é o ato pelo qual o Juízo Arbitral define quem está abrangido pelos efeitos da convenção de arbitragem" (*Os terceiros em relação à convenção de arbitragem: tentativa de sistematização sob a perspectiva do direito privado brasileiro*. Dissertação (Mestrado). São Paulo, 2010, p. 182). A explicação não nos parece suficiente, na medida em que não esclarece como se dá essa definição dos limites subjetivos da convenção de arbitragem e até que ponto o Tribunal Arbitral teria discricionariedade para ampliá-los a despeito do consentimento das partes.

[16] MARTINS-COSTA, Judith. *A boa-fé no direito privado*. São Paulo: Saraiva, 2018, p. 548.

forma de resolução de disputas[17]. Isso feriria a garantia constitucional de acesso à justiça, consagrada pelo art. 5º, XXXV da Constituição Federal, sendo, pois, inadmissível no ordenamento jurídico atualmente em vigor em nosso país.

Registre-se, ainda, que a expressão *extensão* da cláusula compromissória parece sugerir a existência de dois momentos distintos. No primeiro, a convenção produziria efeitos nas esferas jurídicas das partes signatárias; no segundo, seus efeitos seriam subjetivamente ampliados, passando a atingir também partes não signatárias, que até então eram estranhas à convenção de arbitragem[18].

Se há casos em que de fato se verifica a existência de partes supervenientes à cláusula compromissória, em adição ou substituição às partes originárias, como aqueles tratados nos capítulos 5 e 6, abaixo, há outros em que o fenômeno da vinculação de não signatários se dá em relação às próprias partes originárias do pacto arbitral, como, por exemplo, no caso da representação. E mesmo casos em que a projeção dos efeitos da cláusula compromissória perante terceiros pode se dar desde o momento da celebração da convenção de arbitragem, como na hipótese de estipulação em favor de terceiro. Para essas situações, em que inexistem dois ou mais marcos temporais distintos, o emprego da palavra "extensão" revela-se ainda mais impreciso, sendo esta razão adicional pela qual optamos por evitar sua utilização.

O termo "vinculação", por outro lado, parece-nos mais adequado.

Em primeiro lugar, por uma razão semântica. Os melhores dicionários o definem como "ato ou efeito de vincular(-se)"[19], "ato ou efeito de ligar(-se) por vínculo"[20] ou "ato ou efeito de vincular ou de se vin-

---

[17] Nesse contexto, HUMBERTO THEODORO JR. já afirmou: "Sendo fruto de convenção, o juízo arbitral não pode sujeitar terceiros estranhos ao pacto que o tornou obrigatório para os contratantes, nem mesmo quando se trate de litisconsortes necessários." (*Curso de Direito Processual Civil: Procedimentos Especiais*. Rio de Janeiro: Forense, v. II, 2016, p. 568).

[18] MARINO, Francisco Paulo De Crescenzo. *Eficácia da convenção de arbitragem perante terceiros: o caso do terceiro beneficiário*. In: BENETTI, Giovana et al (Coords.). Direito, Cultura, Método. Leituras da obra de Judith Martins-Costa. Rio de Janeiro: GZ Editora, 2019, p. 860.

[19] Dicionário Michaelis. Disponível em: https://michaelis.uol.com.br/moderno-portugues/busca/portugues-brasileiro/vincula%C3%A7%C3%A3o/. Acesso em: 5 jan. 2019.

[20] Dicionário Houaiss. Disponível em: https://houaiss.uol.com.br/pub/apps/www/v3-3/html/index.php#2. Acesso em: 5 jan. 2019.

1. INTRODUÇÃO E JUSTIFICATIVA DO TEMA

cular"[21], enquanto que o verbo "vincular" possui, entre outras, a acepção comum de "obrigar" e "sujeitar". De fato, "vinculação" não é sinônimo de "prolongamento", "aumento" ou "ampliação", como os mesmos dicionários conceituam o termo "extensão"[22], mas antes remete a obrigar-se ou sujeitar-se, palavras que, por si só, designam adequadamente a relação de uma parte com a respectiva convenção de arbitragem.

Assim, ao mesmo tempo em que a palavra "vinculação" não significa o alargamento dos limites subjetivos da convenção de arbitragem, tem a propriedade de abranger, desde logo, todas as partes que a ela se obrigaram, seja mediante a aposição de sua assinatura, seja pela prática de atos concludentes. Em suma, estarão igualmente *vinculados* pela convenção de arbitragem tanto aqueles que a firmaram, quanto aqueles que manifestaram seu consentimento de forma tácita.

Em segundo lugar, o termo "vinculação" também não nos parece pressupor a existência de dois momentos distintos no que se refere aos limites subjetivos da convenção de arbitragem, ao mesmo tempo em que não é contraditório com sua eventual existência. Desse modo, pode ser empregado para os casos em que há partes supervenientes à cláusula compromissória, por adição ou substituição, assim como para os casos em que todas as partes, signatárias ou não, são identificáveis desde o momento da celebração da convenção de arbitragem. Mais uma vez, estas e aquelas estarão igualmente "vinculadas", isso é, sujeitas, submetidas, obrigadas, ao pacto arbitral.

A crítica que se faz ao emprego do termo "vinculação" é a de que, em certos contextos, ele designaria um tipo mais restrito de eficácia contratual, que seria compatível apenas com as situações nas quais um terceiro estaria adstrito a participar de uma arbitragem que poderá lhe gerar efeito desfavorável[23].

---

[21] Dicionário Priberam da Língua Portuguesa. Disponível em: https://dicionario.priberam.org/vincula%C3%A7%C3%A3o. Acesso em: 5 jan. 2019.

[22] Dicionário Michaelis. Disponível em: https://michaelis.uol.com.br/moderno-portugues/busca/portugues-brasileiro/extens%C3%A3o/. Acesso em 16 jan. 2019; Dicionário Houaiss. Disponível em: https://houaiss.uol.com.br/pub/apps/www/v3-3/html/index.php#1. Acesso em 16 jan. 2019; e Dicionário Priberam da Língua Portuguesa. Disponível em: https://www.dicio.com.br/extensao/. Acesso em: 16 jan. 2019.

[23] MARINO, Francisco Paulo De Crescenzo. *Eficácia da convenção de arbitragem perante terceiros: o caso do terceiro beneficiário*. In: BENETTI, Giovana et al (Coords.). Direito, Cultura, Método. Leituras da obra de Judith Martins-Costa. Rio de Janeiro: GZ Editora, 2019, pp. 860-861.

A observação, contudo, não nos parece desaconselhar seu uso. Isso porque, a partir do momento em que uma pessoa física ou jurídica consentiu, tácita ou expressamente, com a convenção de arbitragem, ela estará de fato obrigada a recorrer a procedimento arbitral para resolver as disputas acobertadas por aquela convenção, por força do chamado efeito positivo da cláusula compromissória[24]. Quer por sua própria iniciativa, quer por iniciativa de outras partes da convenção de arbitragem.

Assim, estabelecida a premissa de que houve consentimento com essa forma de resolução de disputas, o não signatário poderá sim ser forçado a participar de uma arbitragem (sob pena de sofrer as consequências de sua revelia) que, por óbvio, pode lhe gerar efeitos desfavoráveis.

A escolha do termo vinculação, em detrimento da palavra extensão, deve-se, portanto, a sua maior adequação terminológica às diferentes situações em que são discutidos os limites subjetivos da convenção de arbitragem.

Já com relação ao termo "terceiros", há que se ter em mente que ele é polissêmico, sendo utilizado em ao menos dois contextos distintos: o da relação substancial e o da relação processual[25]. Para o que interessa ao nosso estudo, terceiros à relação substancial são aqueles que não são parte da convenção de arbitragem, enquanto os terceiros à relação pro-

---

[24] Nas palavras de LUIS FERNANDO GUERRERO: "O efeito positivo da convenção de arbitragem determina que as partes estarão obrigadas a solucionar eventual litígio, no caso da cláusula compromissória, ou litígio determinando, no caso do compromisso arbitral, da relação jurídica entre elas existente pela via arbitral.
Esta obrigatoriedade decorre do princípio do direito material do *pacta sunt servanda* expresso pela força obrigatória dos contratos que, uma vez celebrados, devem ser adimplidos na sua integralidade, inclusive com a execução *in natura* ou específica das obrigações e pelo princípio da *kompetenz-kompetenz*, como já analisado nos itens 1.1 e 1.3.1.2 do capítulo anterior." (*Convenção de arbitragem e processo arbitral*. São Paulo: Atlas, 2009, p. 121). No mesmo sentido: MARTINS, Pedro A. Batista. *Apontamentos sobre a Lei de Arbitragem*. Rio de Janeiro: Forense, 2008, p. 76; BERALDO, Leonardo de Faria. *Curso de arbitragem nos termos da lei n. 9.307/96*. São Paulo: Atlas, 2014, pp. 158-159; BRAGA, Rodrigo Bernardes. *Teoria e prática da arbitragem*. Belo Horizonte: Del Rey, 2009, pp. 48-49. No plano internacional: FOUCHARD, Philippe; GAILLARD, Emmanuel; GOLDMAN, Berthold. *International Commercial Arbitration*. Edited by Emmanuel Gaillard and John Savage. The Hague: Kluwer Law International, 1999, pp. 380 et seq.
[25] Sobre os diferentes tipos de terceiros, vide: PENTEADO, Luciano De Camargo. *Efeitos Contratuais Perante Terceiros*. São Paulo: Quartier Latin, 2007.

cessual são aqueles que não figuram nos polos ativo e passivo de determinado procedimento arbitral[26]. Ambas, portanto, definições negativas, por oposição à qualidade material ou situação processual de *parte*[27].

Podem ser nomeados *terceiros*, portanto, aqueles sujeitos (i) que não consentiram, nem mesmo tacitamente, com a convenção de arbitragem[28]; e (ii) que, embora tenham consentido com o pacto arbitral, não são partes de uma dada arbitragem por conta dos limites subjetivos daquela lide específica, isso é, na medida em que as questões discutidas naquela arbitragem concreta não lhe digam respeito[29].

Doutrina internacional no âmbito da arbitragem distinguiu esses dois tipos de terceiros, chamando-os, respectivamente, de terceiros absolutos e terceiros imperfeitos[30]. Isso não obstante, a polissemia intrínseca ao termo – ao menos quando desacompanhado do complemento proposto – desaconselha seu uso, razão pela qual a preterimos no presente trabalho.

Além da confusão que o emprego do termo "terceiros" pode causar, as situações aqui examinadas versam, exclusivamente, sobre a definição dos limites subjetivos da convenção de arbitragem, isso é, sobre o plano da relação material. A nós importa averiguar se um determinado sujeito, que não subscreveu a convenção de arbitragem, a ela se vinculou de

---

[26] MAZZONETTO, Nathalia. *Partes e terceiros na arbitragem*. Dissertação (Mestrado). São Paulo, 2012, p. 67.

[27] COSTA, Guilherme Recena. *Partes e Terceiros na Arbitragem*. Tese (Doutorado). São Paulo, 2015, p. 62.

[28] Nesse sentido: CARDOSO, Paula Butti. *Limites subjetivos da convenção de arbitragem*. Dissertação (Mestrado). São Paulo, 2013, p. 28.

[29] Exemplo desse segundo caso seria um contrato com cláusula compromissória celebrado por A, B e C, a respeito do qual surge uma disputa apenas entre A e B.

[30] "La situation sera en effet différente en cas d'intervention d'une personne à la fois étrangère au contrat et à la procédure (que nous définirons 'tiers absolu'), ou en cas d'intervention d'un tiers à la procédure qui serait cependant partie au contrat contenant la clause compromissoire, ou qui se troverait dans une situation juridique d'assujettissement à la clause (que nous définorons 'tiers imparfait')". (MOURRE, Alexis. *L'intervention des tiers à l'arbitrage*. In: Revista Brasileira de Arbitragem. São Paulo: Thompson-IOB, v. 16, 2007, pp. 76-97). Doutrina nacional utilizou a expressão "terceiros, não signatários do acordo arbitral" para se referir aos *terceiros absolutos*. (CARMONA, Carlos Alberto. *Flexibilização do procedimento arbitral*. In: Revista Brasileira de Arbitragem. São Paulo: Thompson-IOB, n. 24, out.-nov.-dez. 2009, p. 11).

alguma outra forma[31]. Estamos em busca, portanto, de determinar quais são as *partes* no plano do direito material e quem, por exclusão, é um terceiro à relação substancial, isso é, um *terceiro absoluto*.

Por outro lado, a relação de direito processual não é objeto de nosso estudo. Não cuidaremos de questões eminentemente processuais como as temáticas do litisconsórcio, das intervenções de terceiro ou da reunião de processos, pouco importando se determinado sujeito pode ser considerado parte de um procedimento arbitral ou se é um terceiro à relação processual.

Assim, como procuramos definir as partes da convenção de arbitragem, não faz sentido falar em "vinculação de terceiros à convenção de arbitragem". Só os *terceiros imperfeitos* poderiam ser vinculados. Os terceiros *absolutos*, ao contrário, jamais poderão ser obrigados a participar de uma arbitragem ou forçar sua inclusão em um procedimento arbitral contra a vontade das partes, eis que não integram a respectiva relação de direito material. Daí porque optamos por não usar o termo terceiros no presente trabalho.

Embora a expressão "não signatários" também seja polissêmica[32], uma vez que pode se referir tanto, conjunta ou isoladamente, (i) àqueles que não firmaram a convenção de arbitragem e que com ela não consentiram de nenhuma outra forma (os *terceiros absolutos*); (ii) quanto

---

[31] Fazemos alusão aqui à distinção entre o contrato e a relação contratual, para constatar que a noção de parte pode ser vista tanto como o sujeito que forma o contrato, quanto aquele que forma a relação contratual. Nesse sentido: "Existe a possibilidade, portanto, de que o terceiro, embora não tenha declarado vontade no negócio (...) possa integrar a relação contratual. Haveria, assim, terceiros em relação ao negócio, mas partes na relação dele decorrente. Nesse sentido, seria preciso distinguir um conceito estático de parte, de um conceito dinâmico, verificável no decorrer histórico do desenvolvimento do processo obrigacional." (PENTEADO, Luciano de Camargo. *Efeitos Contratuais Perante Terceiros*. São Paulo: Quartier Latin, 2007, pp. 36-37).

[32] Para FRANCISCO PAULO DE CRESCENZO MARINO, essa expressão "[o]ra é empregada em sentido amplo, para aludir a todo aquele que não firmou a convenção de arbitragem, mas que de algum modo sofrerá os seus efeitos, seja na qualidade de parte ou de terceiro; ora alude apenas às *partes* não signatárias, isto é, àqueles que consentem (aderem) tacitamente à convenção, excluindo, portanto, os terceiros; ora se refere somente aos terceiros." O autor conclui advertindo que "[a] polissemia recomenda cautela no uso da expressão, para que não se misturem partes com terceiros" (*Eficácia da convenção de arbitragem perante terceiros: o caso do terceiro beneficiário*. In: BENETTI, Giovana et al (Coords.). Direito, Cultura, Método. Leituras da obra de Judith Martins-Costa. Rio de Janeiro: GZ Editora, 2019, p. 861).

1. INTRODUÇÃO E JUSTIFICATIVA DO TEMA

àqueles que, apesar de não terem celebrado o pacto arbitral, a ele se vincularam por comportamento (as *partes* não signatárias[33]), sua utilização parece mais recomendável no presente trabalho.

Com efeito, a premissa de que partimos em todas as hipóteses de vinculação aqui examinadas é a de que certos sujeitos não assinaram o pacto arbitral[34], sendo necessário averiguar se são *partes não signatárias* ou *terceiros* à convenção de arbitragem. Desse modo, a expressão "não signatários" é mais adequada do que o termo "terceiros", uma vez que designa satisfatoriamente ambas as situações.

É certo, no entanto, que seu emprego em conjunto com o termo "vinculação", também utilizado no título de nosso trabalho, pode abrir espaço para críticas. Afinal, já dissemos que um não signatário que seja um *terceiro absoluto* jamais poderá ser vinculado à convenção de arbitragem que lhe é estranha. Assim, só se pode falar em vinculação de *partes* não signatárias. Mas é esse, justamente, o sentido que procuramos dar ao título deste estudo[35]. Apesar da omissão da palavra "partes", o presente trabalho "Convenção de Arbitragem: Vinculação de Não Signatários" cuida, de fato, da vinculação de *partes* não signatárias à convenção de arbitragem.

A partir da verificação de que há não signatário à convenção de arbitragem cuja relação material com o pacto seja controvertida, pretende-

---

[33] A quem WILLIAM W. PARK chamou de *"less-than-obvious parties"* (*Non-Signatories and International Contracts: an Arbitrator's Dilemma*. In: Multiple party actions in International Arbitration. Permanent Court of Arbitration. New York: Oxford University Press, 2009, p. 5).

[34] Essa, inclusive, a razão pela qual não tratamos do tema dos intervenientes-anuentes, conforme justificado no capítulo 4, abaixo.

[35] STRAVROS L. BREKOULAKIS, ao justificar a escolha pelo termo "non-signatory", esclarece: "For example, the terms 'third party' and 'non-signatory' are regularly used interchangeably. However, they have different meanings: 'third parties' is a wide term referring to any party that is not designated in an arbitration clause. In its wide sense, which is used in this study, the term 'third party' includes two different groups:
- First, parties that have failed to sign an arbitration clause, but are otherwise bound by it. It is this type of party that the term 'non-signatory' is appropriate to describe, and it is in this meaning that the term is employed in this work.
- Second, parties that neither have signed nor otherwise consented to an arbitration clause. The work employs the descriptive but more accurate term 'third party stricto sensu' for this type of party". (*Third Parties in International Commercial Arbitration*. Oxford International Arbitral Series. New York: Oxford University Press, 2010, p. 2).

mos examinar, portanto, quais são as condições e parâmetros para que esse sujeito possa ser considerado uma verdadeira parte da convenção de arbitragem.

1.2.2. O emprego das expressões "convenção de arbitragem", "cláusula compromissória" e "compromisso arbitral"

Também o emprego das expressões "convenção de arbitragem", "cláusula compromissória" e "compromisso arbitral" comporta esclarecimentos, ainda que todas tenham contornos bem mais definidos.

Como é cediço, dá-se o nome de convenção de arbitragem ao pacto pelo qual partes livres e capazes optam por submeter a solução de litígios à arbitragem, renunciando à competência dos juízes togados no que se refere às disputas acobertadas pela convenção[36]. A celebração de uma convenção de arbitragem produz, portanto, um efeito positivo, de vincular as partes à submissão de litígios à arbitragem[37]; bem como um efeito negativo, de afastar a jurisdição estatal quanto àquelas disputas[38].

A convenção de arbitragem é gênero que admite duas espécies: (i) a cláusula compromissória (ou cláusula de arbitragem), que nada mais é

---

[36] Para um exame mais aprofundado sobre a convenção de arbitragem vide: GUERRERO, Luís Fernando. *Convenção de arbitragem e processo arbitral*. São Paulo: Atlas, 2009, pp. 10-15.

[37] Sobre o efeito positivo, vide NR 24.

[38] O efeito negativo da convenção de arbitragem foi definido por LEONARDO DE FARIA BERALDO como "a abstenção da jurisdição estatal para se dirimir o mérito da lide", ainda que o autor acertadamente pontue que "não se trata de um afastamento definitivo, uma vez que o Judiciário pode vir a ser utilizado para se efetivar medidas de urgência, conduzir testemunhas, executar a sentença ou, até mesmo, decretá-la como nula." (*Curso de arbitragem nos termos da lei n. 9.307/96*. São Paulo: Atlas, 2014, p. 158). No mesmo sentido: MARTINS, Pedro A. Batista. *Apontamentos sobre a Lei de Arbitragem*. Rio de Janeiro: Forense, 2002, p. 76; BRAGA, Rodrigo Bernardes. *Teoria e prática da arbitragem*. Belo Horizonte: Del Rey, 2009, p. 47; e GUERRERO, Luis Fernando. *Convenção de arbitragem e processo arbitral*. São Paulo: Atlas, 2009, pp. 125-130). Vale destacar que o efeito negativo da convenção de arbitragem se encontra recepcionado no art. 485, VII da Lei nº 13.105/2015 ("CPC"). Na esfera internacional, PHILIPPE FOUCHARD, EMMANUEL GAILLARD e BERTHOLD GOLDMAN alertam que "To ensure that the arbitration agreement will be complied with, the positive effect of the arbitration agreement–the requirement hat the parties honor their undertaking to submit to arbitration any disputes covered by their agreement–must be accompanied by a negative effect, namely that the courts are prohibited from hearing such disputes." (*International Commercial Arbitration*. Edited by Emmanuel Gaillard and John Savage. The Hague: Kluwer Law International, 1999, p. 401).

1. INTRODUÇÃO E JUSTIFICATIVA DO TEMA

do que um acordo por meio do qual os contratantes avençam submeter à arbitragem a solução de eventual litígio que possa surgir no âmbito de uma determinada relação jurídica[39] e (ii) o compromisso arbitral, espécie de pacto para a submissão de conflitos já existentes à arbitragem[40].

Em relação à forma e ao conteúdo, pode-se dizer que Lei de Arbitragem estabelece regime mais rígido para o compromisso arbitral do que para a cláusula compromissória[41]. De fato, enquanto seus artigos 9º a 11 determinam que do compromisso arbitral constem expressamente, entre outros, os nomes e as qualificações das partes envolvidas no litígio, bem como seja celebrado por instrumento público ou assinado por duas testemunhas, quando por escrito particular extrajudicial, o artigo 4º da Lei de Arbitragem prevê apenas a necessidade de a cláusula compromissória ser estipulada por escrito, autorizando, inclusive, que esteja inserta em documento apartado[42]. Além dessa diferença formal, cláusula e compromisso divergem essencialmente quanto ao momento do aparecimento do litígio: é posterior à primeira, mas anterior ao segundo[43].

Como a cláusula compromissória goza de maior liberdade formal e cuida de litígios futuros, que podem ou não vir a ocorrer, torna-se possível que a relação intersubjetiva inicialmente concebida sofra alterações no curso da relação contratual, e o pacto arbitral passe a vincular também não signatários.

Por outro lado, tendo em vista que o compromisso arbitral é a modalidade de convenção de arbitragem pela qual as partes submetem um

---

[39] CARMONA, Carlos Alberto, *Arbitragem e Processo: Um Comentário à Lei n° 9.307/96*. São Paulo: Atlas, 2009, p. 16.

[40] CAHALI, Francisco José. *Curso de Arbitragem: mediação, conciliação, tribunal multiportas*. São Paulo: Thompson Reuters Brasil, 2018, p. 190.

[41] Vide Capítulo II da Lei de Arbitragem.

[42] Ressalve-se, mais uma vez, que não estamos tratando das cláusulas compromissórias constantes dos contratos de adesão, que possuem requisitos próprios (cf. NR 1). Nesse sentido já decidiu o STJ: "1. Sob o aspecto formal, a única exigência tecida pela lei de regência para o estabelecimento da convenção de arbitragem, por meio de cláusula compromissória – em não se tratando de contrato de adesão –, é que esta se dê por escrito, seja no bojo do próprio instrumento contratual, seja em documento apartado." (REsp 1.569.422/RJ, Rel. Min. Marco Aurélio Bellizze, d.j. 26.04.2016).

[43] Citando o exemplo da Espanha, CARLOS ALBERTO CARMONA afirma que o legislador brasileiro poderia ter optado pela completa identificação entre a cláusula compromissória e o compromisso arbitral, usando uma só terminologia para designar ambos (*Arbitragem e Processo: Um Comentário à Lei n° 9.307/96*. São Paulo: Atlas, 2009, p. 16).

litígio já existente à arbitragem, quando os limites objetivos e subjetivos da disputa se encontram bem definidos e devidamente delineados, já se afirmou que seria impossível sua "*extensão*" a parte que nele não esteja indicada expressamente[44].

A despeito da ressalva exposta acima quanto ao uso do termo "*extensão*", concordamos que a regra geral é a impossibilidade de vinculação de partes não signatárias ao compromisso arbitral. Desse modo, salvo expressa ressalva em contrário, sempre que discorrermos sobre os limites subjetivos da convenção de arbitragem estaremos tratando de sua modalidade cláusula compromissória.

Fazemos essa observação porque, a despeito de cuidarmos de situações que dizem respeito exclusivamente à cláusula compromissória, muitas vezes optamos, ao longo do presente trabalho, por usar a expressão convenção de arbitragem. Essa opção se dá para evitar o emprego e a repetição excessiva da locução cláusula compromissória. Trata-se, portanto, de simples recurso estilístico, que não deve ser confundida com imprecisão terminológica.

---

[44] MELO, Leonardo de Campos. *Extensão da cláusula compromissória e grupos de sociedades: A prática arbitral CCI e sua compatibilidade com o direito brasileiro*. Rio de Janeiro: Forense, 2013, pp. 60-61. CRISTINA SAIZ JABARDO faz observação semelhante, ainda que não utilize o termo "*extensão*": "Como a cláusula compromissória diz respeito a um conflito futuro e incerto, que pode ou não surgir, pode ser que a relação contratual, conforme inicialmente concebida, sofra mudanças, tanto *rationae materiae*, quanto *rationae personae*. Como o compromisso arbitral versa sobre um litígio determinado e, portanto, já existente e precisamente delimitado, essas mudanças não se colocam." (*"Extensão" da Cláusula Compromissória na Arbitragem Comercial Internacional: o Caso dos Grupos Societários*. Dissertação (Mestrado). São Paulo, 2009, p. 11).

Capítulo 2
Premissas teóricas fundamentais

Algumas premissas fundamentais para o presente trabalho devem ser desde já estabelecidas, pois nortearão o exame de todas as situações em que discutiremos a vinculação de um não signatário à convenção de arbitragem.

São elas: (i) o caráter consensual da moderna arbitragem brasileira, de tal modo que ninguém poderá ser forçado a participar de um procedimento sem que tenha havido, de alguma forma, a respectiva manifestação de consentimento; (ii) a desnecessidade de referido consentimento se dar de forma expressa, bastando que haja uma convenção de arbitragem escrita e a prova do consentimento tácito do não signatário; e (iii) a de que o princípio da autonomia da cláusula compromissória não pressupõe, necessariamente, a existência de um consentimento específico para a cláusula, sendo suficiente a adesão do não signatário ao negócio jurídico que a contém.

Passemos, pois, a assentar cada uma dessas premissas.

2.1. O consentimento como fundamento da arbitragem

Conforme lembra a doutrina, não existe arbitragem obrigatória, no Brasil, desde 1866[45]. Desse modo, somente partes capazes que consensual-

---

[45] CARMONA, Carlos Alberto. *Arbitragem e Processo: Um Comentário à Lei nº 9.307/96*. São Paulo: Atlas, 2009, p. 53. Na mesma linha, esclarece HUMBERTO THEODORO JR.: "Desde os primeiros

mente aderirem à arbitragem estarão obrigadas a resolver suas disputas por meio dessa forma de resolução de litígios e, ainda assim, dentro de certos limites estabelecidos pela lei[46] e pelo próprio pacto de arbitragem[47].

É o que preceitua a Lei de Arbitragem já em seu art. 1º, ao estatuir que "as pessoas capazes de contratar *poderão* valer-se da arbitragem para dirimir litígios relativos a direitos patrimoniais disponíveis". O dispositivo encontra-se em harmonia com a Constituição Federal de 1988, que consagrou a garantia de acesso à justiça em seu art. 5º, XXXV, conforme assentou o STF ao concluir pela constitucionalidade da Lei de Arbitragem[48].

tempos de nossa independência política, tem o juízo arbitral encontrado previsão e autorização no direito positivo brasileiro. De início, impunha-se como obrigatória a arbitragem em questões relativas a seguro e locação de serviços. Mais tarde, o Código Comercial obrigou à adoção do juízo arbitral para as controvérsias oriundas de locação mercantil, de relações entre os sócios das sociedades comerciais, e de várias outras fontes. No mesmo ano de 1850, em que se editou o Código Comercial, surgiu o Decreto nº 737, destinado a disciplinar o processo relativo às causas comerciais, e nele também se previa a submissão dos conflitos entre comerciantes à decisão arbitral." O autor prossegue lembrando que "o Decreto nº 3.900, de 26.06.1867, teria inviabilizado a implantação do importante instituto, ao dispor, em seu art. 9º, que a cláusula de compromisso (...) não valia senão como promessa e ficava dependente para a perfeição e execução de novo e especial acordo das partes". (*Curso de Direito Processual Civil: Procedimentos Especiais*. Rio de Janeiro: Forense, v. II, 2016, pp. 565-566).

[46] Como aquele previsto no art. 1º da Lei de Arbitragem, no sentido de que o instituto só pode ser usado para dirimir litígios relativos a direitos patrimoniais disponíveis.

[47] A mesma regra é válida para arbitragens comerciais internacionais: "The foundation of international commercial arbitration is the parties' agreement to arbitrate and their procedural autonomy. Equally important, parties agree to arbitrate with particular other parties, according to specified procedures – not to arbitrate with anybody, in any set of proceedings." (BORN, Gary B. *International Commercial Arbitration*. The Hague: Kluwer Law International, 2014, p. 2072). No mesmo sentido: REDFERN, Alan; HUNTER, Martin; BLACKABY, Nigel; PARTASIDES, Constantine. *International Arbitration*. New York: Oxford University Press, 2015, p. 85.

[48] Nos termos da decisão proferida no Agravo Regimental em Sentença Estrangeira nº 5.206-7, a constitucionalidade da Lei de Arbitragem foi declarada "(...) considerando o Tribunal, por maioria de votos, que a manifestação de vontade da parte na cláusula compromissória, quando da celebração do contrato, e a permissão legal dada ao juiz para que substitua a vontade da parte recalcitrante em firmar o compromisso não ofendem o artigo 5º, XXXV, da CF (...)". Diversas decisões posteriores confirmaram essa premissa, podendo ser citadas, entre outras: STJ, MS 11.308/DF, Rel. Min. Luiz Fux, d.j. 03.03.2006; STJ, REsp 1.541.830/MT, Rel. Min. Maria Isabel Gallotti, d.j. 06.12.2018; STJ, REsp 1.678.667/RJ, Rel. Min. Raul Araújo,

2. PREMISSAS TEÓRICAS FUNDAMENTAIS

Vimos que a convenção de arbitragem é o negócio jurídico por meio do qual as partes convencionam submeter a solução de litígios determinados ou determináveis à arbitragem[49], renunciando à jurisdição estatal. Nesse passo, o consentimento é elemento essencial da convenção de arbitragem[50] e deve ser dado por todas as partes envolvidas[51], sob pena de nulidade da sentença arbitral, nos termos do art. 32, I e IV, da Lei de Arbitragem.

Tamanha sua relevância, o consentimento é considerado um dos pilares da arbitragem[52], sendo classificada de truísmo a afirmação de que constituiu a base de qualquer procedimento arbitral[53]. Há quem fale, assim, que a partir do momento em que o recurso a *árbitros* para solucionar um litígio seja imposto às partes, ou ao menos a uma delas, será

Quarta Turma, d.j. 12.11.2018; STJ, REsp 1698730/SP, Rel. Min. Raul Araújo, Quarta Turma, d.j. 26.10.2018; STJ, Tutela Provisória no REsp 1.543.564/SP, Rel. Min. Marco Aurélio Bellizze, d.j. 01.08.2018.

[49] GUERRERO, Luís Fernando. *Convenção de arbitragem e processo arbitral*. São Paulo: Atlas, 2009, p. 5.

[50] O ponto é praticamente pacífico na doutrina, podendo ser citados, entre outros: DINAMARCO, Cândido Rangel. *A arbitragem na teoria geral do processo*. São Paulo: Malheiros, 2013, p. 80; PARENTE, Eduardo de Albuquerque. *Processo arbitral e sistema*. São Paulo: Atlas, 2012, pp. 94-97; CAHALI, Francisco José. *Curso de Arbitragem: mediação, conciliação, tribunal multiportas*. São Paulo: Thompson Reuters Brasil, 2018, p. 146; e BERALDO, Leonardo de Faria. *Curso de arbitragem. Nos termos da lei nº 9.307/96*. São Paulo: Atlas, 2014, p. 8.

[51] JABARDO, Cristina Saiz. "Extensão" da Cláusula Compromissória na Arbitragem Comercial Internacional: o Caso dos Grupos Societários. Dissertação (Mestrado). São Paulo, 2009, p. 90.

[52] FERNANDO MANTILLA-SERRANO, por exemplo, aduz que "Consent is the cornerstone on which the foundations of arbitration rests." (*Multiple parties and multiple contracts: divergent or comparable issues?* In: Multiparty Arbitration. Dossiers ICC Institute of World Business Law. Paris: Hanotiau & Schwartz (eds.), 2010, p. 25); enquanto KARIM YOUSSEF afirma que "consent is the cornerstone of the notion and the regulation of arbitration" (*The Limits of Consent: the Right or Obligation to Arbitrate of Non-Signatories in Group of Companies*. In: Multiparty Arbitration. Dossiers ICC Institute of World Business Law. Paris: Hanotiau & Schwartz (eds.), 2010, p. 72). No mesmo sentido, ainda: HANOTIAU, Bernard. *Complex Arbitrations: Multiparty, Multicontract, Multi-Issue and Class Actions*. The Hague: Kluwer Law International, 2006, pp. 32-33. Na doutrina brasileira, PEDRO A. BATISTA MARTINS aduz que a autonomia de vontade "é algo atávico à arbitragem que não pode ser desconsiderado" (*Apontamentos sobre a Lei de Arbitragem*. Rio de Janeiro: Forense, 2008, p. 135).

[53] NOLAN, Michael D.; SOURGEN, Frederic G. *Limits of Consent: Arbitration without privity and beyond*. In: Liber Amicorum Bernardo Cremades. The Hague: Kluwer Law International, 2010, p. 873.

impossível falar-se em arbitragem[54]. A arbitragem pressupõe, sempre, o acordo de vontade das partes[55].

Desse modo, é premissa fundamental de nosso estudo a de que não se pode, no Brasil, forçar uma parte a participar de uma arbitragem sem que tenha havido a respectiva manifestação de vontade, tampouco aceitar a participação de um terceiro à convenção de arbitragem sem o consentimento das efetivas partes.

Essa premissa será posta à prova inúmeras vezes ao longo do presente trabalho, na medida em que a complexidade das relações jurídicas modernas e o dinamismo das atuais transações econômicas fazem com que, de um lado, nem sempre seja fácil identificar a manifestação de consentimento; e, de outro, por vezes pareça tentador superar esse fundamento da arbitragem, em benefício de soluções mais práticas e ágeis.

Exemplo emblemático da imprecisão dos contornos do consentimento dá-se no caso das cláusulas compromissórias estatutárias e da consequente vinculação dos acionistas. Como se verá em mais detalhes no item 4.3, abaixo, as alterações trazidas pela Lei nº 13.129/2015 e pela inclusão do art. 136-A na Lei 6.404/1976 ("Lei das S.A.") tiveram por objetivo encerrar grande debate sobre a vinculação de acionistas ausentes, que se abstiveram, e mesmo daqueles que votaram contrariamente à inclusão da cláusula compromissória no estatuto social.

Ocorre que a solução dada pelo legislador acabou por criar uma situação limite, que põe em xeque esse pilar fundamental da arbitragem. Explica-se: o art. 136-A da Lei das S.A. cuida da aprovação da inserção de convenção de arbitragem no estatuto social, ao passo que seu § 2º excepciona o direito de recesso do acionista dissidente, isso é, daquele que votou contrariamente à inclusão da cláusula compromissória, em duas situações específicas. Desse modo, ao menos em princípio, o acionista

---

[54] PINNA, Andrea. *Réflexions sur l'arbitrage forcé*. In: Les Cahiers de L'Arbitrage. Paris: A. Pedone, 2011, v. V, p. 145.

[55] WALD, Arnoldo. *A desconsideração na arbitragem societária*. In: Revista de Arbitragem e Mediação. São Paulo: RT, v. 44, 2015, p. 50. Vale registrar, no entanto, que o autor alude, nesse artigo, a precedentes em que houve a desconsideração da personalidade jurídica na arbitragem, para atingir parte não signatária da convenção de arbitragem, sem que necessariamente tenha havido prova do respectivo consentimento. Voltaremos ao tema no item 5.3, abaixo.

2. PREMISSAS TEÓRICAS FUNDAMENTAIS

que manifestou expressamente seu desejo de *não* se vincular à arbitragem poderia ser forçado a participar de um procedimento arbitral contra a sua vontade, ao menos quando não puder exercer o direito de recesso.

Ao enfrentarmos essa e outras situações extremas, sempre buscaremos procurar soluções que vão ao encontro da premissa basilar deste trabalho, isso é, de que não há, no ordenamento jurídico brasileiro atual, arbitragem sem consentimento.

Nesse sentido, discordamos de autores para quem a natureza consensual da arbitragem pode ser flexibilizada em certas situações[56], ao menos enquanto não houver uma mudança normativa no Brasil ou, no mínimo, do entendimento do STF sobre o que constitui a garantia de acesso à Justiça prevista na Constituição Federal.

Desse modo, caso não seja possível identificar, de alguma forma, a manifestação de consentimento com a via arbitral, concluiremos pela impossibilidade de vinculação do não signatário à convenção de arbitragem. Essa é a primeira premissa do presente estudo.

---

[56] PÉRSIO THOMAZ FERREIRA ROSA, discorrendo sobre o que chamou de "terceiros relativos" (que, segundo o autor, seriam certos sujeitos encontrados em casos como aqueles relativos a grupos de contratos, grupos de sociedades e desconsideração da personalidade jurídica), afirma que o fator *vontade* não precisa necessariamente estar presente para vinculá-los à convenção de arbitragem: "Nestas situações a vontade do *terceiro* está atrelada a um interesse econômico advindo da relação contratual (grupo de sociedades) ou da empresa (desconsideração da pessoa jurídica). É acidental o seu envolvimento na lide arbitral, podendo ser afirmado que a identificação da vontade é mesmo desnecessária para fins de extensão dos efeitos da convenção de arbitragem." (*Os terceiros em relação à convenção de arbitragem: tentativa de sistematização sob a perspectiva do direito privado brasileiro*. Dissertação (Mestrado). São Paulo, 2010, p. 183). Na doutrina internacional, STAVROS L. BREKOULAKIS propõe balizas jurisdicionais para os árbitros decidirem pedidos formulados contra ou a favor de terceiros, defendendo que, nos casos em que pedidos de ou contra terceiros sejam virtualmente inseparáveis da disputa arbitral, os árbitros terão discricionariedade para decidir a seu respeito: "[C]ommercial reality often presents us with situations where a third-party claim can be virtually inseparable from the dispute which is the main subject matter of the jurisdiction of a tribunal. In these circumstances, the third-party claim will effectively be an integral part of the tribunal's scope and authority, and it should therefore be at the tribunal's discretion to examine it or not." (*Third Parties in International Commercial Arbitration*. Oxford International Arbitral Series. New York: Oxford University Press, 2010, p. 206).

2.2. Desnecessidade de manifestação expressa de consentimento

Fazendo coro à Convenção sobre o Reconhecimento e a Execução de Sentenças Arbitrais Estrangeiras ("Convenção de Nova York")[57], nossa Lei de Arbitragem prevê que a convenção de arbitragem deve ser escrita, seja ela celebrada na modalidade cláusula compromissória (art. 4º), seja na modalidade compromisso arbitral (art. 9º)[58]. Conforme já observou a doutrina, esse requisito confere mais elevado grau de certeza quanto à existência da convenção de arbitragem, servindo para que a cláusula possa exprimir todos os seus efeitos de direito[59].

Isso não quer dizer, no entanto, que a vinculação de uma parte a dada convenção de arbitragem tenha que necessariamente se dar por meio de uma assinatura, ou por outra forma de declaração expressa de vontade (ao menos quando se tratar da modalidade cláusula compromissória, como se viu acima)[60]. Como é cediço, a manifestação de vontade também pode dar-se de forma tácita[61]. E, por força do art. 107 do Código

---

[57] Cf. artigo II da Convenção de Nova York, recepcionada no ordenamento jurídico brasileiro por meio do Decreto nº 4.311, de 23 de julho de 2002.

[58] MUNIZ, Joaquim de Paiva; PRADO, Maria da Graça Almeida. *Agreement in writing e requisitos formais da cláusula de arbitragem: nova realidade, velhos paradigmas*. In: Revista de Arbitragem e Mediação. São Paulo: Revista dos Tribunais, v. 26, jul./set. 2010, p. 59.

[59] MARTINS, Pedro A. Batista. *Apontamentos sobre a Lei de Arbitragem*. Rio de Janeiro: Forense, p. 78.

[60] De fato, como se verá ao longo do presente trabalho, são várias as hipóteses, admitidas tanto pela doutrina quanto pela jurisprudência, em que um sujeito pode se vincular a uma convenção de arbitragem escrita sem que tenha que declarar expressamente seu consentimento com relação a ela, bastando, por exemplo, a verificação de atos ou fatos concludentes que evidenciem sua intenção de se sujeitar ao pacto arbitral.

[61] CAIO MÁRIO DA SILVA PEREIRA define a manifestação tácita da seguinte forma: "(...) chama-se manifestação tácita de vontade aquela que resulta de um comportamento do agente, traduzindo a exteriorização por uma dada atitude. Para o ordenamento, tem eficácia a manifestação de vontade, tanto quanto a expressa, salvo nos casos em que a lei exige esta última forma, e muitas vezes é o próprio direito positivo que traduz em emissão volitiva um mencionado comportamento. Assim é que se interpretam como aceitação da herança os atos de uma pessoa, compatíveis com a qualidade hereditária. É um caso legal de manifestação tácita de vontade. Houve aí manifestação de vontade, embora não declarada, e emissão geradora de efeitos jurídicos." (*Instituições de direito civil: introdução ao direito civil, teoria geral de direito civil*. Rio de Janeiro: Forense, 2018, p. 405). No mesmo sentido: AZEVEDO, Antônio Junqueira de. *Negócio Jurídico: Existência, Validade e Eficácia*. São Paulo: Saraiva, 2017, p. 126; e VENOSA, Silvio de Salvo. *Direito Civil: Parte Geral*. São Paulo: Atlas, vol. I, 2004, p. 414.

2. PREMISSAS TEÓRICAS FUNDAMENTAIS

Civil, quando a lei não exigir forma especial, a manifestação tácita de vontade é válida[62-63].

Declarações tácitas já foram definidas como aquelas feitas por meio de *sinais*, nas quais o significado exato da declaração só pode ser compreendido a partir de uma inferência feita com base nas circunstâncias do caso concreto[64]. Contrapõem-se às declarações expressas, feitas por meio de *símbolos*, que são dotados de dimensão semântica mais constante[65], ainda que também possam variar de acordo com o contexto situacional[66]. A distinção entre ambas reside, portanto, antes na existência ou não de uma significação simbólica mais própria e autônoma, do que no meio de expressão isoladamente considerado[67].

---

[62] Ao comentar esse dispositivo, ÁLVARO VILLAÇA AZEVEDO afirma: "Estabelece-se, nesse dispositivo legal, a regra geral da informalidade na manifestação de vontade, pois a grande maioria dos negócios jurídicos independe de forma especial para valer". (*Código Civil comentado: negócio jurídico*. São Paulo: Atlas, 2003, p. 56). Normas semelhantes estão previstas em outros ordenamentos jurídicos, como, por exemplo, nos direitos português (cf. art. 217 do Código Civil) e francês (cf. art. 1.113 do *Code Civil*).

[63] JUDITH MARTINS-COSTA assim se pronunciou sobre a manifestação negocial de consentimento: "(...) a manifestação negocial de consentimento, salvo nas hipóteses em que a lei requer forma especial, não se traduz necessariamente em documentos escritos. O consentimento pode, pois, ser expressado pelo comportamento." (*A boa-fé no direito privado: critérios para a sua aplicação*. São Paulo: Saraiva Educação, 2018, p. 546).

[64] PINTO, Paulo da Mota. *Declaração tácita e comportamento concludente no negócio jurídico*. Coimbra: Almedina, 1995, pp. 515-517 e p. 729. Nas palavras de FRANCISCO PAULO DE CRESCENZO MARINO: "Declarações tácitas, ao contrário, são declarações por meio de sinais, sendo estes sinais, ou índices, atos ou fatos não enquadrados em uma relação de significação preestabelecida, cuja capacidade significativa, portanto, depende inteiramente da situação comunicativa concreta" (*Interpretação do Negócio Jurídico*. São Paulo: Saraiva, 2011, p. 91).

[65] Para PAULO DA MOTA PINTO, "o símbolo tem uma estrutura representativa e substitutiva, e é arbitrário, evocando a imagem ideal do fenômeno representado", sendo dotado de "uma dimensão semântica constante, uma identidade objectiva, conservando a sua base convencional nos diversos contextos em que se insere. É, por isso, menos ambíguo, menos equívoco, mesmo se o significado se precisa definitivamente apenas na situação concreta." (op. cit., pp. 515-516).

[66] MARINO, op. cit., 2011, p. 91.

[67] "Atendendo à configuração da relação entre manifestante e manifestado, pode-se distinguir a declaração expressa da tácita contrapondo entre manifestação por símbolos (logo, através de uma linguagem) e por sinais. Esta distinção, que não se afasta significativamente de certas orientações 'objectivas', relaciona-se, designadamente, com a diferente certeza expressiva de ambos os tipos de declaração. O critério baseia-se no próprio modo de significação." (PINTO, op. cit., p. 515). Inclusive, o autor segue ressalvando que há declarações tácitas

Daí porque, para o que interessa ao nosso estudo, muitas vezes será importante averiguar quais foram os *sinais* emitidos por um determinado sujeito com relação à cláusula compromissória ou o negócio jurídico que a contém, em cada situação concreta, para que se estabeleça um juízo que permita relacionar esses sinais (atos ou fatos concludentes) à existência de um significado negocial, no caso, sua vinculação à convenção de arbitragem[68]. Conforme for, esse sujeito deverá ser considerado efetiva parte da convenção de arbitragem ou, ao contrário, um mero terceiro, que não poderá ser vinculado a um procedimento arbitral contra sua vontade.

Nesse contexto é que se deve separar a exigência da forma escrita para a cláusula compromissória da forma pela qual uma parte expressa seu consentimento a essa cláusula.[69] A expressão desse consentimento pode se dar pela prática de atos que evidenciem o desejo da parte de se submeter à arbitragem, verificados durante a fase de negociação,

---

feitas por meio de palavras ou símbolos em geral, os quais, nesses casos, podem constituir apenas sinais, não desempenhando sua função usual de linguagem. Ao mesmo tempo, destaca que as declarações expressas podem ser levadas a cabo por qualquer meio de linguagem, inclusive gestos e outros comportamentos usuais ou convencionais, desde que haja efetivamente *linguagem simbólica* (op. cit., pp. 519-520).

[68] MARINO, op. cit., p. 94.

[69] Nas palavras de NATHALIA MAZZONETTO: "De se ponderar, outrossim, que o requisito para que determinados sujeitos sejam abrangidos pela convenção arbitral é a inequívoca manifestação de sua vontade no sentido de verem o conflito solucionado pela arbitragem, o que não se confunde com a necessidade de forma escrita e firmada da convenção." (*Partes e terceiros na arbitragem*. Dissertação (Mestrado). São Paulo, 2012, p. 62). Para RAFAEL VILLAR GAGLIARDI: "Incide na espécie o princípio da liberdade das formas insculpido no art. 107 do Código Civil brasileiro, cabendo, ainda outra vez, distinguir entre a exigência de forma escrita para a cláusula compromissória e a não exigência dessa solenidade para a comprovação do consentimento da *parte*". (*O avesso da forma: contribuição do direito material à disciplina dos terceiros na arbitragem (uma análise a partir de casos emblemáticos da jurisprudência brasileira)*. In: MELO, Leonardo de Campos; BENEDUZI, Renato Resende (Coords.). A Reforma da Arbitragem. Rio de Janeiro: Forense, 2016, p. 220). Ainda no mesmo sentido: SPERANDIO, Felipe Vollbrecht. *Convenção de Arbitragem*. In: LEVY, Daniel; PEREIRA, Guilherme Setoguti J. Curso de Arbitragem. São Paulo: Revista dos Tribunais, 2019, pp. 98-99; NANNI, Giovanni Ettore. *Cláusula Compromissória como negócio jurídico: análise de sua existência, validade e eficácia*. In: NANNI, Giovanni Ettore. Direito Civil e Arbitragem. São Paulo: Atlas, 2014, p. 41; e MOSER, Luiz Gustavo Meira. *A aceitação da cláusula compromissória pelo silêncio, à luz da conduta negocial das partes: a cláusula geral do art. 111 do Código Civil brasileiro*. In: Revista de Direito Mercantil, Industrial, Econômico e Financeiro, São Paulo: Malheiros, v. 153-154, 2010, p. 105.

execução ou transmissão do contrato que contém a cláusula compromissória[70]. O que importa é que haja efetiva manifestação de vontade de se sujeitar à solução por arbitragem, a partir da existência de uma convenção de arbitragem escrita[71].

Evidentemente, a exteriorização de comportamento que denote a adesão de um não signatário à convenção de arbitragem deve sempre ser examinada à luz do princípio da boa-fé objetiva[72]. Nesse passo, adverte-se que, havendo dúvida quanto à conformação de consentimento tácito, deve-se privilegiar a interpretação que restrinja a eficácia subjetiva apenas às partes signatárias da convenção de arbitragem[73].

Embora concordemos com essa proposição, isso não significa dizer que o intérprete deva buscar uma total ausência de equivocidade com relação à verificação do consentimento tácito com a cláusula compromissória.

Em primeiro lugar, porque essa exigência seria bastante difícil de ser suprida, uma vez que a existência de declaração tácita sempre dependerá de ilações feitas a partir de atos ou fatos concludentes, ou de *"inferências*

---

[70] Essa possibilidade é amplamente admitida pela jurisprudência brasileira, conforme atestam os diversos precedentes que serão mencionados ao longo deste trabalho. É também reconhecida em diferentes jurisdições, como lembra GARY B. BORN: "Under most developed legal systems, an entity may become a party to a contract, including an arbitration agreement, impliedly – typically, either by conduct or non-explicit declarations, as well as by express agreement or formal execution of an agreement. Where a party conducts itself as if it were a party to a commercial contract, by playing a substantial role in negotiations and/or performance of the contract, it may be held to have impliedly consented to be bound by the contract." (*International Arbitration Cases and Materials*. The Hague: Kluwer International Law, 2015, p. 580).

[71] BREKOULAKIS, Stavros L. *Third Parties in International Commercial Arbitration*. Oxford International Arbitral Series. New York: Oxford University Press, 2010, p. 11.

[72] A boa-fé é discutida de forma recorrente em arbitragens. Doutrina internacional já destacou que "(...) la bonne foi est, en tous cas, au centre et au cœur de la majorité des sentences arbitrales. Elle constitue une règle d'interprétation et le guide de toute action, comme de tout jugement." (HORSMANS, Guy. *L'interprétation des contrats internationaux*. In: L'arbitrage commercial international. L'apport de la jurisprudence arbitrale. Publication de la CCI, 1986, p. 158); bem como que "It is difficult to find any international arbitration award not based on, or that does not at least mention, good faith" (CREMADES, Bernardo. *Good Faith in International Arbitration*. Washington, D.C.: American University International Law Review, n. 4, 2012, p. 761).

[73] MARTINS-COSTA, Judith. *A boa-fé no direito privado*. São Paulo: Saraiva, 2018, p. 553.

a partir de sinais"[74], o que, por si só, diminui o grau de certeza desse tipo de declaração[75].

Em segundo lugar, note-se que, enquanto o legislador optou por prever a ausência de equivocidade em outras situações, como, por exemplo, naquelas disciplinadas pelos arts. 202, VI[76] e 361 do Código Civil[77], relativas, respectivamente, à interrupção da prescrição e à novação, a Lei de Arbitragem não fez exigência semelhante.

Assim, entendemos que não há que se perseguir uma certeza absoluta com relação à declaração tácita de consentimento com a cláusula compromissória, bastando que haja elevado grau de probabilidade de que os *sinais* emitidos por determinado sujeito tenham o significado de conferir-lhe a qualidade de parte em uma certa convenção de arbitragem[78-79].

---

[74] MARINO, Francisco Paulo de Crescenzo. *Interpretação do Negócio Jurídico*. São Paulo: Saraiva, 2011, p. 94.

[75] De tal modo que as declarações tácitas sempre terão grau mais baixo de certeza e precisão do que as declarações expressas, conforme lembra ANTÔNIO JUNQUEIRA DE AZEVEDO (*Negócio Jurídico: Existência, Validade e Eficácia*. São Paulo: Saraiva, 2017, p. 127). Essa circunstância, naturalmente, não tem o condão de invalidar as manifestações tácitas sempre que a lei as permitir.

[76] "Art. 202. A interrupção da prescrição, que somente poderá ocorrer uma vez, dar-se-á: (...)
VI – por qualquer *ato inequívoco*, ainda que extrajudicial, que importe reconhecimento do direito pelo devedor." (destacou-se)

[77] "Art. 361. Não havendo ânimo de novar, expresso ou tácito *mas inequívoco*, a segunda obrigação confirma simplesmente a primeira." (destacou-se).

[78] FRANCISCO PAULO DE CRESCENZO MARINO, ainda que examinando o tema de forma abrangente, sob a ótica da interpretação dos negócios jurídicos como um todo, e não da convenção de arbitragem em particular, ensina: "À exceção dos casos em que exista disposição legal expressa nesse sentido, e considerando que não se trata apenas de uma questão lógica (uma 'ilação lógica', como usualmente se diz), mas de interpretação realizada de acordo com os meios interpretativos relevantes, parece razoável admitir-se como bastante um juízo de concludência baseado em um *elevado grau de probabilidade* (concludência relativa), e não necessariamente na total inequivocidade (concludência absoluta). Esta exigência de uma concludência relativa ou 'probabilidade reforçada' resulta, ademais, da própria natureza do processo interpretativo, que dificilmente consente com juízos absolutos e inequívocos, sendo antes um *ato de escolha*." (op. cit., p. 96).

[79] Em sentido contrário, afirmando que deve haver manifestação "inequívoca" de consentimento, destacamos, entre outros: TELLECHEA, Rodrigo. *A arbitragem nas Sociedades Anônimas: direitos individuais e princípio majoritário*. São Paulo: Quartier Latin do Brasil, 2016, p. 307; e MELO, Leonardo de Campos. *Extensão da cláusula compromissória e grupos de sociedades: A prática arbitral CCI e sua compatibilidade com o direito brasileiro*. Rio de Janeiro: Forense, 2013, p. 20.

2. PREMISSAS TEÓRICAS FUNDAMENTAIS

Em resumo, é premissa deste trabalho a de que, inobstante a exigência da forma escrita para a convenção de arbitragem, o consentimento com relação à convenção não precisa necessariamente se dar de forma expressa, sendo suficiente a existência de manifestação tácita. Para aferir-se a existência de consentimento tácito, deve-se examinar, à luz da boa-fé objetiva, a presença de atos ou fatos concludentes que indiquem, com elevado grau de certeza, mas sem a necessidade de ausência de equivocidade, a intenção de determinado sujeito de se vincular à cláusula compromissória.

Sendo este o caso, uma parte que não consentiu, por escrito, com negócio jurídico que contenha cláusula compromissória (esta sim, necessariamente escrita) poderá vir a fazer parte da respectiva arbitragem, seja porque chamada a integrá-la, seja porque, querendo participar da arbitragem, invocou a cláusula compromissória em seu favor, apesar de não a ter assinado.

2.3. Desnecessidade de manifestação autônoma de consentimento

O ordenamento jurídico brasileiro, mais precisamente o art. 8º da Lei de Arbitragem, recepcionou o princípio da autonomia da cláusula compromissória, segundo o qual cláusula e contrato base que a contém são considerados negócios jurídicos distintos. Inclusive, de modo que eventual nulidade deste não implique, necessariamente, nulidade daquela[80]. O objetivo do legislador com esse dispositivo foi o de preservar a escolha da via arbitral mesmo no caso de uma parte suscitar a nulidade do contrato base, para que os próprios árbitros possam examinar esse tipo de alegação[81].

---

[80] CARMONA, Carlos Alberto, *Arbitragem e Processo: Um Comentário à Lei nº 9.307/96*. São Paulo: Atlas, 2009, pp. 173-174. Até porque, como lembra GIOVANNI ETTORE NANNI, a cláusula compromissória pode, até mesmo, ser regida por lei distinta daquela que governa o contrato base (*Cláusula Compromissória como negócio jurídico: análise de sua existência, validade e eficácia*. In: NANNI, Giovanni Ettore. *Direito Civil e Arbitragem*. São Paulo: Atlas, 2014, p. 20).

[81] Com efeito, o parágrafo único do mesmo artigo de lei garantiu aos árbitros o poder de julgar alegações de inexistência, invalidade e ineficácia não apenas do contrato base, como da própria cláusula compromissória, evitando-se, assim, que argumentos desse tipo sejam usados para o fim de afastar o conflito da arbitragem. Essa prerrogativa dos árbitros de serem os primeiros a dizer sobre sua própria competência é um princípio caro à arbitragem nacional e internacional, comumente conhecido como *kompetenz-kompetenz* (MARTINS, Pedro A. Batista. *Apontamentos sobre a Lei de Arbitragem*. Rio de Janeiro: Forense, 2008, pp. 136-137; e

Para nosso estudo, importa apenas entender se o princípio da autonomia da convenção de arbitragem impõe a necessidade de uma manifestação de consentimento específica para a cláusula compromissória, distinta daquela relativa ao contrato principal. Vista a questão sob outro ângulo, trata-se de averiguar se eventual vinculação de um não signatário ao contrato principal tem por consequência sua adesão automática à cláusula compromissória nele inserida, ou se, ao contrário, seriam necessárias duas manifestações de vontade separadas.

Para parte da doutrina, o fato de a cláusula compromissória ser autônoma com relação ao contrato que a contém não significa que o consentimento em relação à convenção arbitral tenha que se dar de forma independente e distinta daquele relativo ao contrato principal. Há quem afirme, nesse contexto, que nada impede que não signatários do pacto arbitral fiquem sujeitos à convenção de arbitragem a partir de seu comportamento e de atos concludentes relativos ao contrato principal[82]. Na mesma linha, defende-se que, apesar de autônoma, a cláusula compromissória é também acessória[83], possuindo natureza adjetiva, pelo que segue, automaticamente, os direitos substantivos[84].

Born, Gary B. *International Arbitration Cases and Materials*. The Hague: Kluwer International Law, 2015, p. 272). Vale lembrar, no entanto, que a conclusão dos árbitros a respeito de sua competência poderá ser objeto de análise pelo Poder Judiciário em um momento posterior, inclusive nos autos de procedimentos que busquem evitar a execução ou o reconhecimento da sentença arbitral.

[82] "Não faz sentido que, em função do princípio da autonomia da cláusula compromissória, se exija que o consentimento relativo à convenção arbitral se manifeste de forma autônoma e distinta daquele relativo ao contrato principal. A existência de dois atos jurídicos autônomos não é incompatível com a de apenas uma troca de consentimentos. Efetivamente, a cláusula arbitral, devido à sua especificidade, pode apresentar um regime jurídico autônomo e independente em relação ao contrato principal. Entretanto, essa eventual dissociação da cláusula arbitral relativamente ao contrato que a contém não deve existir no que se refere ao acordo de vontades." (Jabardo, Cristina Saiz. *"Extensão" da Cláusula Compromissória na Arbitragem Comercial Internacional: o Caso dos Grupos Societários*. Dissertação (Mestrado). São Paulo, 2009, pp. 15-16). No mesmo sentido: Sperandio, Felipe Vollbrecht. *Convenção de Arbitragem*. In: Levy, Daniel; Pereira, Guilherme Setoguti J. (Coords.). *Curso de Arbitragem*. São Paulo: Revista dos Tribunais, 2019, p. 103.

[83] O termo "acessória" pode gerar certa controvérsia neste caso, eis que revela aparente incompatibilidade com a autonomia da cláusula compromissória enquanto negócio jurídico distinto do contrato base. Em razão disso, ainda que concordemos com a observação de Leonardo de Faria Beraldo no sentido de que a cláusula compromissória pode ser a um só tempo autônoma e acessória (nas palavras do autor: "[A] nosso ver, *acessório* se con-

2. PREMISSAS TEÓRICAS FUNDAMENTAIS

Por outro lado, há quem pondere que não se pode eliminar a necessidade de concordância claramente exprimida pelo não signatário de se sujeitar à cláusula compromissória[85]. Esse ponto de vista, mais cauteloso, parece se fundar na premissa de que a vinculação à cláusula compromissória deve ser interpretada restritivamente, seja porque implica renúncia à jurisdição estatal e, por força do art. 114 do Código Civil, as renúncias se interpretam estritamente, seja porque a sujeição forçada de um terceiro que não manifestou seu consentimento com a convenção de arbitragem esbarra no art. 5º, XXXV, da Constituição Federal, sendo uma das causas de nulidade da sentença arbitral previstas na lei brasileira[86].

Destaque-se, ainda, haver quem sustente que a questão da eventual necessidade de uma declaração de vontade autônoma com relação à adesão à cláusula compromissória deve ser avaliada de acordo com as circunstâncias específicas de cada caso, tomando-se por base as diferentes teorias que podem ser usadas para vincular subjetivamente não signatários à cláusula compromissória[87].

---

trapõe a *principal*, assim como *autônomo* é o contrário de *subordinado*. A cláusula compromissória é, portanto, autônoma e acessória. Ela é acessória porque não pode existir por si só. As partes somente se preocupam em redigir uma cláusula arbitral porque existe uma obrigação principal." In *Curso de arbitragem nos termos da lei n. 9.307/96*. São Paulo: Atlas, 2014, p. 192), preferimos usar a expressão "instrumental", para deixar claro que a convenção de arbitragem não encerra um fim em si mesma, sendo antes um instrumento para a resolução de certos conflitos relativos ao negócio jurídico base. Adotando solução semelhante: COSTA, Guilherme Recena. *Partes e Terceiros na Arbitragem*. Tese (Doutorado). São Paulo, 2015, p. 83.

[84] ZERBINI, Eugenia C. G. de Jesus. *Cláusulas arbitrais: transferência e vinculação de terceiros à arbitragem*. In: JOBIM, Eduardo; MACHADO, Rafael Bicca (Coords.) *Arbitragem no Brasil: Aspectos jurídicos relevantes*. São Paulo: Quartier Latin, 2008, pp. 146-147.

[85] Nesse passo, RAFAEL VILLAR GAGLIARDI afirma que "[e]ssa conclusão requer, como se consignou, conduta concludente ou geradora de confiança da sujeição do terceiro à cláusula compromissória" (*O avesso da forma: contribuição do direito material à disciplina dos terceiros na arbitragem (uma análise a partir de casos emblemáticos da jurisprudência brasileira)*. In: MELO, Leonardo de Campos; BENEDUZI, Renato Resende (Coords.). *A Reforma da Arbitragem*. Rio de Janeiro: Forense, 2016 p. 227). Não está claro, no entanto, se o autor defende a necessidade de existência de uma manifestação autônoma e distinta para esse fim.

[86] Evidentemente, se o terceiro tem interesse em participar da arbitragem e as partes da convenção não se opõem ao seu ingresso, essa questão sequer se coloca.

[87] Nas palavras de STAVROS BREKOULAKIS: "(...) the answer to the question of whether specific arbitration consent is required (...) will depend on the specific characteristics and the commercial purpose of each individual contractual theory" (*Third Parties in International*

Em nosso sentir, o ponto não deve ensejar grande controvérsia no direito brasileiro. Isso porque a Lei de Arbitragem exigiu uma manifestação de vontade autônoma apenas quando cuidou dos contratos de adesão, em seu art. 4º, § 2º. Nesse caso, o legislador entendeu necessário haver uma assinatura ou visto especial para a cláusula compromissória, requisito dispensável apenas na hipótese de o aderente tomar a iniciativa de instituir a arbitragem.

Para as demais situações, a Lei de Arbitragem não fez qualquer exigência adicional. Assim, ao menos em princípio, a mesma manifestação de consentimento dada em relação ao negócio jurídico base é suficiente para demonstrar a aquiescência com a respectiva cláusula compromissória, inobstante seu caráter autônomo. Daí porque a mera assinatura do contrato base que contenha a convenção de arbitragem é suficiente para vincular as partes àquela forma de resolução de disputas, sem necessidade de uma assinatura ou visto adicional à cláusula[88].

Sendo este o caso, não nos parece razoável a exigência de uma manifestação de consentimento distinta e autônoma daquela relativa ao contrato principal, apenas porque a parte se vinculou de forma tácita e não mediante a aposição de sua assinatura ao negócio jurídico base. A lei, repita-se, não faz essa distinção, pelo que entendemos que não cabe ao intérprete fazê-la[89].

Commercial Arbitration. Oxford International Arbitral Series. New York: Oxford University Press, 2010, p. 24).

[88] Examinando a questão do ponto de vista internacional, PHILIPPE FOUCHARD, EMMANUEL GAILLARD e BERTHOLD GOLDMAN, ensinam que "The autonomy of the arbitration agreement from the main contract is a legal concept, not a factual determination. Thus, it does not mean that acceptance of the arbitration agreement must be separate from that of the main contract." (*International Commercial Arbitration*. Edited by Emmanuel Gaillard and John Savage. The Hague: Kluwer Law International, 1999, p. 208)

[89] Nesse ponto, concordamos com FELIPE VOLLBRECHT SPERANDIO, que afirma: "Assim como a assinatura do contrato que contém cláusula arbitral presume a aceitação da cláusula arbitral, é possível afirmar que o consentimento tácito do contrato também induz o consentimento tácito da respectiva cláusula arbitral." Prossegue o autor aduzindo existirem dois fundamentos para sustentar esse posicionamento: o primeiro, consistente no fato de que as partes não podem alegar desconhecimento da cláusula arbitral contida no contrato não assinado ao qual decidiram se vincular tacitamente; o segundo, consubstanciado no fato de que, se uma parte extraiu ou pretende extrair benefícios de um contrato não assinado, não pode negar sua sujeição à cláusula compromissória nele contida, em respeito à proibição do comportamento contraditório no direito brasileiro. (*Convenção de Arbitragem*. In: LEVY,

2. PREMISSAS TEÓRICAS FUNDAMENTAIS

Diante disso, a terceira e derradeira premissa fundamental de nosso trabalho é a de que o princípio da autonomia da cláusula compromissória não impõe a existência de uma manifestação de consentimento específica com relação à convenção de arbitragem, ainda que se esteja no âmbito das manifestações tácitas de vontade[90].

Daniel; PEREIRA, Guilherme Setoguti J. (Coords.). *Curso de Arbitragem*. São Paulo: Revista dos Tribunais, 2019, p. 103).
[90] A importância de se estabelecer, desde já, essa premissa reside no fato de que, em boa parte dos casos concretos em que se lidou com a definição dos limites subjetivos da convenção de arbitragem, tratados ao longo deste trabalho, os atos ou fatos concludentes examinados diziam respeito ao contrato base e não à cláusula compromissória. Dessa forma, caso fosse exigida uma manifestação autônoma de consentimento relativa à cláusula compromissória, parte substancial dos precedentes aqui discutidos não passaria sequer por essa barreira preliminar, não podendo suscitar a discussão a respeito da aplicação de variadas teorias para a vinculação de não signatários à convenção de arbitragem.

Capítulo 3
Classificação das diferentes hipóteses de vinculação de não signatários

Antes de passarmos ao exame das diferentes situações em que um não signatário poderá ser considerado uma efetiva parte da convenção de arbitragem, entendemos necessário tentar estabelecer um critério apto a organizá-las de forma coerente e metodologicamente defensável. Para tanto, passaremos a analisar o que a doutrina nacional e internacional já escreveu a esse respeito, buscando apontar as virtudes e defeitos das diferentes classificações que foram aventadas.

Feito isso, proporemos uma classificação que, se não é completamente inovadora, ao menos ainda não foi desenvolvida em um trabalho monográfico nacional sobre os limites subjetivos da convenção de arbitragem[91].

Como será exposto em mais detalhes no item 3.2, abaixo, a classificação proposta e que será adotada na presente dissertação não tem a virtude de permitir uma separação rígida e exata das hipóteses de vinculação de não signatários à convenção de arbitragem. Tal como outros agrupamentos possíveis, o critério tripartite aqui utilizado encerra certa

---

[91] Com efeito, nada obstante GUILHERME RECENA COSTA tenha afirmado ser possível agrupar os diferentes tipos de casos na forma aqui desenvolvida, o autor optou por não seguir tal classificação em sua tese de doutorado (*Partes e Terceiros na Arbitragem*. Tese (Doutorado). São Paulo, 2015, pp. 75-76).

imprecisão em seus contornos, de modo que uma determinada hipótese de *extensão* dos limites subjetivos do pacto arbitral poderia, por vezes, ser classificada em um ou outro grupo, a depender das circunstâncias do caso concreto.

A despeito disso, acreditamos que a classificação desenvolvida em nosso trabalho possibilita uma separação mais criteriosa das hipóteses estudadas, de tal forma que cada qual possa ser agrupada com outras com as quais guarde maior similitude. Ao menos do ponto de vista da questão enfrentada por aqueles que tenham que examinar os limites subjetivos de uma convenção de arbitragem, como explicaremos adiante.

Longe de esgotar o tema ou solucionar em definitivo o problema classificatório das hipóteses de vinculação de não signatários à convenção de arbitragem, esperamos, ao menos, contribuir para esse debate, chamando a atenção para uma questão que, no mais das vezes, é tratada de forma passageira e sem grande profundidade pela doutrina especializada.

3.1. Algumas classificações possíveis

3.1.1. *Transmissão* v. *extensão*

A primeira e mais recorrente forma de se classificar as hipóteses tratadas no presente trabalho consiste em dividi-las entre o que a doutrina chama de *transmissão* ou *circulação* da convenção de arbitragem, e o que trata por *extensão* da cláusula compromissória.

De acordo com esse posicionamento, a *transmissão* ou *circulação* da cláusula compromissória acontece, grosso modo, quando um não signatário passa a ostentar a qualidade de parte da relação substantiva subjacente no lugar de outrem, seja por força de lei, seja por ato de disposição de vontade[92]. É o que ocorre, por exemplo, nos casos de sucessão

---

[92] MARTINS, Pedro A. Batista. *Cláusula compromissória*. In: MARTINS, Pedro A. Batista; LEMES, Selma M. Ferreira; CARMONA, Carlos Alberto (Coords.). *Aspectos fundamentais da Lei de Arbitragem*. Rio de Janeiro: Forense, 1999, p. 220. CRISTINA SAIZ JABARDO, ao tratar da *transmissão* da cláusula compromissória, aduz que um não signatário pode se tornar parte "não porque, através de atos concludentes durante as negociações ou na execução do contrato litigioso (...) manifestou sua vontade de se tornar parte dele", mas porque "adquiriu a condição de parte, substituindo a contratante original: ela passou a ocupar a posição da signatária, seja

3. CLASSIFICAÇÃO DAS DIFERENTES HIPÓTESES DE VINCULAÇÃO DE NÃO SIGNATÁRIOS

ou cessão da posição contratual. Em tais situações, defende-se que o não signatário será parte da convenção de arbitragem porque adquiriu a qualidade de parte do negócio jurídico base, em *substituição* a outro contratante[93].

Ao que parece, são dois os fatores preponderantes para se classificar uma determinada hipótese de vinculação de não signatário como um caso de *transmissão* da cláusula compromissória.

Em primeiro lugar, a eficácia sucessiva da convenção, que passaria a abarcar não signatário em momento posterior ao da celebração da cláusula compromissória[94].

Ganha relevo, nesse passo, a distinção entre o contrato, aqui compreendido em sua modalidade convenção de arbitragem, e a relação contratual dele decorrente. Enquanto o primeiro, como espécie de ato jurídico que é, pressupõe a existência de um momento específico em que passa a existir, podendo ser examinado exclusivamente a partir dele (exame estático); a segunda é a própria projeção dos efeitos, idealizados ou não, pelo contrato, que se alongam temporalmente por período determinado ou indeterminado (exame dinâmico).

A qualidade de parte, nesta ótica, não deve ser limitada aos sujeitos que são agentes da formação do contrato, pressupostos de sua própria existência enquanto negócio jurídico[95]. Pode abarcar, outrossim, aqueles

---

em virtude da cessão de créditos ou de contratos, seja porque a sociedade que originalmente celebrou a cláusula compromissória fundiu-se, cindiu-se ou foi incorporada pela sociedade à qual o pacto arbitral foi transmitido" (*"Extensão" da Cláusula Compromissória na Arbitragem Comercial Internacional: o Caso dos Grupos Societários*. Dissertação (Mestrado). São Paulo, 2009, p. 12).

[93] CARDOSO, Paula Butti. *Limites subjetivos da convenção de arbitragem*. Dissertação (Mestrado). São Paulo, 2013, p. 156. Ao discorrer sobre essa hipótese, a autora afirma que o não signatário substituiu uma parte *original* da convenção de arbitragem. Entretanto, tendo em vista que o fenômeno da circulação ou transmissão da convenção de arbitragem pode ocorrer sucessivas vezes, ainda que com o mesmo negócio jurídico, há que se registrar que a substituição pode se dar não apenas entre uma parte *original* da convenção de arbitragem e uma parte *sucessiva*, mas também entre duas partes *sucessivas*.

[94] Por oposição a uma eficácia originária, que abarcaria apenas as partes signatárias. Num exemplo singelo, A e B seriam as partes originais da convenção de arbitragem sendo que, em momento posterior, B daria lugar a C.

[95] Nesse sentido, ANTÔNIO JUNQUEIRA DE AZEVEDO, após aludir aos elementos gerais *intrínsecos* ou *constitutivos* indispensáveis à existência de todo e qualquer negócio jurídico (forma, objeto e circunstâncias negociais), ensina que há também os elementos gerais *extrínsecos*

que passam a formar a relação contratual subsequente, que, por natureza, é dinâmica e fluida[96]. A *transmissão* do negócio jurídico base faria nascer, portanto, em momento temporal posterior, novas partes da convenção de arbitragem, que não foram agentes do negócio jurídico original. Daí porque se falar em eficácia sucessiva da convenção de arbitragem.

O outro fator que parece surgir como elemento de destaque é a natureza *acessória*[97] da cláusula compromissória, que tenderia a seguir a sorte do negócio jurídico principal transmitido a outrem em determinadas circunstâncias. Nesse passo, quando se fala em transmissão da convenção de arbitragem, o requisito do consentimento com o pacto arbitral é frequentemente descrito como mitigado, sobretudo nos casos de sucessão por força de lei[98-99].

(tempo, lugar e agente), igualmente indispensáveis à existência do negócio jurídico: "Assim, se o negócio jurídico é uma espécie de ato jurídico, torna-se óbvio que não há negócio sem um *agente*". (*Negócio jurídico: existência, validade e eficácia*. São Paulo: Saraiva, 2017, pp. 32-33). Os agentes, portanto, são as partes originais do contrato, mas a relação contratual que dele decorre pode fazer com que novos sujeitos se tornem partes do negócio jurídico.

[96] Recorremos à lição de Luciano de Camargo Penteado, para quem "O contrato, formado por parte contratuais, desencadeia uma relação jurídica entre elas. Trata-se da relação contratual ou relação obrigacional, ou obrigação. São terceiros, em sentido amplo, todos os que não são partes do contrato, ou seja, aqueles que não declararam vontade de formar negócio jurídico". Entretanto, o autor lembra que (i) o terceiro pode ser mencionado na declaração, isso é, integrar os elementos constitutivos do contrato (v.g. o caso da estipulação em favor de terceiro); (ii) pode a posição de parte ser cedida ou sucedida; ou, ainda, (iii) terceiros podem ingressar na relação contratual, daí porque "surge a necessidade de se diferenciar a parte do negócio [jurídico] da parte da relação, bem como admitir que a parte do negócio jurídico pode sofrer alterações na sua composição, sem que isso implique afastamento da ideia de relatividade dos efeitos do contrato." (*Efeitos Contratuais Perante Terceiros*. São Paulo: Quartier Latin, 2007, pp. 42-43).

[97] Cf. NR 83, acima.

[98] Em geral, ressalvam-se as hipóteses de expressa estipulação em sentido contrário à transmissão da cláusula de arbitragem (Mazzonetto, Nathalia. *Partes e terceiros na arbitragem*. Dissertação (Mestrado). São Paulo, 2012, pp. 270-271) e de a convenção arbitral ter sido celebrada em caráter *intuitu personae* (Cardoso, Paula Butti. *Limites subjetivos da convenção de arbitragem*. Dissertação (Mestrado). São Paulo, 2013, pp. 157-158); e Fouchard, Philippe; Gaillard, Emmanuel; Goldman, Berthold. *International Commercial Arbitration*. Edited by Emmanuel Gaillard and John Savage. The Hague: Kluwer Law International, 1999, pp. 430-435. Voltaremos ao tema no capítulo 6, abaixo.

[99] Guilherme Recena Costa, ainda que tratando especificamente do caso da cessão de crédito, afirma que a maior parte dos sistemas jurídicos favorece a transmissão automática da convenção de arbitragem junto com o direito substantivo subjacente, estabelecendo ao

3. CLASSIFICAÇÃO DAS DIFERENTES HIPÓTESES DE VINCULAÇÃO DE NÃO SIGNATÁRIOS

Já a *extensão*, ao seu turno, dar-se-ia sempre que um terceiro perde – ou revela-se que ele de fato nunca ostentou – essa qualidade em razão da prática de atos que demonstrem sua intenção de se vincular ao pacto de arbitragem, tornando-se ou mostrando-se parte da convenção de arbitragem[100]. Aqui, não há transmissão do negócio jurídico base propriamente dito, mas antes o alargamento ou a melhor delimitação de seus contornos subjetivos para abarcar parte que, em um primeiro exame, não estava ou parecia não estar vinculada a ele.

O momento a partir do qual a convenção de arbitragem adquire eficácia com relação à parte não signatária não parece ser um ponto distintivo dessa espécie de vinculação. Isso porque o não signatário pode ver a cláusula compromissória a ele *estendida* não apenas após o negócio jurídico ter surtido efeitos entre as partes signatárias (eficácia sucessiva ou subsequente), mas também desde o seu nascimento (eficácia originária).

Exemplo de eficácia sucessiva da cláusula compromissória por *extensão* é o da sociedade integrante do mesmo grupo da signatária, vinculada à convenção de arbitragem em razão de seu comportamento durante

---

menos uma presunção de co-transmissão (*Partes e Terceiros na Arbitragem*. Tese (Doutorado). São Paulo, 2015, pp. 79-81). Ainda mais enfático, GARY B. BORN argumenta que "(...) in a few instances, applicable law will subject an entity to an arbitration agreement even if it did not consent – or even intend – to be bound by that agreement.", dando como exemplos, entre outros, a hipótese de sucessão" (*International Commercial Arbitration*. The Hague: Kluwer Law International, 2014, p. 1139).

[100] THOMAS CLAY sintetizou a diferença entre a *transmissão* e a *extensão* da cláusula compromissória: "Tradicionalmente, considera-se que existem dois mecanismos permitindo a circulação da cláusula compromissória: a transmissão e a extensão.
A transmissão é a operação pela qual uma pessoa recebe direitos já nascidos (adquiridos) que lhe são transmitidos em estado natural. É o caso, por exemplo, dos herdeiros, do cessionário de crédito ou de contrato e de certos casos de sub-rogação de direitos. A pessoa inicial é, então, desobrigada de sua obrigação.
A extensão é a operação pela qual se acrescenta uma pessoa a uma relação de obrigação. É o caso, por exemplo, de uma empresa matriz que se vê obrigada pelo contrato de uma de suas filiais.
Pode se considerar que, com a transmissão, a cláusula segue o contrato no qual ela figura, porém com a extensão acrescenta-se um novo contratante que se vinculará ao contrato principal." (*A extensão da cláusula compromissória às partes não contratantes (Fora grupos de contratos e grupos de sociedades/empresas)*. In: Revista Brasileira de Arbitragem. São Paulo: Thompson--IOB, 2005, p. 74).

a fase de execução do contrato. Nesse caso, a não signatária passa a ser parte do contrato em momento posterior ao seu nascimento[101].

Exemplos de eficácia originária por *extensão* da convenção de arbitragem são o do acionista que não participa (ou mesmo do dissidente) da deliberação que introduziu cláusula compromissória no estatuto social da respectiva sociedade[102], e a situação do representante que assina contrato em nome do representado, vinculando este à respectiva convenção de arbitragem desde o seu nascimento. Nestas situações, os não signatários seriam partes originárias da convenção de arbitragem.

Como se vê, dentro da chamada *extensão* podem ser encontrados tanto casos em que A e B celebraram a convenção de arbitragem, mas C também a ela se vinculou; quanto casos em que A celebrou a convenção de arbitragem e está-se em busca da determinação de quem seria sua contraparte, se B ou C. Em síntese, ao se falar de *extensão*, pode-se estar, portanto, diante de um problema não apenas de *adição* de uma parte, mas também de *identificação* de partes, enquanto a *transmissão*, como visto, cuidaria de casos de *substituição* de partes.

Ainda, na *extensão*, o caráter *acessório* da cláusula compromissória parece perder relevância, em benefício do princípio da autonomia e da necessidade de existência de manifestação mais clara de consentimento[103]. Quer-se dizer com isso que o requisito do consentimento é posto em maior relevo, reclamando-se prova mais robusta da intenção do não signatário de se vincular à convenção de arbitragem[104], ao passo que, na *transmissão*, ao que parece, a lógica que impera é a de que a cláu-

---

[101] Na hipótese de os atos concludentes terem sido praticados na fase de negociação até a assinatura do contrato, no entanto, podemos estar diante de um caso de eficácia originária da convenção de arbitragem em face da sociedade não signatária.

[102] Ainda que o § 1º A do art. 136-A da Lei das S.A. estabeleça que a "convenção somente terá eficácia após o decurso do prazo de 30 (trinta) dias, contado da publicação da ata da assembleia geral que a aprovou".

[103] Ainda que essas características – acessoriedade e autonomia – não sejam antagônicas ou incompatíveis entre si, como se viu acima (cf. item 2.3).

[104] CARDOSO, Paula Butti. *Limites subjetivos da convenção de arbitragem*. Dissertação (Mestrado). São Paulo, 2013, p. 156; e JABARDO, Cristina Saiz. *"Extensão" da Cláusula Compromissória na Arbitragem Comercial Internacional: o Caso dos Grupos Societários*. Dissertação (Mestrado). São Paulo, 2009, p. 14.

3. CLASSIFICAÇÃO DAS DIFERENTES HIPÓTESES DE VINCULAÇÃO DE NÃO SIGNATÁRIOS

sula compromissória passou a vincular o não signatário a não ser que haja prova em contrário[105].

De acordo com esse critério, poderiam ser agrupadas, dentre as hipóteses de *transmissão*, os casos de sucessão, cessão da posição contratual, cessão de crédito e assunção de dívida, por exemplo; enquanto no grupo da *extensão* seriam reunidas situações como grupo de sociedades, representação, estipulação em favor de terceiro, *estoppel*, entre outras. Essa dicotomia encontrou eco na doutrina nacional[106] e internacional[107], ainda que com certas variações[108].

Tal divisão, contudo, não nos parece a mais adequada. De um lado, porque os traços distintivos entre os dois grupos não são tão claros. A eficácia sucessiva da convenção, que parece marcar os casos de *transmissão* da convenção de arbitragem, também pode ser encontrada em certos casos de *extensão* da cláusula compromissória, como se viu acima.

---

[105] Cf. NR 98, acima, a doutrina costuma exigir para tanto a demonstração de que a cláusula compromissória foi celebrada em caráter *intuitu personae* ou de que houve expressa estipulação em sentido contrário à sua transmissão.

[106] Vide, nesse sentido: CARDOSO, Paula Butti. *Limites subjetivos da convenção de arbitragem*. Dissertação (Mestrado). São Paulo, 2013, pp. 156-157; e JABARDO, Cristina Saiz. *"Extensão" da Cláusula Compromissória na Arbitragem Comercial Internacional: o Caso dos Grupos Societários*. Dissertação (Mestrado). São Paulo, 2009, pp. 12-14.

[107] VETTA, Maddalena. *Cessione del contrato, cessione del credito e circolazione della clausola compromissória*. (Doutorado). Libera Universita Internazionale Degli Studi Sociais, 2013-2014, pp. 61-62; e CLAY, Thomas. *A extensão da cláusula compromissória às partes não contratantes (Fora grupos de contratos e grupos de sociedades/empresas)*. In: Revista Brasileira de Arbitragem. São Paulo: Thompson-IOB, 2005, pp. 74 et seq.

[108] NATHALIA MAZZONETTO, por exemplo, também é adepta da divisão com base nos conceitos de *extensão* e *transmissão*, mas trata da estipulação em favor de terceiro como uma espécie autônoma (*Partes e terceiros na arbitragem*. Dissertação (Mestrado). São Paulo, 2012, pp. 260-277). Já Luís FERNANDO GUERRERO, embora também divida as hipóteses em casos de *extensão* e de *transmissão* da convenção de arbitragem, defende que o primeiro grupo é composto de extensões possíveis e impossíveis, subdividindo aquelas em *"(a) interposição de pessoas – não se trata de uma mera substituição, mas aplicação prática daquelas hipóteses em que já uma realidade simulada. Há a necessidade de restabelecimento dos fatos, enquanto que a substituição busca analisar a situação jurídica das partes; e (b) substituição de pessoas – é a circulação de uma obrigação contratual que passe a ser um novo contrato, uma hipótese de novação subjetiva."* (*Convenção de arbitragem e processo arbitral*. São Paulo: Atlas, 2009, p. 131). O autor parece baralhar, assim, o conceito de transmissão com o que chama de extensão possível por substituição de pessoas, assim como não deixa claro se a subespécie interposição de pessoas cuidaria apenas de hipóteses em que se está em busca da identificação da parte (se B ou C) ou também de casos em que a questão relevante é a determinação de uma possível parte adicional à convenção (se B e C).

De outro lado, neste segundo grupo, misturam-se duas situações distintas: a adição de uma parte superveniente e a identificação ou determinação das verdadeiras partes da convenção arbitral[109].

Por essas razões, optamos por não seguir a divisão das hipóteses aqui tratadas entre casos de *transmissão* e casos de *extensão* da cláusula compromissória.

3.1.2. *Eficácia originária v. eficácia sucessiva*

Outra dicotomia classificatória poderia ser proposta a partir do exame tão somente do momento de eficácia do pacto arbitral, distinguindo-se os casos de eficácia originária dos casos de eficácia sucessiva da convenção de arbitragem[110]. Assim, seriam separadas as situações em que se busca determinar se o não signatário é uma parte da convenção de arbitragem desde seu nascimento daquelas em que se pretende verificar se o não signatário adquiriu a condição de parte da convenção no curso da relação contratual.

Isso solucionaria um dos problemas da divisão entre casos de *transmissão* e casos de *extensão* da cláusula compromissória, já que, como se viu, enquanto no primeiro grupo só caberiam hipóteses de eficácia sucessiva, no segundo encaixam-se tanto casos de eficácia originária, quanto casos de eficácia sucessiva.

Ademais, essa divisão permite ao intérprete examinar com mais cuidado os atos praticados pelo não signatário que realmente podem revelar sua intenção de ser parte da convenção de arbitragem. Explica-se: caso se trate de uma hipótese de eficácia originária da convenção de arbitragem, os atos concludentes praticados até a celebração do negócio jurídico que contém a cláusula compromissória ganham revelo e devem ser analisados de forma atenta. Se, por outro, se está diante de um caso de eficácia subsequente da convenção, então os atos praticados pelo não signatário após a celebração desta é que merecem maior atenção.

---

[109] Sem falar que sequer concordamos com a nomenclatura dada a esse último grupo, conforme expusemos no item 1.2.1, acima.

[110] A divisão foi pensada por Francisco Paulo de Crescenzo Marino, sem que o autor, no entanto, apontasse as vantagens e desvantagens dessa possível classificação (*Eficácia da convenção de arbitragem perante terceiros: o caso do terceiro beneficiário*. In: Benetti, Giovana et al (Coords.). Direito, Cultura, Método. Leituras da obra de Judith Martins-Costa. Rio de Janeiro: GZ Editora, 2019, pp. 861-862).

3. CLASSIFICAÇÃO DAS DIFERENTES HIPÓTESES DE VINCULAÇÃO DE NÃO SIGNATÁRIOS

Por outro lado, tal como a anterior, a divisão entre casos de eficácia originária e casos de eficácia sucessiva da convenção de arbitragem peca por reunir situações díspares em um mesmo grupo. Com efeito, se no grupo da eficácia originária da convenção seriam contempladas, salvo melhor juízo, apenas hipóteses de *identificação* das partes vinculadas à cláusula compromissória, no grupo da eficácia sucessiva caberiam tanto partes supervenientes por *adição*, quanto partes supervenientes por *substituição*. Estas duas últimas, como também se viu, parecem encerrar requisitos diferentes no que se refere ao grau de prova exigido para vincular um não signatário: ao passo que para adicionar uma nova parte exige-se prova mais robusta do respectivo consentimento, para substituir uma parte por outra parece haver uma certa flexibilização desse requisito, operando-se uma transmissão automática a não ser que haja prova em sentido contrário[111].

Também pesa contra a adoção deste critério o fato de que, não raro, a vinculação de um não signatário à convenção de arbitragem é examinada levando-se em consideração, a um só tempo, os atos praticados pelo não signatário em dois momentos distintos: no curso das negociações que redundaram na celebração do contrato contendo a cláusula compromissória e na fase de execução deste contrato, durante a relação contratual. Tomando a teoria dos grupos de sociedades como exemplo, notamos que diversos precedentes mencionam o papel que a sociedade não signatária desempenhou nas negociações e na execução do contrato, para decidir pela sua vinculação à cláusula compromissória[112].

Fossem relevantes apenas aqueles atos praticados até o momento da celebração do contrato, seria fácil enquadrar essa hipótese como um caso de eficácia originária da convenção de arbitragem. Da mesma forma, fosse relevante tão somente o comportamento da sociedade não

---

[111] Essa pode ser, inclusive, a razão pela qual não tenhamos encontrado obra que divida as diferentes hipóteses de vinculação de não signatários com base nesse critério.

[112] Cf. item 5.1, abaixo. A doutrina, inclusive, chegou a apontar que o papel da sociedade não signatária nas negociações e na execução do contrato contendo cláusula compromissória eram dois dos requisitos para sua vinculação à convenção de arbitragem, aos quais se somava a necessária demonstração de que a sociedade estava representada, ainda que implicitamente, no negócio jurídico (WALD, Arnoldo. *A arbitragem, os grupos societários e os conjuntos de contratos conexos.* In: Revista de Arbitragem e Mediação. São Paulo: Revista dos Tribunais, v. 2, 2004, p. 36).

signatária após a celebração do contrato, estaríamos inequivocamente diante de um caso de eficácia sucessiva da convenção de arbitragem. Como, no entanto, muitas vezes alude-se ao que se passou nesses dois momentos, a opção por enquadrar-se um determinado caso no grupo da eficácia originária ou da eficácia sucessiva pode suscitar controvérsia a respeito do momento em que a cláusula compromissória passou a surtir efeitos para a parte não signatária[113].

Por essas razões, também optamos por não dividir as hipóteses de vinculação de não signatários entre casos de eficácia originária e casos de eficácia sucessiva da convenção de arbitragem.

3.1.3. *A divisão proposta por Brekoulakis*

No plano internacional, os diferentes fundamentos que podem ser invocados para a vinculação de não signatários à convenção de arbitragem já foram divididos em três grupos[114].

No primeiro, foram colocados casos fundados em *"teorias tradicionais de direito comercial ou dos contratos, em disposições constantes nas cláusulas compromissórias, regulamentos de arbitragem institucionais e em leis de arbitragem de diferentes países"*, como cessão da posição contratual, assunção de dívida, representação, terceiro beneficiário e incorporação por referência, entre outros. No segundo, os casos baseados em *"consentimento implícito e teorias de não signatários"*, como *estoppel,* grupo de sociedades e desconsideração da personalidade jurídica. Por fim, o terceiro e mais polêmico grupo, chamado de *"jurisdictional approach"*, consistiria, em resumo, no poder conferido aos árbitros para decidir pedidos formulados contra ou a favor de não signatários em razão não da verificação do consentimento deste não signatário, mas dos efeitos jurisdicionais da convenção de

---

[113] Ainda que reconheçamos que, no mais das vezes em que se alude a atos praticados antes e durante a execução do contrato, considera-se que a convenção de arbitragem irradia seus efeitos à parte não signatária desde seu nascimento. A verificação de atos concludentes à intenção de ser parte manifestados após a celebração de um determinado contrato contendo convenção de arbitragem é, nesse cenário, antes tida como uma confirmação de que o não signatário já era parte da convenção de arbitragem desde seu nascimento do que prova de que dela tornou-se parte no curso da relação contratual.

[114] É o que propõe STAVROS L. BREKOULAKIS em *Third Parties in International Commercial Arbitration.* Oxford International Arbitral Series. New York: Oxford University Press, 2010.

3. CLASSIFICAÇÃO DAS DIFERENTES HIPÓTESES DE VINCULAÇÃO DE NÃO SIGNATÁRIOS

arbitragem[115], que autorizariam o alargamento dos limites subjetivos da cláusula compromissória para atingir qualquer terceiro que esteja implicado na disputa[116], em determinadas circunstâncias[117].

Com efeito, para STAVROS L. BREKOULAKIS, que propôs essa divisão, as teorias mais tradicionais de vinculação de não signatários pecam por focar exclusivamente na existência ou não de consentimento com relação à convenção de arbitragem, esquecendo que a convenção também encerra importantes efeitos jurisdicionais, que deveriam ser levados em consideração quando se discute questões atinentes a terceiros[118].

Em razão disso, o autor propõe balizas jurisdicionais que independam do consentimento para os árbitros decidirem pedidos que envolvam terceiros. Para STAVROS L. BREKOULAKIS, deveria funcionar da seguinte forma: primeiro, os árbitros determinam se têm alguma jurisdição, isso é, se há convenção de arbitragem válida a produzir seus efeitos positivo e negativo perante as partes que optaram por se vincular a ela. Sendo afirmativa a resposta e havendo pedido formulado por ou contra terceiro, os árbitros deverão então decidir se esse pedido é parte da disputa principal sobre a qual os árbitros têm jurisdição exclusiva.

O autor defende que essa determinação deverá ser feita a partir do exame das questões substantivas subjacentes à disputa, para verificar se aquelas relativas a terceiros são dependentes e concomitantes àquelas envolvendo as próprias partes[119]. STAVROS L. BREKOULAKIS segue

---

[115] BREKOULAKIS, op. cit., pp. 201-202.

[116] Ibidem, p. 202.

[117] Ibidem, p. 206.

[118] Nas palavras do autor: "As shown above, the contractual approach unduly attempts to resolve the third-party situation by relying on putative consent of third parties. (...) Ultimately, the contractual approach fails to acknowledge the essence of the matter here, namely that arbitration agreements have important jurisdictional features that should be taken into account when discussing issues relating to third parties" (Ibidem, pp. 201-202).

[119] "Second, and assuming that the dispute between the two parties in arbitration happens to involve a claim by or against a third party, the tribunal will need to determine whether the third-party claim is in effect part of the main dispute upon which the tribunal has exclusive jurisdiction. In particular, and as discussed above, the tribunal will need to examine the substantive background of the dispute, and look into the underlying network of substantive arrangements implicating parties and third parties alike. If the tribunal finds that the rights and obligations of the parties are dependent and concomitant with the rights and obligations of the third party, and that the third-party claim is effectively part of the

narrando exemplos de disputas que poderiam ter repercussões jurisdicionais em terceiros, para argumentar que, nos casos em que pedidos de ou contra terceiros sejam *"virtualmente inseparáveis"* da disputa principal submetida à apreciação dos árbitros, estes pedidos serão efetivamente parte integrante da arbitragem, cabendo aos árbitros decidir se irão examiná-los ou não[120].

O fundamento jurisdicional defendido por STAVROS L. BREKOULAKIS, no entanto, não encontra guarida no direito brasileiro. Como expusemos acima, o art. 5º, XXXV, da Constituição Federal de 1988, consagrou a garantia de acesso à justiça, sendo certo que a decisão proferida pelo STF no Agravo Regimental em Sentença Estrangeira nº 5.206-7, ao concluir pela constitucionalidade da Lei de Arbitragem, estabeleceu a premissa de que o livre consentimento é fundamento básico da arbitragem no direito brasileiro[121]. Assim, ausente a demonstração de consentimento, o tribunal arbitral que aplique a lei brasileira não poderá invocar fundamento jurisdicional para aceitar pedido feito por terceiro ou deduzido contra ele.

Essa já seria razão mais do que suficiente para não adotarmos o critério tripartite defendido por STAVROS L. BREKOULAKIS[122]. Mas não é a

---

main dispute, then the tribunal will have the power to hear the third-party claim." (Ibidem, p. 210).

[120] "[T]he next step is to acknowledge that commercial reality often presents us with situations where a third-party claim can be virtually inseparable from the dispute which is the main subject matter of the jurisdiction of a tribunal. In these circumstances, the third-party claim will effectively be an integral part of the tribunal's scope and authority, and it should therefore be at the tribunal's discretion to examine it or not." (Ibidem, p. 206).

[121] Nesse mesmo sentido, GUILHERME RECENA COSTA, embora não tenha examinado a questão sob a ótica da ampliação dos limites subjetivos da convenção de arbitragem, analisou e criticou a tese de STAVROS L. BREKOULAKIS no que se refere à ampliação do alcance subjetivo da sentença arbitral com base nos mesmos fundamentos jurisdicionais, igualmente defendida pelo autor estrangeiro (*Partes e Terceiros na Arbitragem*. Tese (Doutorado). São Paulo, 2015, pp. 187-204).

[122] Assim como para não referendarmos outras divisões que tomem como base a ideia de que pode haver ampliação dos limites subjetivos da convenção de arbitragem sem a demonstração de consentimento. Nesse sentido, discordamos também de GARY B. BORN, que, ao tratar das diferentes hipóteses de vinculação de não signatários à convenção de arbitragem, argumenta: "Although analysis differs under each of the non-signatory doctrines discussed below, in all cases the inquiry is whether particular facts satisfy applicable legal standards for either establishing consent to an arbitration agreement or a non-consensual basis for

3. CLASSIFICAÇÃO DAS DIFERENTES HIPÓTESES DE VINCULAÇÃO DE NÃO SIGNATÁRIOS

única. O próprio autor da classificação ressaltou que certas teorias contempladas no segundo grupo – "consentimento implícito e teorias de não signatários" – frequentemente se sobrepunham a hipóteses de vinculação com base em teorias tradicionais do direito dos contratos, elencadas no primeiro grupo[123].

Em suas palavras, isso se dava porquanto todas as teorias adotam a mesma abordagem contratual à questão da vinculação de não signatários à convenção de arbitragem[124], de modo que os contornos entre o primeiro e o segundo grupo não seriam nítidos. De fato, não parecem claros os motivos pelos quais, por exemplo, a aplicação do conceito de *estoppel* seria dissociada das demais hipóteses que se relacionam com o direito contratual e comercial.

Sob qualquer ótica que se a examine, portanto, a divisão proposta por STAVROS L. BREKOULAKIS não nos parece a mais adequada, pelo que igualmente não será utilizada no presente trabalho.

3.2. O critério tripartite proposto

A divisão que adotaremos neste trabalho consiste em separar as diferentes teorias que podem servir como fundamento para a vinculação de não signatários à convenção de arbitragem, de acordo com o tipo de questão enfrentada pelo operador do direito ao se deparar com a necessidade de determinar os limites subjetivos do pacto arbitral. Significa encarar o problema pelo seu ponto de chegada, isso é, partir-se da constatação do que se pretende exatamente determinar quanto à abrangência subjetiva da convenção de arbitragem, para, então, encaixar-se cada hipótese em um ou outro grupo, conforme o caso.

Nesse passo, as diferentes hipóteses de vinculação de não signatários à convenção de arbitragem podem ser agrupadas em uma das seguintes três categorias: (i) casos em que se está diante de um problema de

---

binding an entity to the agreement." (*International Commercial Arbitration*. The Hague: Kluwer International Law, 2014. p. 1139).

[123] BREKOULAKIS, op cit., p. 176.

[124] "All theories, non-signatory theories and traditional theories of contract law, take the same contractual approach to the issue of arbitration and third parties so that courts and tribunals can choose to refer to the one that is closer to their legal tradition and background" (BREKOULAKIS, op. cit., p. 177).

determinação ou *identificação* de partes; (ii) situações em se coloca um problema de *adição* de uma parte não signatária; e, por fim, (iii) hipóteses em que se está enfrentando um problema de *substituição* de uma parte por outra, não signatária da convenção arbitral.

A divisão proposta foi aventada por GIORGIO DE NOVA, ao argumento de que o problema da vinculação de uma parte não signatária pode sempre ser reduzido a uma dessas três possibilidades de enquadramento[125]. O autor italiano encontrou eco na doutrina nacional, que deu exemplos de hipóteses que poderiam ser classificadas em cada um desses grupos[126].

O grande mérito desta divisão, em nosso sentir, é o de focar a atenção do intérprete para o que se busca, afinal, constatar quanto aos limites subjetivos da convenção de arbitragem. Se se trata de descobrir quem é verdadeira parte da convenção de arbitragem, isso é, se B ou C; se se pretende verificar a existência de uma parte adicional não signatária, sem prejuízo da manutenção das partes signatárias à convenção, isso é, se, além de A e B, também C é parte daquela cláusula compromissória; ou se, por outro lado, quer-se averiguar se uma parte da convenção de arbitragem deu lugar a outra, ou seja, se B deu lugar a C, mantendo-se A. A partir desse questionamento inicial abrem-se teorias das mais variadas, que, no entanto, parecem sempre poder ser encaixadas em um desses três grandes grupos.

---

[125] "Sotto i vari nomi si nascondono almeno tre problemi distinti: primo quesito è se la convenzione arbitrale con A vincoli B o invece C (dunque un problema di *identificazione*), secondo quesito è se la convenzione arbitrale tra A e B veda ora come parte non più B, bensì C (dunque un problema di *sostituzione*); terzo quesito è se la convenzione tra A e B veda come parte, oltre a B, anche C (dunque un problema di *addizione*)." (*I terzi e la convenzione arbitrale*. In: Rivista dell'arbitrato. Milano: Giuffrè, ano XXII, n. 4, 2012, p. 777)

[126] "Identificam-se o representado e o acionista (que ingressa na sociedade, ou mesmo ausente ou dissidente com relação à deliberação que introduziu a cláusula), por exemplo, como partes vinculadas à convenção de arbitragem; a pessoa nomeada (ainda que retroativamente e somente se verificada condição), o sucessor e o cessionário substituem, na relação jurídica, o contraente originário, o sucedido e o cedente; por fim, outras teorias permitem com que sujeitos estranhos possam fazer valer ou fiquem sujeitos à convenção de arbitragem (teoria dos grupos de sociedades, teoria dos atos próprios – *estoppel*, desconsideração da personalidade jurídica, estipulação em favor de terceiro)." (COSTA, Guilherme Recena. *Partes e Terceiros na Arbitragem*. Tese (Doutorado). São Paulo, 2015, pp. 75-76). Entretanto, como já se expôs acima, o autor optou por não dividir sua tese de doutorado de acordo com essa classificação, examinando diferentes hipóteses de vinculação de não signatários sem uma ordem aparente.

3. CLASSIFICAÇÃO DAS DIFERENTES HIPÓTESES DE VINCULAÇÃO DE NÃO SIGNATÁRIOS

É certo, contudo, que há alguma discricionariedade no ato de classificar determinadas hipóteses em cada um dos grupos aqui propostos. Tome-se o exemplo da assunção de dívida[127]. Em sua modalidade liberatória, tem-se a substituição do devedor original por um terceiro, que passa a ser o responsável pelo débito em face do credor. Portanto, sob o prisma dos limites subjetivos da convenção de arbitragem, seria defensável enquadrar essa situação no último grupo, que cuida dos casos em que se está enfrentando um problema de *substituição* de partes. Já na modalidade não liberatória, por sua vez, o devedor original remanesce como coobrigado, ao lado do novo devedor. Assim, essa espécie de assunção de dívida seria melhor classificada não no terceiro, mas no segundo grupo, que congrega as hipóteses de *adição* de não signatários à convenção de arbitragem.

Nesse cenário, uma alternativa possível seria tratar da assunção de dívida liberatória em um grupo e da assunção de dívida não liberatória em outro grupo. No entanto, essa opção acabaria por cindir uma forma de transmissão das obrigações expressamente prevista no Código Civil apenas para adequá-la ao esquema proposto no presente trabalho, o que não nos parece acertado. Isso porque a assunção de dívida liberatória e não liberatória têm mais em comum entre si do que cada uma delas tem com outras situações que podem fundamentar a vinculação de não signatários à convenção de arbitragem.

Diante disso, preferimos apenas apontar o problema e optar por enquadrar a hipótese de vinculação de não signatário em um ou outro grupo, justificando nossa escolha.

Ressaltamos, de outra parte, que não tentamos fazer uma sistematização integral de todas as situações em que são discutidos os limites subjetivos da convenção de arbitragem. Apenas buscamos classificar algumas das hipóteses mais recorrentes com base em critério classificatório que reputamos apropriado para tratar de situações bastante variadas, como aquelas envolvendo (i) a representação, (ii) a incorporação por referência, (iii) a adesão a cláusulas compromissórias em entes associa-

---

[127] Sobre o tema, vide: PONTES DE MIRANDA, Francisco Cavalcanti. Rio de Janeiro: Borsoi, tomo XXIII, 1958, pp. 358-398; GOMES, Luiz Roldão de Freitas. *Da assunção de dívida e sua estrutura negocial*. Rio de Janeiro: Ed. Lumen Juris, 1998; e FONSECA NETO, Dilson Jatahy. *Assunção de dívida: conceito, estrutura e negócios jurídicos afins*. São Paulo: Ed. YK, 2018. Voltaremos ao assunto no item 6.3, abaixo.

tivos, (iv) os grupos de sociedades, (v) os conceitos de *estoppel* e *venire contra factum proprium*, (vi) a desconsideração da personalidade jurídica na arbitragem, (vii) a estipulação em favor de terceiro, (viii) a cessão da posição contratual, (ix) a cessão de crédito, (x) a assunção de dívida e (xi) a sucessão.

Assim, como exporemos no capítulo 4, nos casos de representação, de incorporação por referência e das cláusulas compromissórias constantes em estatutos e documentos parassociais de entes associativos, por exemplo, normalmente está-se em busca de determinar se o não signatário pode ser *identificado* como uma verdadeira parte da convenção de arbitragem.

Como veremos no capítulo 5, quando se invoca as teorias de *estoppel*, grupo de sociedades, quando se fala em desconsideração da personalidade jurídica na arbitragem ou em estipulação em favor de terceiros, por outro lado, no mais das vezes, o que se quer é *adicionar* uma parte não signatária à convenção de arbitragem.

Finalmente, nos casos de cessão da posição contratual, cessão de crédito, assunção de dívida e sucessão, entre outros, o que se pretende é examinar se alguém adentrou como parte da convenção em *substituição* a outra parte, conforme trataremos no capítulo 6.

É certo que a divisão adotada pode ser objeto de críticas, já que, como se viu, os limites e contornos de cada um dos grupos propostos não são tão rígidos. Desse modo, sabemos que não seremos capazes de fazer uma classificação definitiva das diferentes hipóteses de vinculação de não signatários à convenção de arbitragem. Nosso propósito, mais modesto, é o de jogar luz sobre o tema e fomentar a discussão, para que novos estudos possam ser feitos e novas classificações aventadas, com o objetivo de avançar o estudo sobre a vinculação de não signatários à convenção de arbitragem.

Divididos os grupos, procuraremos examinar como doutrina e jurisprudência lidam com a vinculação dos não signatários em cada um deles, notadamente no que se refere aos requisitos e ao grau de prova do consentimento exigidos para que sejam considerados efetivas partes da convenção de arbitragem.

Capítulo 4
Identificação de partes não signatárias

Neste capítulo, abordaremos alguns casos em que o intérprete está diante de um problema de *determinação* ou *identificação* dos sujeitos da convenção de arbitragem, isso é, em que importa saber quem é parte efetiva da cláusula compromissória, se B ou C. Exemplo clássico disso – e que examinaremos em primeiro lugar – é a hipótese de representação, em que o representante celebra contrato contendo convenção de arbitragem em nome do representado. Nesse caso, pode ser necessário determinar se os limites subjetivos da convenção de arbitragem abrangem o representado ou o próprio representante, quem sabe até ambos, ou mesmo nenhum deles.

Também incluímos neste capítulo as hipóteses de incorporação por referência e das cláusulas compromissórias constantes em documentos parassociais de entes associativos, notadamente a cláusula compromissória estatutária. Embora a pergunta que se queira responder nessas duas situações não seja exatamente se é B ou C quem está vinculado à convenção – mas antes se B ou C estão vinculados à convenção –, entendemos que essas situações se afiliam melhor ao presente capítulo do que aos dois subsequentes, que tratam de adição e substituição por parte não signatária.

A distinção entre as hipóteses em comento e aquelas tratadas no capítulo 6 – "Substituição por partes não signatárias" – nos parece mais clara. Enquanto ali a vinculação do não signatário se dá justamente em razão de um signatário (ou até de outro não signatário, conforme o caso) ter perdido a qualidade de parte da convenção de arbitragem, aqui os não signatários podem ser considerados partes independentemente da sorte de outros eventuais sujeitos ligados à convenção de arbitragem.

Por outro lado, a distinção entre essas hipóteses e os casos examinados no capítulo 5 – "Adição de partes não signatárias" – não é tão nítida, a ponto de se poder argumentar que a incorporação por referência e o caso das cláusulas compromissórias estatutárias igualmente poderiam ser classificados como hipóteses de adição de partes não signatárias[128]. De fato, em um exame perfunctório, parece mesmo haver, em todas essas situações, o reconhecimento de que um sujeito qualquer *também* é parte de determinada convenção de arbitragem.

Ocorre que, tanto na incorporação por referência, quanto no caso das cláusulas compromissórias estatutárias, é irrelevante a questão da eventual existência de partes originais da convenção de arbitragem, às quais o não signatário viria a se somar. Bem vistas as coisas, essas hipóteses não tratam de casos em que se busca adicionar uma nova parte àquelas já pré-existentes, até porque pode nem mesmo existir outra parte da convenção além daquelas que se busca identificar como tal. Com efeito, para fim de identificação do não signatário que fez referência a uma convenção de arbitragem qualquer, pouco importa quem eram as partes originais daquela convenção de arbitragem, se é que elas existiam. O mesmo pode ser dito em relação àqueles que se vincularam a cláusulas compromissórias constantes em documentos parassociais de entes associativos.

Veja-se que, nesses dois casos, as convenções de arbitragem não raro constam de regulamentos, regimentos ou documentos que sequer são assinados por parte alguma. É o que ocorre, por exemplo, com as

---

[128] Com efeito, FRANCISCO PAULO DE CRESCENZO MARINO, ao aventar uma possível classificação quadripartite das hipóteses de vinculação de não signatário à convenção de arbitragem, colocou o caso da cláusula compromissória estatutária como uma situação de *parte superveniente por adição* (*Eficácia da convenção de arbitragem perante terceiros: o caso do terceiro beneficiário*. In: BENETTI, Giovana et al (Coords.). Direito, Cultura, Método. Leituras da obra de Judith Martins-Costa. Rio de Janeiro: GZ Editora, 2019, p. 862).

4. IDENTIFICAÇÃO DE PARTES NÃO SIGNATÁRIAS

cláusulas de arbitragem padrão da CCI[129] ou da UNCITRAL[130], e mesmo com as cláusulas compromissórias constantes de estatutos sociais de diversas companhias abertas. Com relação a elas, não há partes originais[131] às quais se somam partes *adicionais*, a depender de seu comportamento. Na verdade, o que há é uma convenção pré-estabelecida, a qual certos sujeitos aderem por alguma razão e, diante disso, devem a partir daí ser *identificados* como partes daquela convenção, em um determinado contexto fático e temporal.

Nos casos que elencamos como hipóteses de adição de partes à convenção de arbitragem (grupos de sociedades, *estoppel* e *venire contra factum proprium*, desconsideração da personalidade jurídica na arbitragem e estipulação em favor de terceiros), por outro lado, ao menos em princípio, há certa clareza quanto à existência de partes signatárias originais da convenção, restando dirimir a controvérsia quanto à possível vinculação adicional de um não signatário a essa mesma cláusula compromissória.

Em suma, parece-nos existir uma diferenciação entre o que se busca determinar quanto aos limites subjetivos de uma convenção de arbitragem, nas hipóteses examinadas no capítulo 5 – "Adição de partes não signatárias", em comparação com os casos de incorporação por referência e das cláusulas estatutárias, que recomenda serem estas tratadas no presente capítulo. Essa diferenciação reside no fato de que, ao passo que naquelas situações os limites originais da convenção de arbitragem eram, em princípio, bem delimitados, e se busca readequá-los para abarcar não signatário que se revelou verdadeira parte da convenção, nestas os limites da convenção sempre foram e serão mais incertos, sendo relevante *determinar* ou *identificar* se certos sujeitos podem ser qualificados

---

[129] Disponível em: https://cdn.iccwbo.org/content/uploads/sites/3/2016/11/Standard-ICC-Arbitration-Clause-in-PORTUGUESE-1.pdf. Acesso em: 27 jul. 2019.

[130] Disponível em: http://internationalarbitrationlaw.com/about-arbitration/international-arbitration-agreements/uncitral-arbitration-clause/. Acesso em: 27 jul. 2019.

[131] Até se pode argumentar que, no caso das cláusulas compromissórias estatutárias, as partes originais seriam os acionistas que ostentavam essa qualidade no momento em que foi aprovada a inclusão da convenção arbitral no estatuto social da companhia, e que a esses se somariam outras partes, na medida em que novos sujeitos fossem adquirindo ações daquela companhia. Mas mesmo esses acionistas *originais* precisam, antes de tudo, ser *identificados* como partes da convenção e não são *adicionados* a outros que já os preexistiam.

como partes da cláusula, independentemente da existência ou não de partes originais da convenção.

De rigor, ainda, antes de passarmos ao exame das situações elencadas no primeiro grande grupo, justificar a opção por não tratarmos da vinculação dos intervenientes-anuentes à convenção de arbitragem, outra situação que eventualmente poderia ser examinada neste capítulo. Nesse caso, a discussão pertinente é a de se determinado sujeito, por ter figurado em contrato como mero interveniente-anuente e não como parte, encontra-se abrangido pela cláusula compromissória constante de contrato que assinou[132]. A questão controvertida, portanto, não é se um não signatário do pacto arbitral é parte efetiva da convenção. É antes se um signatário, formalmente qualificado como interveniente-anuente no negócio jurídico base, pode ser considerado parte da convenção de arbitragem que efetivamente assinou.

Como o presente trabalho versa sobre a vinculação de partes não signatárias, isso é, que não firmaram a convenção ou o contrato base que a contém, entendemos que a problemática do interveniente-anuente não se encaixa no objeto de nosso estudo, tal como delimitado. Por essa razão, essa hipótese não será analisada nem no presente capítulo, nem em qualquer outra parte deste trabalho.

Feitos esses esclarecimentos, passamos a examinar as hipóteses mais recorrentemente mencionadas pela doutrina e pela jurisprudência, em que se está em busca da *determinação* ou *identificação* de partes não signatárias à convenção de arbitragem.

4.1. Representação

Por força da relação de representação e mandato (arts. 115 a 120 e 653 a 691 do CC), o representante autorizado pode celebrar contrato contendo cláusula compromissória em nome do representado, bastando

---

[132] Sobre o tema, vide WALD, Arnoldo. *A não vinculação da sociedade à cláusula compromissória prevista no acordo de acionistas, do qual participou como mera interveniente*. In: CASTRO, Rodrigo Roca Monteiro de; WARDE JÚNIOR, Walfrido Jorge; GUERREIRO, Carolina Dias Tavares (Coords.). *Direito empresarial e outros estudos de Direito em homenagem ao Professor José Alexandre Tavares Guerreiro*. São Paulo: Quartier Latin, 2013, pp. 594-617; e ALVIM, Teresa Arruda. *Não sujeição do terceiro anuente à cláusula de compromisso arbitral prevista em contrato*. In: Pareceres, v. 1, São Paulo: Editora Revista dos Tribunais, 2012, pp. 123-144.

4. IDENTIFICAÇÃO DE PARTES NÃO SIGNATÁRIAS

que o ato tenha sido praticado nos limites dos poderes outorgados no instrumento de mandato[133-134].

Havendo mandato escrito com autorização expressa para firmar a convenção de arbitragem, o representado será a parte efetiva da cláusula compromissória assinada em seu nome. Essa já foi definida como a mais simples e menos controvertida forma pela qual um não signatário será vinculado a uma cláusula compromissória[135]. O representante, por sua vez, como regra geral, não se vinculará ao negócio que assinou como mero mandatário[136].

---

[133] COSTA, Guilherme Recena. *Partes e Terceiros na Arbitragem*. Tese (Doutorado). São Paulo, 2015, pp. 76-77. No mesmo sentido: CARDOSO, Paula Butti. *Limites subjetivos da convenção de arbitragem*. Dissertação (Mestrado). São Paulo, 2013, p. 126. Diferentes tribunais brasileiros já reconheceram a validade da celebração de convenções arbitrais por meio de instrumentos de mandato, assim como a licitude do uso desses instrumentos para a prática de atos que demonstrem a intenção do representado de se vincular à arbitragem. São exemplos: TJ/GO, Apelação Cível nº 386769-75.2008.8.09.0051 (200893867691); Rel. Des. Alan Sebastião de Sena Conceição, d.j. 20.10.2011; TJ/RJ, Apelação Cível nº 2006.001.14601, Rel. Des. Sergio Lucio de Oliveira e Cruz, 15ª Câmara Cível, d.j. 19.04.2006; TJ/SP, Apelação Cível com revisão nº 0114725-76.2012.8.26.0100, Rel. Des. Ana Catarina Strauch, 27ª Câmara de Direito Privado, d.j.10.11.2015; e TJ/SC, Apelação Cível nº 2016.004654-8, Rel. Des. Gilberto Gomes de Oliveira, d.j. 05.04.2016.

[134] A relação de representação pode, em certos casos, vincular Estados a convenções arbitrais pactuadas por entidades estatais. Sobre o tema da arbitragem envolvendo o Poder Público, vide, entre outros: LEMES, Selma Maria Ferreira. *Arbitragem na Administração Pública. Fundamentos jurídicos e eficiência econômica*. São Paulo: Quartier Latin, 2007; MAROLLA, Eugênia Cristina Cleto. *A Arbitragem e os contratos da administração pública*. Rio de Janeiro: Lumen Juris, 2016; SALLA, Ricardo Medina. *Arbitragem e Administração Pública. Brasil, Argentina, Paraguai e Uruguai*. São Paulo: Quartier Latin, 2015; SALLES, Carlos Alberto de. *Arbitragem em contratos administrativos*. Rio de Janeiro: Forense, 2011; e TIBURCIO, Carmen. *Arbitragem envolvendo a administração pública: notas sobre as alterações introduzidas pela lei 13.129/2005*. In: Revista de Processo. São Paulo: Revista dos Tribunais, v. 254, 2016, pp. 431-462.

[135] "The simplest, least controversial circumstance in which a non-signatory will be bound by an arbitration agreement is when an agent executes a contract on behalf of its principal. It is well settled, under all developed legal systems, that one party (an "agent") may in certain circumstances legally bind another party (a "principal") by its acts". (BORN, Gary B. *International Arbitration Cases and Materials*. The Hague: Kluwer International Law, 2015, p. 578).

[136] FOUCHARD, Philippe; GAILLARD, Emmanuel; GOLDMAN, Berthold, *International Commercial Arbitration*, Edited by Emmanuel Gaillard and John Savage. The Hague: Kluwer Law International, 1999, p. 280.

Até porque, nesse caso, revela-se inequívoco o consentimento dos envolvidos na celebração do negócio jurídico contendo cláusula compromissória. De um lado, o representado autorizou a celebração do pacto arbitral em seu nome, tendo o representante agido nos limites dessa autorização; de outro, a contraparte tinha conhecimento de que o representante atuava em nome do representado, e optou por contratar com este, ainda que o mandante não estivesse fisicamente presente quando da celebração do contrato[137].

Uma primeira questão que pode surgir, no entanto, diz respeito à eventual necessidade de ser escrito o mandato outorgado para vincular alguém a uma convenção de arbitragem. Isso porque, embora o art. 656 do CC autorize o mandato verbal, o art. 657 do mesmo diploma estabelece que "[a] outorga do mandato está sujeita à forma exigida por lei para o ato a ser praticado", de modo que "[n]ão se admite mandato verbal quando o ato deva ser praticado por escrito".

Tendo em vista que, em obediência ao art. 4º, § 1º, da Lei de Arbitragem, a cláusula compromissória deve necessariamente ser estipulada por escrito, é certo que ninguém poderá outorgar a outrem mandato verbal para negociar e formalizar uma convenção de arbitragem[138]. Com efeito, se *o ato a ser praticado* é a estipulação de uma convenção de arbitragem, que necessariamente deve ser escrita, então o mandato também deverá ser escrito.

Isso não significa, contudo, que o representante não possa licitamente vincular o representado a uma convenção de arbitragem, a partir de um mandato verbal. Basta, para tanto, que o mandato outorgado não seja para estipular a cláusula compromissória, isso é, para negociar seus termos e firmá-la, mas antes para vincular o mandante a uma convenção de arbitragem já existente[139].

---

[137] Na lição de PONTES DE MIRANDA: "Representação é o ato de manifestar vontade, ou de manifestar ou comunicar conhecimento, ou sentimento, ou de receber a manifestação, ou comunicação, por outrem (representado), que passa a ser o *figurante* em cuja esfera jurídica entram os efeitos do ato jurídico, que se produz." (*Tratado de Direito Privado*. Rio de Janeiro: Borsoi, tomo III, 1954, § 308).

[138] Nesse sentido: CARDOSO, Paula Butti. *Limites subjetivos da convenção de arbitragem*. Dissertação (Mestrado). São Paulo, 2013, p. 130.

[139] Sobre a extensão dos poderes que podem derivar do mandato, PONTES DE MIRANDA afirmou: "Em geral, os juristas não descem a pormenores sobre os atos jurídicos para os quais pode haver mandato. (...) É preciso enunciar-se: a prática de qualquer ato para o qual seja

4. IDENTIFICAÇÃO DE PARTES NÃO SIGNATÁRIAS

Explica-se: é premissa deste trabalho que um sujeito pode ser considerado parte da convenção de arbitragem a partir da prática de atos ou fatos concludentes à intenção de se vincular à cláusula compromissória. Exemplo disso é a sociedade que, embora não tendo celebrado formalmente o contrato firmado por outra sociedade de seu grupo econômico, negociou seus termos e executou suas prestações, tornando-se, desse modo, uma verdadeira parte da convenção de arbitragem nele contida[140].

Partindo-se dessa premissa, nada impede que alguém outorgue a outrem um mandato verbal para a prática de atos que revelem a intenção do mandante de se vincular a um determinado contrato e, por que não, a uma dada convenção de arbitragem. Nesse caso, *o ato a ser praticado* pelo mandatário não é a celebração de contrato com a estipulação de uma cláusula compromissória – hipótese em que, como se viu, o mandato deve ser necessariamente escrito – mas sim a prática de certos atos no bojo de um contrato já existente, com cláusula de arbitragem já negociada e reduzida a termo. Ainda que ambos, contrato e cláusula, tenham sido firmados por outras partes. A dificuldade aqui, nos parece, refere-se apenas à prova do mandato verbal e à extensão dos poderes que foram conferidos ao mandatário, e não à validade da concessão de um mandato na forma verbal para esse fim específico.

Outra questão controvertida envolvendo a representação diz respeito à possível necessidade de outorga de poderes específicos para a celebração de uma convenção de arbitragem. Veja-se que o art. 656 do CC estabelece que o mandato pode ser expresso ou tácito. Nesse passo, seria necessário que do instrumento de mandato constasse expressamente a autorização para firmar a cláusula compromissória, ou bastaria uma permissão geral do representado para o representante celebrar determinado contrato em seu nome[141]?

---

preciso poder de representação, ou poder de obrar em nome de outrem. (...) Cuida-se de atos-fatos jurídicos e até de fatos, que interessam ao dono do bem ou dos bens." (*Tratado de direito privado*. Rio de Janeiro: Borsoi, 1963, tomo XLIII, § 4.675, pp. 9-10).

[140] Voltaremos ao tema no item 5.1, abaixo.

[141] Examinando a questão do ponto de vista da arbitragem internacional, PHILIPPE FOUCHARD, EMMANUEL GAILLARD e BERTHOLD GOLDMAN alertam que uma interpretação restritiva "is not well-suited to international commerce" e, após analisar algumas legislações que não suportam uma interpretação extensiva dos poderes conferidos pelo representante, concluem que "[o]ne can therefore only hope that a substantive rule will be adopted whereby a general authorization to contract will suffice for the purpose of entering into a

Analisando a questão à luz da lei brasileira, parece-nos que pode ser necessária, a depender das circunstâncias do caso concreto, a existência de poderes específicos para firmar o pacto arbitral. Isso porque o art. 116 do CC prevê que a manifestação de vontade pelo representante produz efeitos em relação ao representado, "nos limites de seus poderes". Tratando-se a arbitragem de exceção à jurisdição estatal, comumente referida como um método alternativo à justiça comum[142], não se pode presumir, em princípio, que os poderes para firmar convenção de arbitragem derivem naturalmente de todo e qualquer mandato genericamente outorgado para a celebração de um contrato.

De fato, se a celebração de contratos contendo cláusula de eleição de foro ainda é o padrão geralmente verificado na vida cotidiana, em especial em certas relações jurídicas e para aquelas de valores não tão expressivos, a autorização para celebrar contrato com cláusula compromissória pode ser vista como algo excepcional e, portanto, fora dos limites do mandato genérico. Em muitos casos, destarte, a vinculação do representado não poderá prescindir de sua autorização específica para a celebração de uma cláusula compromissória em seu nome[143].

Por outro lado, se os usos e costumes relativos ao contrato para cuja celebração foi conferido um instrumento de mandato genérico forem no sentido de se incluir uma cláusula compromissória, a questão muda de contornos[144]. Nesse caso, reputamos plenamente defensável a presunção de que o mandato genericamente outorgado contemplaria,

---

valid international arbitration agreement" (*International Commercial Arbitration*. Edited by Emmanuel Gaillard and John Savage. The Hague: Kluwer Law International, 1999, p. 250).

[142] Ainda que, como já expusemos acima, atualmente, parte da doutrina venha preferindo o emprego da expressão "método adequado" ao invés de "método alternativo" de resolução de disputas, a arbitragem segue sendo uma exceção à regra geral da resolução de controvérsias pelo Poder Judiciário (vide, nesse sentido, NR 7).

[143] STAVROS L. BREKOULAKIS chega à mesma conclusão, mas tem como fundamento a premissa de que a convenção de arbitragem está sendo celebrada pela primeira vez quando o mandatário firma um contrato em nome do mandante, de modo que haveria necessidade de um consentimento específico com relação a ela: "(...) in the case of agency, the arbitration clause is concluded for the first time when the agent enters into the contract containing an arbitration clause. Specific intent will be needed for an arbitration clause to come into existence here, as in any other case." (*Third Parties in International Commercial Arbitration*. Oxford International Arbitral Series. New York: Oxford University Press, 2010, p. 52).

[144] Como no transporte internacional de mercadorias, por exemplo.

4. IDENTIFICAÇÃO DE PARTES NÃO SIGNATÁRIAS

ainda que tacitamente, poderes para a celebração de uma convenção de arbitragem, em especial quando as circunstâncias do caso concreto referendarem essa conclusão.

Imagine-se a hipótese de um mandante que outorgue sucessivos mandatos genéricos para o mandatário celebrar contratos de compra e venda de certas *commodities*, sendo que em todos os contratos anteriores celebrados pelo mandatário em nome do mandante havia cláusulas compromissórias. É certo que, na hipótese de outorga de um novo mandato genérico para o mesmo fim, o mandante não poderá alegar, de boa-fé, que não está vinculado à nova cláusula compromissória, apenas porque deixou de incluir poderes específicos a esse respeito na procuração. Assim, a questão da necessidade de existência de poderes específicos para a vinculação do representado a uma cláusula compromissória deve ser examinada caso a caso.

Discordamos, portanto, daqueles que, analisando a lei brasileira, consideram que o mandato deve ser, sempre e necessariamente, escrito e expresso com relação à existência de poderes para vincular o mandatário a uma convenção de arbitragem[145]. Ainda que em situações excepcionais, vislumbramos a possibilidade de um mandato verbal e tácito em relação à cláusula compromissória ser suficiente para vincular o mandatário, bastando para isso que (i) a cláusula compromissória não esteja sendo *estipulada* pela primeira vez, mas antes seja pré-existente; e (ii) os usos e costumes ou outras circunstâncias do caso concreto autorizem a conclusão de que do mandato genérico para vincular o mandante a um contrato qualquer havia uma autorização tácita para vinculá-lo também à cláusula compromissória.

Outro ponto sensível envolvendo a representação diz respeito aos casos em que o representante excepcionalmente se vincula, em nome próprio, à convenção de arbitragem pactuada por conta do representado. De acordo com o art. 118 do CC, isso poderá acontecer quando o representante, deixando de provar a qualidade e a extensão de seus poderes, praticar atos que o excedam. O art. 663 do mesmo Código, por sua vez,

---

[145] É a posição de PAULA BUTTI CARDOSO: "Diante do exposto, é possível concluir que, nos termos da legislação brasileira, apenas por meio de instrumento escrito, no qual conste autorização expressa, será possível atribuir poderes a um mandatário para firmar convenção de arbitragem, sob pena de ela não vincular o mandante" (*Limites subjetivos da convenção de arbitragem*. Dissertação (Mestrado). São Paulo, 2013, p. 130).

estabelece que o mandatário ficará pessoalmente obrigado quando agir em seu próprio nome, ainda que o negócio seja de conta do mandante.

Nesse cenário, seja por meio da prática de atos que extrapolem o mandato, seja quando age em nome próprio, o mandatário poderá se vincular pessoalmente à convenção de arbitragem que assinou[146]. Na primeira hipótese, os atos praticados de acordo com o mandato serão preservados, estabelecendo-se uma relação jurídica entre mandante e terceiro, salvo no que se refere aos atos praticados em excesso ao mandato, que vincularão pessoalmente o próprio mandatário[147] (é possível, portanto, que os três – mandante, mandatário e contraparte – fiquem vinculados à mesma convenção de arbitragem: o mandante nos limites do mandato outorgado, o mandatário naquilo que o exceder e a contraparte em toda a extensão do negócio jurídico firmado com mandante e mandatário); na segunda, nenhuma relação jurídica se estabelece entre o mandante e o terceiro, mas apenas entre este e o mandatário[148].

Finalmente, chegamos à chamada teoria da aparência, por meio da qual, em determinadas circunstâncias, confere-se validade e eficácia a determinados atos praticados sem o consentimento da pessoa verdadeiramente legitimada[149-150]. A aplicação dessa teoria à arbitragem autorizaria, em certas situações, a vinculação de um não signatário à convenção

---

[146] Analisando o ponto sob a ótica internacional, STAVROS L. BREKOULAKIS conclui que o representante se vincula em nome próprio apenas quando assinou o contrato "in his individual capacity and has undertaken an independent duty towards the counterparty." (*Third Parties in International Commercial Arbitration*. Oxford International Arbitral Series. New York: Oxford University Press, 2010, p. 49).

[147] Nesse sentido: COSTA, Guilherme Recena. *Partes e Terceiros na Arbitragem*. Tese (Doutorado). São Paulo, 2015, p. 78. Os atos praticados em excesso ao mandato, contudo, poderão ser ratificados pelo mandante, à luz do art. 663 do CC. Nesse caso, o mandante é que se vinculará à convenção de arbitragem, retroagindo-se à data do ato.

[148] PONTES DE MIRANDA, Francisco Cavalcanti. *Tratado de direito privado*. Rio de Janeiro: Borsoi, 1963, tomo XLIII, § 4.684, p. 57. O autor destacada, no entanto, que o "mandante, se o mandatário agiu em nome próprio, tem contra êsse direito, pretensão e ação à transferência dos efeitos do ato que se praticou em nome do mandatário", assim como que, caso "se dê a aquisição pelo mandante, o terceiro responde ao mandante, como sucessor do mandatário" (op. cit., p. 62).

[149] BIRENBAUM, Gustavo. *Teoria da Aparência*. Porto Alegre: Sergio Antonio Fabris, 2012, pp. 16-17. Sobre o tema da teoria da aparência, vide, ainda: BORGHI, Hélio. *Teoria da aparência no direito brasileiro*. São Paulo: Lejus, 1999.

[150] Conhecida no direito estrangeiro como "*apparent authority*" ou "*mandat apparent*".

4. IDENTIFICAÇÃO DE PARTES NÃO SIGNATÁRIAS

de arbitragem a partir de atos praticados por outrem alegadamente em seu nome, ainda que sem a devida autorização[151].

Doutrina internacional sintetizou os requisitos para sua aplicação no âmbito da arbitragem, defendendo a vinculação do suposto mandante quando (i) ele induzir o terceiro a acreditar que o suposto mandatário tinha poderes de representação; e (ii) o terceiro, de boa-fé, acreditar nisso e concluir negócio jurídico contendo convenção de arbitragem[152]. Com base na teoria da aparência, tribunais arbitrais internacionais já vincularam o suposto mandante à convenção de arbitragem pactuada pelo falso mandatário[153].

Examinando o tema à luz do direito nacional, contudo, entendemos que a teoria da aparência não pode servir de fundamento para obrigar alguém à arbitragem.

De início, há que se distingui-la do mandato tácito, este sim plenamente autorizado pelo art. 656 do CC, como vimos acima[154]. Seu pressuposto é a efetiva outorga de poderes, por meio de uma clara manifestação de vontade, ainda que feita de forma tácita. Aqui, há consentimento do mandante com relação ao mandato e ao mandatário, pelo que

---

[151] BORN, Gary B. *International Arbitration Cases and Materials*. The Hague: Kluwer International Law, 2015, pp. 579-580.

[152] Nesse sentido: "Thus, if a party brings an arbitration claim against a party that does not appear on the arbitration clause, on the basis that this party is the apparent principal, the claimant must prove the following two conditions.
First, that the apparent principal has induced by false representations the claimant to believe that apparent agent had authority to enter into an arbitration clause. (...)
Second, that the other party actually relied on the misrepresentations of apparent principal, and that reliance in the circumstances was reasonable and in good faith". (BREKOULAKIS, Stavros L. *Third Parties in International Commercial Arbitration*. Oxford International Arbitral Series. New York: Oxford University Press, 2010, p. 53).

[153] É o que ocorreu, por exemplo, nos casos CCI nºs 1434/1975 (DERAINS, Yves; JARVIN, Sigvard. *Collection of ICC Arbitral Awards. Recueil des sentences arbitrales de la CCI (1974-1985)*. The Hague: Kluwer Law International, v. 1, 1994, pp. 262-271) e 5730/1988 (ARNALDEZ, Jean-Jacques; DERAINS, Yves; JARVIN, Sigvard. *Collection of ICC Arbitral Awards. Recueil des sentences arbitrales de la CCI (1986-1990)*. The Hague: Kluwer Law International, v. 2, 1994, pp. 410-420).

[154] FÁBIO KONDER COMPARATO ensina que "[a] situação de mandato tácito e a pretensa representação aparente são completamente díspares, nenhum elemento tendo em comum que justifique a transposição analógica de uma expressa hipótese legal de incidência para outra semelhante, não contemplada em lei" (*Aparência de representação: a insustentabilidade de uma teoria*. In: Revista de Direito Mercantil. São Paulo: Malheiros, v. 111, 1998, pp. 42-43).

poderá ser vinculado à cláusula compromissória que este celebrou em seu nome, como já tratado.

No mandato aparente, por outro lado, o consentimento revela-se inexistente, não havendo qualquer autorização para que um terceiro pratique atos em nome do suposto mandante. Antes, pretende-se atribuir as consequências do mandato regular a uma situação em que não houve outorga de poderes, pelo fato de o alegado mandante ter induzido um terceiro, de boa-fé, a acreditar nisso.

Contudo, já se demonstrou que a teoria é dogmaticamente insustentável[155], e que não pode ser usada no âmbito da arbitragem[156]. Com efeito, partindo-se da premissa de que o consentimento é fundamento básico da arbitragem brasileira, conforme estabelecido no item 2.1, acima, não há que se autorizar a vinculação do falso mandante com base em outros critérios que não sua própria intenção de ver-se sujeito a uma convenção de arbitragem. Assim, deve-se concluir pela não vinculação do não signatário nesse caso.

Situação limítrofe é aquela em que o falso representado é negligente, deixando de fazer cessar a inexistente representação. Neste caso, há quem defenda que haverá vinculação do representado[157], assim como quem sustente justamente o contrário[158]. Mais uma vez, há que se perquirir se houve consentimento e, com isso, a efetiva outorga de poderes de representação, ainda que de forma tácita. Sendo este o caso, há mandato e, portanto, responsabilização direta do mandante. Não se podendo vislumbrar da conduta negligente uma autorização tácita, no entanto, o terceiro de boa-fé pode no máximo exigir perdas e danos do suposto mandante[159], via ação judicial.

---

[155] COMPARATO, op. cit., pp. 39-44.

[156] "(...) a convenção de arbitragem apenas deve vincular aqueles que com ela consentiram, o que não ocorre quando há uma relação de representação legítima apenas aos olhos da parte contrária. Nem mesmo a popularidade que a arbitragem alcançou no cenário comercial ou a boa-fé do contratante justificaria a vinculação de um não signatário nesses casos." (CARDOSO, Paula Butti. *Limites subjetivos da convenção de arbitragem*. Dissertação (Mestrado). São Paulo, 2013, p. 128).

[157] COSTA, Guilherme Recena. *Partes e Terceiros na Arbitragem*. Tese (Doutorado). São Paulo, 2015, p. 77.

[158] COMPARATO, Fábio Konder. *Aparência de representação: a insustentabilidade de uma teoria*. In: Revista de Direito Mercantil. São Paulo: Malheiros, v. 111, 1998, pp. 42-43.

[159] COMPARATO, op. cit., p. 43.

4. IDENTIFICAÇÃO DE PARTES NÃO SIGNATÁRIAS

Diferente é a posição do terceiro que não age de boa-fé ou descumpre, ele próprio, um dever de verificação da existência do mandato. Nesse caso, estando ou devendo estar ciente da ausência de poderes de representação, o terceiro não tem ação alguma contra o suposto mandante, nem mesmo contra o suposto mandatário[160].

Em resumo, há três situações distintas, que comportam soluções próprias. Primeiro, alguém conscientemente tolera que outrem aja em seu nome, agindo de forma comissiva ou omissiva para, a partir daí, efetivamente consentir com sua representação por outro sujeito: há mandato tácito e, neste caso, haverá vinculação do mandante à respectiva cláusula compromissória. Segundo, sem consentir tacitamente, o suposto mandante é, no entanto, negligente, deixando de adotar as medidas necessárias para impedir a atuação do falso mandatário. Neste caso, embora o suposto mandante não se vincule à convenção de arbitragem alegadamente pactuada em seu nome, o terceiro de boa-fé pode mover ação judicial contra ele, para exigir perdas e danos. O falso mandatário, por outro lado, se vincula ao negócio jurídico em seu próprio nome e, portanto, à própria convenção de arbitragem, se existente. Terceiro, se a contraparte é quem age de má-fé ou descumpre dever de diligência, não há remédio algum, nem contra o pretenso representante, nem contra o pretenso representado[161]. Neste caso, eventual ação envolvendo a contraparte e o pretenso representante poderia ser examinada por Tribunal Arbitral, ao passo que demandas entre a contraparte e o pretenso representado não estariam acobertadas pela cláusula compromissória.

Enfim, nenhum desses casos coincide com a situação vislumbrada pela doutrina – e invocada em precedentes internacionais – do *mandato aparente*, pelo que concluímos que ela é inaplicável em arbitragens regidas pela lei brasileira para vincular falsos mandantes.

4.2. Incorporação por referência

A realidade comercial frequentemente apresenta situações em que partes de um determinado contrato fazem referência expressa a outro instrumento, incorporando seus termos e condições, sem, contudo, fir-

---

[160] Salvo se este lhe prometeu ratificação do mandante ou se responsabilizou pessoalmente (art. 673 do CC).
[161] Costa, op. cit., p. 78; e Comparato, op. cit., pp. 43-44.

marem elas próprias o instrumento incorporado. Também não é incomum que esse instrumento contenha uma cláusula compromissória, sobretudo no contexto de transações internacionais ou em certos mercados específicos. Nesse cenário, importante saber se, à luz da lei brasileira, haverá vinculação das partes do contrato à cláusula compromissória existente no instrumento a que se fez alusão, em especial se essa referência for feita de forma genérica, sem menção específica à convenção de arbitragem.

A situação aqui examinada guarda certa semelhança com o problema enfrentado no caso dos grupos de contratos[162]. Isso porque, no que tange aos limites subjetivos da convenção de arbitragem, em ambos os casos, importa averiguar se uma cláusula compromissória constante de um instrumento qualquer poderá abarcar sujeitos que, ao menos em princípio, são partes apenas de outro negócio jurídico. Assim, antes de adentrarmos à análise das situações em que haverá vinculação dos não signatários à convenção de arbitragem incorporada por referência, necessário tentar traçar uma distinção entre essa situação e aquela verificada no caso dos grupos de contratos, que, por razões explicadas mais adiante, não é objeto de exame neste trabalho.

Nesse passo, note-se que a incorporação por referência consiste em mero aproveitamento de disposições existentes em outros contratos ou em instrumentos padrão, como regulamentos elaborados por associações comerciais ou cláusulas modelo[163]. Esse ato, por si só, não faz nascer uma relação de dependência entre o contrato firmado e o instrumento incorporado por referência. Pensemos, por exemplo, nas já

---

[162] Sobre o tema dos grupos de contratos, vide: MARINO, Francisco Paulo De Crescenzo. *Contratos coligados no direito brasileiro*. São Paulo: Saraiva, 2009; KONDER, Carlos Nelson. *Contratos conexos: grupos de contratos, redes contratuais e contratos coligados*. Rio de Janeiro: Renovar, 2006; e ROSITO, Francisco. *Os contratos conexos e sua interpretação*. In: Revista de Direito Mercantil, Industrial, Econômico e Financeiro. São Paulo: Malheiros, v. 46, n. 145, jan./mar. 2007, pp. 85-106.

[163] CARDOSO, Paula Butti. *Limites subjetivos da convenção de arbitragem*. Dissertação (Mestrado). São Paulo, 2013, p. 106. A incorporação por referência também é definida "(...) como o método de fazer um documento secundário parte de outro documento originário, mediante declaração no originário que o segundo documento deve ser considerado como se estivesse contido no primeiro." (NANNI, Giovanni Ettore. *Cláusula Compromissória como negócio jurídico: análise de sua existência, validade e eficácia*. In: NANNI, Giovanni Ettore. *Direito Civil e Arbitragem*. São Paulo: Atlas, 2014, p. 45).

4. IDENTIFICAÇÃO DE PARTES NÃO SIGNATÁRIAS

mencionadas cláusulas modelo de arbitragem da CCI ou da UNCITRAL[164]. Um contrato comercial qualquer que a elas faça referência não depende dessas cláusulas para existir, ser válido e produzir efeitos. Da mesma forma, essas cláusulas padrão tampouco guardam relação de dependência com um contrato específico, estando aptas a serem incorporadas e produzirem efeitos em uma plêiade de contratos, de diferentes naturezas.

Por sua vez, os grupos de contratos são marcados justamente por um vínculo de dependência, ainda que por vezes unilateral, entre os diferentes instrumentos contratuais[165]. Tome-se o exemplo de contratos de empreitada celebrados para a construção de um parque industrial comum, em que há também a celebração de contratos de garantia. Aqui, os distintos instrumentos nutrem uma relação de dependência, de tal modo que, ao menos um deles, não existiria não fosse a existência do outro. Em outras palavras, um contrato encontra sua razão de ser em outro instrumento contratual do mesmo grupo[166].

Essa relação de dependência, típica dos grupos de contratos e que não se observa necessariamente na hipótese de incorporação por referência, faz surgir questionamentos diversos quanto aos limites subjetivos e objetivos da convenção de arbitragem, que não serão examinadas no presente capítulo. Aqui, nos ocuparemos apenas de examinar se aqueles que fizerem referência a outro instrumento que contenha cláusula compromissória estão acobertados pela convenção de arbitragem apartada[167].

Feita essa necessária distinção, passamos a examinar o que nossa Lei de Arbitragem dispõe sobre o tema da incorporação por referência. Seu art. 4º, § 1º, prevê expressamente a possibilidade de a cláusula

---

[164] Vide, respectivamente, NR 129 e NR 130.

[165] MARINO, Francisco Paulo de Crescenzo. *Contratos coligados no direito brasileiro*. São Paulo: Saraiva, 2009, p. 99.

[166] É certo, por outro lado, que um contrato não precisa, necessariamente, fazer referência ao outro ou incorporar parte de seus termos para ser considerado parte do grupo de contratos.

[167] Vale ressaltar, de toda forma, que essa distinção não impede que exista um grupo de contratos no seio do qual uma cláusula compromissória seja incorporada por referência. Nesse sentido: CARDOSO, Paula Butti. *Limites subjetivos da convenção de arbitragem*. Dissertação (Mestrado). São Paulo, 2013, p. 107.

compromissória constar de documento apartado, desde que seja estipulada por escrito e se refira ao contrato firmado pelas partes[168].

Com relação à exigência de que a convenção de arbitragem seja estipulada por escrito, parece não haver grandes controvérsias, além daquelas já examinadas no item 2.2, acima. Basta que a incorporação por referência se dê relativamente a um instrumento que contenha cláusula compromissória escrita para que esse ponto fique superado[169].

Já com relação à referência em si, a questão se torna mais controversa. Em primeiro lugar, porque leitura atenta da norma revela que a Lei de Arbitragem não cuidou expressamente da hipótese ora colocada em exame. Com efeito, a lei trata apenas dos casos em que a referência é feita na cláusula apartada com relação ao contrato, deixando claro que aquela integrará este, de modo a vincular as partes do contrato à arbitragem. Por outro lado, a Lei de Arbitragem não cuida expressamente da situação inversa, isso é, em que a referência é feita no contrato com relação à cláusula compromissória apartada.

É o que prevê, por exemplo, a Lei Modelo de Arbitragem Comercial da UNCITRAL[170]. A ausência de uma previsão análoga na Lei de

---

[168] Para os contratos de adesão, há previsão específica no art. 4º, § 2º da Lei de Arbitragem, contendo requisitos adicionais para a eficácia da cláusula compromissória: "a cláusula compromissória só terá eficácia se o aderente tomar a iniciativa de instituir a arbitragem ou concordar, expressamente, com a sua instituição, desde que por escrito em documento anexo ou em negrito, com a assinatura ou visto especialmente para essa cláusula".

[169] GUERRERO, Luís Fernando. *Convenção de arbitragem e processo arbitral*. São Paulo: Atlas, 2009, p. 146). Inclusive, por ocasião do julgamento de pedido de homologação de sentença estrangeira, o STJ considerou que a cláusula compromissória escrita pode ser parte de um contrato verbal: "Desta forma, o fato de os contratos firmados entre as partes terem sido celebrados verbalmente não impediria, por si só, a estipulação de cláusula compromissória, desde que esta estivesse pactuada de forma expressa e escrita em outro documento referente ao contrato originário ou em correspondência". A partir desse raciocínio, não haveria óbice para que as partes do contrato verbal fizessem referência a uma cláusula compromissória escrita, acordando que ela seria aplicável para as controvérsias oriundas do contrato verbal. Vale dizer, no entanto, que, naquele caso, o STJ não homologou a sentença estrangeira, porque entendeu que inexistiam elementos seguros para aferir se uma das partes havia concordado com a convenção de arbitragem (STJ, SEC nº 866, Rel. Min. Felix Fischer, d.j. 17.05.2006).

[170] Que contém, em uma de suas sugestões de art. 7º, a seguinte previsão: "The reference in a contract to any document containing an arbitration clause constitutes an arbitration agreement in writing, provided that the reference is such as to make that clause part of the contract".

4. IDENTIFICAÇÃO DE PARTES NÃO SIGNATÁRIAS

Arbitragem, também sentida na Convenção de Nova York, já motivou sugestão de reforma legislativa, de modo a contemplar, expressamente, a hipótese específica aqui estudada[171]. Até que haja alguma alteração no texto legal, no entanto, é preciso averiguar se a referência, feita em contrato, a uma cláusula compromissória apartada vincula as partes do contrato a essa forma de resolução de disputas.

Essa questão costuma ser examinada a partir de duas situações distintas: a primeira, quando há referência específica à cláusula compromissória constante do instrumento apartado; a segunda, quando há apenas uma referência genérica ao instrumento apartado, que, por sua vez, contém uma cláusula compromissória.

Havendo referência específica a uma cláusula compromissória escrita, não vemos nenhuma razão para se questionar a vinculação das partes do contrato a essa convenção de arbitragem[172]. Como, nessa hipótese, o consentimento expresso pelas partes com relação à cláusula compromissória é inequívoco, elas estarão sujeitas à cláusula compromissória constante do documento apartado. Nesse sentido, há doutrina[173] e precedentes relevantes[174] validando essa conclusão à luz do direito brasileiro.

---

[171] Nesse sentido, ARNOLDO WALD propôs a seguinte redação para o art. 4º, § 1º, da Lei de Arbitragem: "§1º A cláusula compromissória deve ser estipulada por escrito, podendo estar inserta no próprio contrato ou em outro documento apartado que a ele se refira ou ao qual o contrato faça referência." (*ARTIGO II (incisos 1 e 2): Os aspectos formais da Convenção de Arbitragem (Comentários do artigo II, (1) e (2), da Convenção de Nova Iorque, e sua Aplicação no Direito Brasileiro)*. In: WALD, Arnoldo; LEMES, Selma Ferreira (Coords.). Arbitragem comercial internacional: a Convenção de Nova Iorque e o direito brasileiro. São Paulo: Saraiva, 2011, pp. 118-120).

[172] Ressalvadas, evidentemente, as regras específicas aplicáveis aos contratos de adesão, que não são objeto deste estudo, como já visto.

[173] CARDOSO, Paula Butti. *Limites subjetivos da convenção de arbitragem*. Dissertação (Mestrado). São Paulo, 2013, p. 114; GUERRERO, Luís Fernando. *Convenção de arbitragem e processo arbitral*. São Paulo: Atlas, 2009, p. 148; e, no âmbito internacional: PIETRO, Domenico di. *Incorporation of Arbitration Clauses by Reference*. Journal of International Arbitration. The Netherlands: Kluwer Law International, v. 21, issue 5, 2004, p. 452.

[174] A título exemplificativo, confira-se os casos L'Aiglon S.A. vs. Têxtil União S.A. (STJ, SEC nº 856, Rel. Min. Carlos Alberto Menezes Direito, d.j. 18.05.2005) e International Cotton Trading Limited ICT vs. Odil Pereira Campos Filho (STJ, SEC nº 1210, Rel. Min. Fernando Gonçalves, d.j. 20.06.2007). Importante ressaltar, de toda forma, que certas particularidades desses casos concretos foram levadas em consideração pelo STJ para validar a cláusula compromissória incorporada por referência e homologar as respectivas sentenças estrangeiras. No caso L'Aiglon S.A. vs. Têxtil União S.A., a Corte reputou relevante o fato de que a parte

Por outro lado, se a referência ao instrumento que contém cláusula compromissória foi feita genericamente, sem menção específica à convenção de arbitragem, prevalece o entendimento de que é necessário examinar se as partes tinham conhecimento a respeito da cláusula compromissória incorporada no contrato em que se fez referência genérica, consentindo em relação a ela[175]. Caso não seja possível comprovar a ciência de uma parte em relação à convenção de arbitragem, há quem defenda que, no limite, estar-se-ia obrigando à arbitragem um sujeito que não consentiu com essa forma de resolução de disputas[176].

Nesse passo, a fim de averiguar o conhecimento das partes com relação à cláusula compromissória incorporada por referência genérica, extraindo, daí, seu consentimento, são usualmente levadas em consideração informações como a experiência e sofisticação dos contratantes, além das práticas e usos do mercado em que sua atividade comercial se insere[177].

que pretendia obstar a homologação da sentença estrangeira jamais havia objetado a validade da cláusula compromissória ao longo da arbitragem. Já no caso International Cotton Trading Limited ICT vs. Odil Pereira Campos Filho, por sua vez, o STJ destacou que a parte recalcitrante não questionava a celebração da cláusula compromissória, sustentando apenas que seria necessário também se firmar um compromisso arbitral, requisito esse de todo inexistente na Lei de Arbitragem. Em nosso sentir, essas considerações são irrelevantes para a validade da cláusula compromissória incorporada por referência específica, que, em princípio, deve produzir efeitos independentemente de outras circunstâncias concretas.

[175] É o que conclui DOMENICO DI PIETRO, após examinar diferentes precedentes internacionais, em: *Incorporation of Arbitration Clauses by Reference*. Journal of International Arbitration. The Netherlands: Kluwer Law International, v. 21, issue 5, 2004, p. 452.

[176] BREKOULAKIS, Stavros L. *Third Parties in International Commercial Arbitration*. Oxford International Arbitral Series. New York: Oxford University Press, 2010, p. 67.

[177] "This would occur, for example, where the parties have professional experience and exposure in a certain trade or industry and they refer to a certain form of standard contract, which is well known in the industry and which typically contains an arbitration clause." (BREKOULAKIS, op. cit., p. 76). No mesmo sentido, FOUCHARD, Philippe; GAILLARD, Emmanuel; GOLDMAN, Berthold. *International Commercial Arbitration*. Edited by Emmanuel Gaillard and John Savage. The Hague: Kluwer Law International, 1999, p. 274. Sobre o ponto, na doutrina nacional, destacamos SELMA FERREIRA LEMES, para quem: "De modo geral a referência global às condições gerais de venda ou outro documento padrão de uma das partes ou de órgão profissional têm sido aceito (sic) pelos tribunais, quando presentes as seguintes situações: (a) as partes são profissionais; (b) elas devem ser consideradas como pessoas razoáveis para agir como tal; (c) supõe-se que tenham lido os contratos em que participam, mesmo que sejam documentos separados deste, desde que haja referência; (d) as partes devem conhecer os usos de sua profissão e, em particular, quando é efetuada

4. IDENTIFICAÇÃO DE PARTES NÃO SIGNATÁRIAS

Em nosso entender, exigir prova de que as partes tinham conhecimento especificamente da existência da cláusula compromissória no contrato incorporado de forma genérica, quando, ao mesmo tempo, são reputadas válidas, sem maiores questionamentos, as demais disposições do mesmo contrato, significa exigir que o consentimento relativo à convenção de arbitragem seja autônomo do consentimento manifestado em relação ao resto do contrato.

Ocorre que essa proposição, embora tenha por objetivo proteger a natureza consensual da arbitragem, aplica erroneamente o princípio da autonomia da cláusula compromissória[178] e vai de encontro com o que

---

a referência a um contrato padrão, que inclui uma cláusula de arbitragem; e (e) o contrato foi negociado por partes em igualdade de condições e não se trata de contrato de adesão." (*Cláusula Compromissória por Referência. Contratos Comerciais Internacionais e a Convenção de Nova Iorque*. In: LEMES, Selma Ferreira; LOPES, Christian Sahb Batista (Coords.). *Arbitragem Comercial Internacional: 60 anos da Convenção de Nova Iorque*. São Paulo: Ed. Quartier Latin, 2019, p. 412).

[178] Nesse sentido, PHILIPPE FOUCHARD, EMMANUEL GAILLARD e BERTHOLD GOLDMAN, ensinam que "The principle of the autonomy of the arbitration agreement from the main contract raises no obstacle to the validity of an arbitration agreement incorporated by reference. The principle of autonomy does not require the arbitration agreement to be contained in a separate document in order to be valid. This would place excessive emphasis on requirements of form–an approach which is alien to the law of international arbitration. This is true of any self-contained contract. It is equally true of the reference made in a contract to another document. This is why a general reference to a document, such as general conditions, which contains, *inter alia*, an arbitration clause, can be held to constitute valid consent to arbitration, regardless of the principle of the autonomy of the arbitration agreement, which is irrelevant to this issue. Any other understanding of the principle of autonomy would resuscitate the anachronistic distinction between arbitration clauses and submission agreements, thus creating new obstacles to the validity of the arbitration agreement, despite the fact that the principle of autonomy was precisely intended to promote that validity." (*International Commercial Arbitration*. Edited by Emmanuel Gaillard and John Savage. The Hague: Kluwer Law International, 1999, pp. 272-273). Nas palavras de PAULA BUTTI CARDOSO: "O objetivo da autonomia conferida à convenção de arbitragem é, portanto, protegê-la e assegurar a sua validade e eficácia independentemente do contrato em que foi inserida. Trata-se de mecanismo de proteção e favorecimento da arbitragem, destinado a garantir o seu regular desenvolvimento, diante da opção livremente feita pelas partes de submeter os litígios surgidos entre elas a um tribunal arbitral. Em outras palavras, não é correto invocar o princípio da autonomia a fim de limitar, de qualquer forma, a aplicação da convenção de arbitragem. Não faz sentido, em decorrência desse princípio, exigir que o consentimento relativo à convenção de arbitragem seja expresso de forma apartada, distinta, do consentimento manifestado em relação às demais cláusulas contra-

defendemos no item 2.3 – "Desnecessidade de manifestação autônoma de consentimento" –, acima. Com efeito, como já vimos, o princípio da autonomia não exige uma manifestação autônoma de consentimento em relação à cláusula compromissória, sendo certo, ainda, que a Lei de Arbitragem tampouco o faz.

Ademais, a natureza consensual da arbitragem é do mesmo modo privilegiada, ao se constatar uma referência, ainda que genérica, a instrumento que contenha cláusula de arbitragem. Afinal, não quisessem as partes contratar a solução de disputas pela via arbitral, não teriam incorporado, por referência, instrumento que contenha cláusula compromissória. Não estamos tratando aqui, mais uma vez, de partes hipossuficientes ou de contratos de adesão, que exigem requisitos específicos para a validade da cláusula compromissória, como já visto anteriormente. Ao contrário, cuidamos de contratos empresariais, em que a presunção deve sempre militar no sentido de que as partes se encontram em situação análoga de forças, tendo pleno conhecimento daquilo que estão contratando.

Assim, a não ser que haja uma prova concreta em sentido contrário, cujo ônus de produção deve evidentemente recair naquele que pretende se afastar da via arbitral, entendemos que a incorporação por referência genérica deve ser igualmente reputada válida. Mais uma vez, o que importa é perquirir a real intenção das partes, não havendo qualquer razão para se adotar, de antemão, uma postura hostil em relação à cláusula compromissória incorporada por referência genérica[179-180].

---

tuais" (*Limites subjetivos da convenção de arbitragem*. Dissertação (Mestrado). São Paulo, 2013, p. 115).

[179] FOUCHARD, Philippe; GAILLARD, Emmanuel; GOLDMAN, Berthold. *International Commercial Arbitration*. Edited by Emmanuel Gaillard and John Savage. The Hague: Kluwer Law International, 1999, 277.

[180] Até por isso, há quem sequer faça a distinção entre a referência específica e a referência feita de forma genérica, preferindo aludir simplesmente à existência de uma necessária ligação entre cláusula apartada e contrato base, para concluir pela vinculação dos não signatários à convenção de arbitragem incorporada por referência. Nesse sentido: NANNI, Giovanni Ettore. *Cláusula Compromissória como negócio jurídico: análise de sua existência, validade e eficácia*. In: NANNI, Giovanni Ettore. *Direito Civil e Arbitragem*. São Paulo: Atlas, 2014, p. 45.

4. IDENTIFICAÇÃO DE PARTES NÃO SIGNATÁRIAS

4.3. A cláusula compromissória em entes associativos

O tema da cláusula compromissória inserta nos documentos constitutivos de um ente associativo qualquer, mais especificamente, da cláusula compromissória estatutária, desperta o interesse da doutrina já há algum tempo. Passou a ganhar maior relevo a partir da entrada em vigor da Lei nº 10.303/2001, que alterou a Lei das S.A. para incluir o § 3º em seu art. 109, segundo o qual o estatuto social pode "estabelecer que as divergências entre os acionistas e a companhia, ou entre os acionistas controladores e os acionistas minoritários, poderão ser solucionadas mediante arbitragem, nos termos em que especificar".

A partir daí, houve intenso debate doutrinário sobre os limites subjetivos das cláusulas compromissórias estatutárias, notadamente com relação à vinculação (i) de novos acionistas que não houvessem consentido com a alteração do estatuto social para a inclusão da cláusula compromissória; (ii) dos acionistas ausentes ou sem direito à voto; e, em especial, (iii) dos acionistas dissidentes[181].

O cerne da controvérsia residia, sobretudo, na tensão entre, de um lado, o princípio majoritário nas deliberações societárias, segundo o qual a deliberação tomada em respeito ao quórum legal vincula todos os sujeitos do negócio jurídico plurilateral que é o estatuto social[182]; e, de outro, o fundamento consensual da arbitragem, sobre o qual já discorremos no item 2.1, acima.

Para parte da doutrina, apenas aqueles acionistas que houvessem votado favoravelmente à inclusão da cláusula compromissória no estatuto

---

[181] O histórico do debate é objeto de exame, entre outros, em: TELLECHEA, Rodrigo. *A arbitragem nas Sociedades Anônimas: direitos individuais e princípio majoritário*. São Paulo: Quartier Latin do Brasil, 2016; MÜSSNICH, Francisco Antunes Maciel; PERES, Fábio Henrique. *Arbitrabilidade subjetiva no direito societário e direito de recesso*. In: MELO, Leonardo de Campos; BENEDUZI, Renato Resende (Coords.). *A Reforma da Arbitragem*. Rio de Janeiro: Forense, 2016, pp. 673-694; e LAMAS, Natália Mizrahi. *A cláusula compromissória estatutária como regra de governança corporativa: uma análise de seus aspectos subjetivos e objetivos*. Dissertação (Mestrado). Rio de Janeiro, 2007.

[182] Conforme explica GUILHERME RECENA COSTA: "A pressuposição dogmática é a de que o interesse da maioria – revelado como produto legitimado pelo processo do método assemblear – se identifica com o interesse social e, consequentemente, com o interesse dos sócios. Seria, de fato, inviável exigir a unanimidade, tal como pode ocorrer nas sociedades de pessoas, para toda e qualquer alteração em uma sociedade de capitais, que se veria então fadada ao imobilismo". (*Partes e Terceiros na Arbitragem*. Tese (Doutorado). São Paulo, 2015, p. 106).

social ficariam vinculados a ela[183]. Outra corrente, no entanto, defendia que a inserção de cláusula compromissória estatutária vinculava todos os sócios, "presentes, ausentes ou dissidentes"[184-185]. O debate também dividiu a jurisprudência[186].

Com o advento da Lei nº 13.129/2015 e a inclusão do art. 136-A na Lei das S.A., tornou-se claro que a inserção de cláusula compromissória no

---

[183] Era essa a posição de CANTIDIANO, Luiz Leonardo. *Reforma da Lei das S.A. comentada*. Rio de Janeiro: Renovar, 2002, p. 115 et seq.; e CARVALHOSA, Modesto; EIZIRIK, Nelson. *A nova Lei das S.A.* São Paulo: Saraiva, 2002, pp. 183-184. É digno de nota que LUIZ LEONARDO CANTIDIANO tenha posteriormente asseverado que "ao longo do tempo fui me convencendo de que havia sido muito conservador ao mencionar, em meus Comentários à Reforma da Lei das S.A. de 2001, a necessidade de que acionistas que não tiverem comparecido à assembleia que houver deliberado a apontada modificação estatutária, assim como os acionistas que tiverem se abstido de votar, deveriam firmar termo de adesão, como é requerido pela Lei 9.307/1996, sem o que entendia não estariam eles obrigados a se submeter à arbitragem, quando instituída por terceiro." (*Notas sobre a arbitrabilidade subjetiva na sociedade por ações. Evolução doutrinária e legislativa*. In: CARMONA, Carlos Alberto; LEMES, Selma Ferreira; MARTINS Pedro Batista (Coords.). *20 anos da lei de arbitragem: homenagem a Petrônio R. Muniz*. São Paulo: Atlas, 2017, p. 892). De forma semelhante, NELSON EIZIRIK também flexibilizou seu entendimento posteriormente, passando a entender estarem vinculados os novos acionistas, aqueles que não compareceram à assembleia que deliberou pela inclusão da cláusula compromissória e aqueles que se abstiveram ou não tinham direito à voto. O autor manteve, contudo, sua posição de entender desvinculado o acionista dissidente (*A Lei das S.A. Comentada*. São Paulo: Quartier Latin, v. I, artigos 1º a 120, 2011, p. 617).

[184] MARTINS, Pedro A. Batista. *Arbitragem no direito societário*. São Paulo: Quartier Latin, 2012, pp. 104-105. Destacam-se, ainda, entre outros, WALD, Arnoldo. *A arbitrabilidade dos conflitos societários: lições preliminares (I)*. In: Revista de Arbitragem e Mediação. São Paulo: Revista dos Tribunais, v. 12, 2007, p. 22 et seq.; e VILELA, Marcelo Dias Gonçalves. *Arbitragem no direito societário*. Belo Horizonte: Mandamentos, 2004, p. 241.

[185] De se mencionar, ainda, a existência de posições intermediárias, sustentando que apenas os acionistas dissidentes não ficariam sujeitos à convenção de arbitragem. É o que defendeu, por exemplo, APRIGLIANO, Ricardo de Carvalho. *Extensão da cláusula compromissória a partes não signatárias no direito societário*. In: Revista do Advogado. São Paulo: AASP, v. 19, 2013, pp. 140-153.

[186] Julgados admitindo a vinculação dos sócios dissidentes: TJ/SP, Apelação Cível nº 0126050-67.2006.8.26.0000, Rel. Des. Álvaro Passos, 7ª Câmara de Direito Empresarial, dj 19.01.2011; TJ/MG, Apelação Cível nº 1.0024.08.071075-9/001, Rel. Des. Francisco Kupidlowski, 13ª Câmara Cível, dj 09.07.2009. Não admitindo a vinculação de sócio dissidente: TJ/MG, Agravo de Instrumento nº 1.0035.09.169452-7/001, Rel. Des. Gutemberg da Mota e Silva, 10ª Câmara Cível, dj 13.04.2010. Reconhecendo a vinculação de sócio ausente: TJ/MG, Apelação Cível nº 1.0079.12.062072-3/002, Rel. Des. Arnaldo Maciel, 18ª Câmara Cível, dj. 07.10.2014. Inadmitindo a vinculação dos sócios ausentes: TJ/DF, Apelação Cível nº 20110111045065, Rel. Desa. Simone Lucindo, 1ª Turma Cível, dj. 14.08.2013.

4. IDENTIFICAÇÃO DE PARTES NÃO SIGNATÁRIAS

estatuto social vincula todos os acionistas[187], sendo, no entanto, assegurado aos dissidentes o direito de retirarem-se da companhia mediante o reembolso do valor de suas ações[188]. Prevaleceu, desse modo, o princípio majoritário, ao mesmo tempo em que se facultou, ao acionista dissidente, exercer seu direito de recesso.

Exercido o direito de recesso, não há que se falar em vinculação, à arbitragem, daquele que discordou da inclusão da cláusula compromissória. Não exercido o direito de recesso, há que se interpretar a respectiva omissão como manifestação posterior, ainda que tácita, de concordância com a cláusula compromissória[189].

Nesse passo, é certo que a manutenção das ações não encerra uma declaração solene, expressa ou formal de concordância com a arbitragem. Mas, conforme já expusemos no item 2.2, acima, a lei não exige manifestações dessa natureza para que haja vinculação de uma parte à

---

[187] Diversas decisões posteriores confirmaram a vinculação de novos acionistas à cláusula compromissória estatutária instituída antes de seu ingresso no capital social. São exemplos: Tribunal Regional Federal da 4ª Região ("TRF-4"), Apelação Cível nº 5003154-31.2016.4.04.7113/RS, Rel. Desembargadora Federal Vivian Josete Pantaleão Caminha, 4ª Turma, d.j. 15.05.2019; TRF-4, Apelação Cível nº 5002974-58.2015.4.04.7110/RS, Rel. Desembargadora Federal Vânia Hack de Almeida, 3ª Turma, d.j. 11.12.2018; TRF-4, Apelação Cível nº 5007555-19.2015.4.04.7110/RS, Rel. Desembargador Federal Luís Alberto D'Azevedo Aurvalle, 4ª Turma, d.j. 13.12.2017; TRF-4, Apelação Cível nº 5019356-59.2015.4.04.7100/RS, Rel. Desembargador Federal Luís Alberto D'Azevedo Aurvalle, 4ª Turma, d.j. 22.02.2017; e TRF-4, Apelação Cível nº 5009846-10.2015.404.7201/SC, Rel. Cândido Alfredo Silva Leal Junior, 4ª Turma, d.j. 14.12.2016.

[188] O mesmo direito já era garantido, no âmbito das sociedades limitadas, pelo art. 1.077 do Código Civil:
"Art. 1.077. Quando houver modificação do contrato, fusão da sociedade, incorporação de outra, ou dela por outra, terá o sócio que dissentiu o direito de retirar-se da sociedade, nos trinta dias subseqüentes à reunião, aplicando-se, no silêncio do contrato social antes vigente, o disposto no art. 1.031."

[189] Nesse sentido, já se pronunciou PEDRO A. BATISTA MARTINS, ainda que tratando do caso das sociedades limitadas: "Na verdade, detendo o quotista insatisfeito o direito de se desligar da sociedade, depreende-se de sua imobilidade, aliada à publicidade do ato decisório resultante do arquivamento da alteração contratual no Registro do Comércio, uma atitude que indica assimilação e concordância com a introdução da arbitragem no contexto societário." (*A arbitragem nas sociedades de responsabilidade limitada*. In: Revista de Direito Mercantil, Industrial, Econômico e Financeiro. São Paulo: Malheiros, n. 126, 2002, p. 68). A nosso ver, a omissão do quotista da sociedade limitada equivale, no que aqui importa, àquela do acionista da sociedade anônima.

cláusula de arbitragem, bastando que o comportamento do agente revele, ainda que de forma tácita, sua intenção de se submeter à arbitragem. Ademais, essa solução harmoniza o princípio majoritário das deliberações societárias com o fundamento consensual da arbitragem, devendo, pois, ser prestigiada[190].

Ocorre que o § 2º do art. 136-A prevê que o direito de recesso não será sempre aplicável, excetuando-o nas hipóteses em que (i) a inclusão da convenção de arbitragem represente condição para a migração da companhia a segmentos mais elevados de governança corporativa e (ii) as ações da sociedade sejam dotadas de liquidez e dispersão no mercado. Essas situações, portanto, podem, em tese, representar hipóteses de vinculação de não signatários contrariamente às suas vontades, declaradas de forma expressa na assembleia de sócios. Passemos, pois, a examinar cada uma delas em mais detalhes, começando pela segunda.

Sendo as ações da sociedade dotadas de liquidez e dispersão no mercado, o acionista dissidente que efetivamente não se resignar com a inclusão da cláusula compromissória no estatuto social poderá, facilmente, se desfazer de seus papéis. A venda em mercado das ações alcança o mesmo objetivo assegurado pelo direito de retirada nas hipóteses autorizadas por lei, fazendo com que os efeitos da cláusula compromissória estatutária não se produzam com relação ao acionista dissidente. Note-se, a propósito, que o § 1º A do art. 136-A da Lei das S.A. estabelece que a "convenção somente terá eficácia após o decurso do prazo de 30 (trinta) dias, contado da publicação da ata da assembleia geral que a aprovou". Assim, o acionista dissidente terá ao menos 30 dias para vender as ações que possui, antes que esteja finalmente vinculado à cláusula de arbitragem[191].

---

[190] Examinando a questão sob a ótica societária, RODRIGO TELLECHEA pontua: "(...) se o direito de recesso consiste em direito potestativo, verdadeiro contraveneno ou corretivo ao princípio majoritário que impera nas sociedades anônimas, de natureza inderrogável pela vontade da maioria justamente por proteger interesse particular do acionista (que pode ser distinto do interesse social em determinadas hipóteses e, por isso, afastar a vigência da regra da maioria), a omissão do seu titular em exercê-lo – diante de hipótese concreta e prevista em lei – transmuta a natureza da sua vontade (de individual para social) legitimando a aplicação plena do princípio majoritário, vinculando-o à cláusula compromissória." (*A arbitragem nas Sociedades Anônimas: direitos individuais e princípio majoritário*. São Paulo: Quartier Latin do Brasil, 2016, p. 469).

[191] Vale registrar que o prazo conferido pela Lei das S.A. para o exercício do direito de retirada, quando aplicável, é o mesmo (cf. art. 137, IV).

4. IDENTIFICAÇÃO DE PARTES NÃO SIGNATÁRIAS

Caso, no entanto, decida permanecer com seus papéis após esse período, o acionista estará sujeito à convenção de arbitragem. Essa opção por manter as ações, tal como na hipótese de não exercício do direito de retirada, quando autorizado, deve ser interpretada como inequívoca manifestação ulterior de consentimento do acionista originalmente dissidente, que se sobrepõe à própria manifestação expressa e anterior, em sentido contrário, externada na assembleia de sócios. Isso porque revela que o acionista se conformou com o resultado da deliberação majoritária. Afinal, estivesse mesmo irredutível em sua posição de não se vincular à arbitragem, o acionista verdadeiramente contrário à inclusão da cláusula compromissória no estatuto social da companhia poderia se desfazer de seus papéis no período apropriado, sem maiores problemas, já que essas ações são dotadas de liquidez e dispersão no mercado.

Situação mais dramática pode ser aquela do acionista dissidente de sociedade que pretenda ser admitida em segmento de listagem de bolsa de valores, cujas ações não sejam dotadas de liquidez e dispersão suficiente no mercado – nada obstante, registre-se, a própria lei exija dispersão acionária mínima de 25% por cento. Neste caso, além de não possuir o direito de retirar-se da sociedade, recebendo em contrapartida o reembolso do valor de suas ações, o acionista dissidente poderá não conseguir negociar seus papéis por um valor justo antes do término do prazo de 30 dias do art. 136-A, § 1º, da Lei das S.A. Para ele, decorrido o prazo de 30 dias contado da publicação da ata da assembleia geral que aprovou a cláusula compromissória, a lei determina que haverá vinculação à convenção de arbitragem *apesar* de sua vontade em sentido contrário.

A nosso ver, essa situação limite deve ser dividida em duas hipóteses distintas. A primeira, consistente na do acionista que sequer tenta desfazer-se de seus papéis, deixando de procurar, ao longo do prazo de 30 dias que antecede a produção de efeitos da cláusula compromissória, outros sócios da companhia que possam estar interessados em suas ações – notadamente aqueles que votaram favoravelmente à inclusão da cláusula compromissória estatutária –, ou mesmo terceiros estranhos à sociedade que eventualmente tenham intenção de adquirir os papéis. Sendo este o caso, sua inércia poderá ser interpretada como aquiescência posterior com a cláusula compromissória, da mesma forma como se dá com qualquer acionista dissidente que (i) não exerça seu direito de retirada, quando possível, ou (ii) não negocie ações dotadas de liquidez e dispersão no mercado dentro desse mesmo prazo.

Trata-se, mais uma vez, tão somente de transferir ao acionista dissidente o ônus de tentar negociar a venda de seus papéis, para que, a partir da celebração de um novo contrato, de compra e venda de ações, impeça a produção, em relação a ele, dos efeitos de cláusula compromissória inserta contra a sua vontade no contrato plurilateral de constituição do ente associativo de que até então era acionista. Caso não se desincumba desse ônus, que consiste em mera obrigação de meio – empreender seus melhores esforços para se desfazer dos papéis –, o dissidente pode deixar de ser visto como tal, passando a externar sua conformação e, portanto, seu consentimento com a cláusula de arbitragem. Essa solução, como já visto acima, privilegia o princípio majoritário, ao mesmo tempo em que conserva o fundamento consensual da arbitragem.

A segunda e mais problemática hipótese é aquela do acionista dissidente de sociedade que pretenda ser admitida em segmento mais alto de listagem de bolsa de valores, cujas ações não sejam dotadas de liquidez e dispersão suficiente no mercado, que efetivamente empreenda seus melhores esforços para se desfazer, no prazo de 30 dias, de seus papéis por um preço justo. Neste caso, a intenção do acionista de *não* se sujeitar à arbitragem é evidenciada (i) pelo voto expresso em sentido contrário, manifestado na assembleia de sócios; e (ii) reforçada pelo comportamento posterior do acionista, que tenta, de boa-fé, vender suas ações antes que a cláusula compromissória passe a surtir efeitos[192].

Sem dúvida, o dogma do consentimento na arbitragem e a questão da vinculação dos não signatários à convenção de arbitragem encontra aqui ponto de grande tensão. Em nosso sentir, nessa situação, a única forma de harmonizar o princípio majoritário com a natureza consensual da arbitragem consistiria em tentar extrair o consentimento do dis-

---

[192] Não se deve deixar de examinar, nesse cenário, o comportamento dos acionistas majoritários, que deliberaram pela inclusão da cláusula compromissória estatutária. Cientes do voto contrário do acionista dissidente e de sua posterior dificuldade de se desfazer das ações, há que se averiguar se sua conduta omissiva de não adquirir tais ações por um preço justo pode ser interpretada como abusiva e, desta forma, invalidar a produção de efeitos da cláusula compromissória em relação ao dissidente. A questão deve ser examinada caso a caso, ressaltando-se, sempre, como faz Guilherme Recena Costa, que a vinculação de apenas alguns acionistas à cláusula compromissória é não apenas ilógica, como apresenta risco de decisões conflitantes, a se admitir que alguns acionistas estariam acobertados pela convenção de arbitragem, ao passo que outros deveriam recorrer ao Poder Judiciário (*Partes e Terceiros na Arbitragem*. Tese (Doutorado). São Paulo, 2015, p. 103).

4. IDENTIFICAÇÃO DE PARTES NÃO SIGNATÁRIAS

sidente – com toda contradição que essa locução encerra – do seu ato voluntário de adquirir ações de dada companhia sabendo que, a partir daí, estará sujeito à vontade da maioria mesmo nos casos em que ela não coincida com a sua[193]. Em outras palavras, como já defenderam alguns doutrinadores, seria inferir da decisão de comprar ações de uma companhia o consentimento prévio com a eventual inclusão posterior da cláusula compromissória no respectivo estatuto[194].

À toda evidência, essa conclusão é bastante questionável, para dizer o mínimo. Isso porque referido acionista efetivamente dissentiu, em momento posterior, tanto expressa (pelo voto) quanto tacitamente (pela tentativa de se desfazer das ações) com sua vinculação subjetiva à convenção de arbitragem. Trata-se, portanto, de uma ficção. Apesar disso, parece-nos ser a única que de algum modo privilegia, a um só tempo, ambos os princípios que se encontram em jogo: confere eficácia ao princípio majoritário das deliberações societárias, ao mesmo tempo em que preserva, de alguma forma – mesmo que facilmente criticável –, a natureza consensual da arbitragem[195].

---

[193] Evidentemente, a existência de outros atos concludentes também poderá corroborar, ou mesmo servir de fundamento autônomo, para essa conclusão.

[194] Nesse sentido, FRANCISCO ANTUNES MACIEL MÜSSNICH e FÁBIO HENRIQUE PERES afirmaram: "Presume-se que a manifestação de vontade dos sócios majoritários é a que melhor exprime o interesse social, e tal regra foi aceita previamente, de forma inequívoca, por todos os sócios, o que se coaduna com a exigência de observância ao princípio da autonomia de vontade em matéria arbitral" (*Arbitrabilidade subjetiva no direito societário e direito de recesso*. In: MELO, Leonardo de Campos; BENEDUZI, Renato Resende (Coords.). *A Reforma da Arbitragem*. Rio de Janeiro: Forense, 2016, pp. 680-681). A propósito, os autores citam a opinião de JOSÉ VIRGÍLIO LOPES ENEI, para quem "O acionista, portanto, consente previamente, dentro dos limites da lei, com qualquer deliberação da assembleia, ainda que, ao tomar parte desta, reste vencido. (...) Portanto, a deliberação da assembleia que, por maioria, promove a reforma do estatuto social para nele incluir uma cláusula compromissória carrega a prévia manifestação de vontade de todos acionistas, satisfazendo assim o requisito volitivo exigido para que a cláusula compromissória seja vinculante a todos os acionistas." (*A arbitragem nas sociedades anônimas*. In: Revista de Direito Mercantil, Industrial, Econômico e Financeiro. São Paulo: Malheiros, n. 129, 2003, pp. 163-164).

[195] Sem falar que "aceitar a vinculação de todos os acionistas – originais ou supervenientes – à cláusula compromissória traz uma vantagem prática relevante. Em contrapartida, aceitar que cada acionista deve expressamente aderir à convenção, facultando-se-lhe negar tal vinculação, importa dizer que, em uma mesma sociedade empresarial, dever-se-á admitir que alguns acionistas e a sociedade sujeitem-se a um regime, e outros acionistas, a outro."

Outra hipótese dogmaticamente defensável seria admitir, pura e simplesmente, que a arbitragem nem sempre tem natureza consensual. Essa conclusão, no entanto, vai de encontro com premissa já estabelecida neste trabalho, calcada, sobretudo, no posicionamento do STF ao decidir pela constitucionalidade da Lei de Arbitragem (vide item 2.1, acima). Para tanto, acreditamos, seria necessária uma construção dogmática que desse novo significado à garantia de acesso à justiça prevista no art. 5º, XXXV, da CF, possivelmente interpretando o dispositivo constitucional de forma que a apreciação do Poder Judiciário de lesão ou ameaça a direito possa, eventualmente e em casos específicos, se dar apenas em sede de ação anulatória de sentença arbitral ou mesmo por ocasião do julgamento de embargos à execução da sentença arbitral. Este, contudo, não é o objetivo do presente trabalho.

Ainda, de se destacar a solução inversa, igualmente defensável, de que esse acionista dissidente não estará vinculado à cláusula compromissória estatutária, sob pena de se negar-lhe vigência à garantia constitucional de acesso à justiça. Essa conclusão, contudo, implica limitar o princípio majoritário das deliberações societárias, além de que parece não ter sido pretendida pelo legislador quando da reforma da Lei de Arbitragem e da inclusão do art. 136-A na Lei das S.A. Apesar disso, tem a virtude de não flexibilizar o dogma do consentimento na arbitragem.

Diante desse cenário, em que nenhuma das alternativas revela-se à prova de críticas, melhor seria, sem dúvida, que o legislador tivesse previsto o direito de recesso ao acionista dissidente também neste caso.

Outra questão polêmica envolvendo a cláusula compromissória estatutária diz respeito à vinculação dos membros da administração e do conselho fiscal, que não são ao mesmo tempo acionistas da companhia. Isso porque o já mencionado art. 109, § 3º, da Lei das S.A. autoriza expressamente o estatuto da sociedade a estabelecer arbitragem como método de resolução de disputas entre os acionistas e a companhia ou entre os acionistas controladores e os minoritários, mas nada dispõe acerca dos litígios envolvendo administradores.

(APRIGLIANO, Ricardo de Carvalho. *Extensão da cláusula compromissória a partes não signatárias no direito societário*. In: Revista do Advogado. São Paulo: AASP, v. 19, 2013, p. 148).

4. IDENTIFICAÇÃO DE PARTES NÃO SIGNATÁRIAS

Assim, há quem tenha defendido que os administradores da sociedade não são parte da cláusula compromissória estatutária[196], enquanto outros doutrinadores sustentaram que, quando aceitam a função, os administradores se vinculam automaticamente à convenção de arbitragem constante do estatuto social[197]. De se destacar, ainda, a posição daqueles para quem os administradores apenas serão partes se vierem a concordar de forma expressa com essa forma de resolução de disputas[198].

Em nosso sentir, o art. 109, § 3º, da Lei das S.A. encerra conteúdo meramente exemplificativo, de modo que a cláusula compromissória poderá adotar redação mais ampla, a fim de abarcar também os administradores e membros do conselho fiscal. Vale a regra geral da Lei de Arbitragem, segundo a qual são arbitráveis as questões relativas a direitos patrimoniais disponíveis[199]. Nesse sentido, aliás, são as redações das

---

[196] CARVALHOSA, Modesto. *Comentários à lei de sociedades anônimas*. São Paulo: Saraiva, v. 2, 2014, pp. 401-402. Ressalte-se que o texto é anterior à entrada em vigor do art. 136-A na Lei das S.A., que versou sobre o alcance subjetivo da cláusula compromissória. Como se viu, no entanto, o novo comando legal nada acrescentou no tocante aos administradores, de modo que se presume a manutenção do posicionamento doutrinário do autor.

[197] APRIGLIANO, Ricardo de Carvalho. *Extensão da cláusula compromissória a partes não signatárias no direito societário*. In: Revista do Advogado. São Paulo: AASP, v. 19, 2013, pp. 140-153; COSTA, Guilherme Recena. *Partes e Terceiros na Arbitragem*. Tese (Doutorado). São Paulo, 2015, p. 112; MARTINS, Pedro A. Batista. *Arbitragem no Direito Societário*. São Paulo: Quartier Latin, 2012, pp. 131-141; e WALD, Arnoldo. *A arbitrabilidade dos conflitos societários: contexto e prática*. In: YARSHELL, Flavio e PEREIRA, Guilherme Setoguti (Coords.). Processo Societário. São Paulo: Quartier Latin, v. 2, 2015, p. 99.

[198] ADAMEK, Marcelo Vieira Von. *Responsabilidade civil dos administradores de S.A*. São Paulo: Revista dos Tribunais, 2009, p. 429; FLAKS, Luís Loria. *A arbitragem na reforma da lei das S.A*. In: Revista de Direito Mercantil, Industrial, Econômico e Financeiro. São Paulo: Malheiros, n. 131, jul.-set. 2003, pp. 112-119; LAMAS, Natália Mizrahi. *A cláusula compromissória estatutária como regra de governância corporativa: uma análise de seus aspectos subjetivos e objetivos*. Dissertação (Mestrado). Rio de Janeiro, 2007, p. 84; e VILELA, Marcelo Dias Gonçalves. *Arbitragem no direito societário*. Belo Horizonte: Mandamentos, 2004, pp. 215 e 217.

[199] Sobre o ponto, vale transcrever a lição de ARNOLDO WALD: "Evidentemente, o alcance da cláusula depende da amplitude de sua redação. Mas as partes podem dar-lhe um sentido mais amplo e abrangente do que aquele que consta no art. 109, § 3º, da Lei nº 9.6404/1976, cuja finalidade é de incentivar as empresas a usar a arbitragem, tendo, também, um conteúdo exemplificativo e uma função explicitante. Efetivamente, a norma legal limita-se a considerar aplicável, no Direito Societário, norma geral da Lei de Arbitragem, que incide em todas as matérias quando os direitos são disponíveis, como acontece nas relações decorrentes da criação e do funcionamento das sociedades e dos conflitos entre acionistas." (*A arbitrabilidade dos conflitos societários: contexto e prática*. In: YARSHELL, Flavio e PEREIRA, Guilherme

cláusulas modelo sugeridas pela Câmara de Arbitragem do Mercado ("CAM"), vinculada à BM&FBOVESPA, para as sociedades anônimas[200] e limitadas[201], que fazem referência expressa aos administradores, como sujeitos vinculados à convenção de arbitragem.

Sendo a cláusula compromissória redigida de forma a abarcar os administradores, entendemos que sua vinculação será automática, a partir do momento em que aceitam desempenhar suas funções e enquanto nela permanecerem. Com efeito, tendo em vista que o art. 154, caput, da Lei das S.A. dispõe que o "administrador deve exercer as atribuições que a lei e o estatuto lhe conferem", bem como que o art. 158, II, do mesmo diploma estatui que o administrador é pessoalmente responsável pelos prejuízos que causar, quando procede "com violação da lei ou do estatuto", não há que se questionar sua inequívoca ciência a respeito da cláusula compromissória estatutária. Trata-se, afinal, do documento básico da companhia[202].

Setoguti (Coords.). *Processo Societário*. São Paulo: Quartier Latin, v. 2, 2015, p. 99). No mesmo sentido: MÜSSNICH, Francisco Antunes Maciel. *Cláusula compromissória estatutária e a vinculação dos administradores*. In: CARMONA, Carlos Alberto; LEMES, Selma Ferreira; MARTINS, Pedro Batista (Coords.). *20 anos da lei de arbitragem: homenagem a Petrônio R. Muniz*. São Paulo: Atlas, 2017, p. 876.

[200] "A companhia, seus acionistas, administradores e membros do Conselho Fiscal obrigam-se a resolver, por meio de arbitragem, de acordo com o Regulamento de Arbitragem da Câmara de Arbitragem do Mercado, toda e qualquer disputa ou controvérsia que possa surgir entre eles, relacionada ou oriunda, em especial, da aplicação, validade, eficácia, interpretação, violação e seus efeitos, das disposições contidas na Lei 6.404/76, no Estatuto Social da companhia, nas normas editadas pela Comissão de Valores Mobiliários (quando se tratar de companhia aberta)".

[201] "A sociedade, seus sócios e administradores obrigam-se a resolver, por meio de arbitragem, de acordo com o Regulamento de Arbitragem da Câmara de Arbitragem do Mercado, toda e qualquer disputa ou controvérsia que possa surgir entre eles, relacionada ou oriunda, em especial, da aplicação, validade, eficácia, interpretação, violação e seus efeitos, das disposições contidas no Contrato Social da sociedade e nas normas aplicáveis às sociedades por quotas de responsabilidade limitadas".

[202] Igual conclusão pode ser atingida para as sociedades limitadas, mesmo aquelas cujo contrato social não preveja a regência supletiva da Lei das S.A. Não apenas porque os atos constitutivos constituem o documento básico da sociedade, aquele que define o próprio objeto social que o administrador pretende executar, mas também porquanto o art. 1.015 do CC, aplicável às sociedades limitadas por força do art. 1.053 do mesmo código, estabelece que "no silêncio do contrato, os administradores podem praticar todos os atos pertinentes à gestão da sociedade". Deflui dessa norma o dever do administrador de conhecer o contrato social, para que não pratique ato em desacordo com ele.

4. IDENTIFICAÇÃO DE PARTES NÃO SIGNATÁRIAS

Ciente da convenção de arbitragem estatutária, o administrador que aceita desempenhar a função manifesta inequívoca concordância com essa forma de resolução de disputas, estando vinculado à arbitragem enquanto permanecer exercendo seu encargo[203].

Em outras palavras, o próprio ato de aceitação do cargo deve ser interpretado como manifestação de consentimento com a cláusula compromissória estatutária, sendo desnecessária a exigência de assinatura de um termo apartado, especificamente relativo à cláusula compromissória, defendida por alguns doutrinadores[204-205].

4.3.1. *ADRs*

O tema dos limites subjetivos da cláusula compromissória estatutária pode dizer respeito não apenas à vinculação dos acionistas e administradores da companhia, mas também aos portadores de outros títulos emitidos pela sociedade. Neste capítulo pretendemos abordar brevemente a questão da vinculação dos titulares dos chamados *Depositary Receipts* ("DRs" – certificados de depósito de valor mobiliário emitidos no exterior para negociação em bolsa de valores estrangeira), especialmente

---

[203] "Temos aqui, salvo melhor juízo, o elemento da manifestação de vontade suficiente para estabelecer a vinculação entre os administradores à convenção de arbitragem. Talvez com até mais ênfase do que dos acionistas, a quem se aplica a presunção de concordância, mas de quem, em termos práticos, até se admite a aquisição de ações de alguma companhia sem se preocupar em examinar seus estatutos sociais. Ao administrador tal hipótese não se aplica, inclusive, e especialmente, porque ele se sujeita à ação de responsabilidade por dano que porventura causar." (APRIGLIANO, Ricardo de Carvalho. *Extensão da cláusula compromissória a partes não signatárias no direito societário*. In: Revista do Advogado. São Paulo: AASP, v. 19, 2013, p. 150).

[204] Cf. NR 198, acima. Confira-se, a propósito, elucidativo acórdão proferido pelo TJ/PR: "Conforme salientado pelo Juízo *a quo*, não se pode olvidar que, quando de sua posse como Conselheiro, o apelante anuiu expressamente com a cláusula compromissória ao se obrigar a cumprir com as determinações do Estatuto Social da Companhia (seq. 20.5). Em razão disso, entendo que não tem pertinência alegação de que para vincular os administradores é necessário a assinatura em apartado da concordância com a cláusula compromissória." (Apelação Cível 1451111-6, Rel. Des. Mario Nini Azzolini, 11ª Câmara Cível, d.j. 30.03.2016).

[205] De um lado, porque já vimos que, embora a cláusula tenha que ser escrita, a aceitação dela pode se dar por comportamento; de outro, porque o princípio da autonomia da cláusula compromissória não requer uma manifestação específica de consentimento em relação a ela. Sobre os pontos, vide, respectivamente, os itens 2.2 e 2.3, acima.

dos *American Depositary Receipts* ("ADRs"), isso é, daqueles negociados no mercado norte-americano[206].

O assunto ganhou certo destaque a partir do ajuizamento de *class action* na *United States District Court* do *Southern District of New York*, por investidores que adquiriam ações e ADRs de emissão da Petróleo Brasileiro S.A. – Petrobras, na BM&FBOVESPA e na *New York Stock Exchange* ("N.Y.S.E.").

Em resumo, no contexto das revelações oriundas da chamada Operação Lava-Jato, os investidores alegaram que a Petrobras e seus administradores prestaram uma série de informações falsas ou se omitiram na revelação de informações, especialmente com relação aos valores dos ativos da empresa, seus relatórios financeiros e a integridade de suas operações. Nesse passo, sustentaram que a Petrobras induziu os investidores a erro na aquisição de suas ações e de outros títulos por ela emitidos, causando-lhes severos prejuízos, que deveriam ser indenizados.

A Petrobras apresentou uma *motion to dismiss*, alegando em sua defesa que os autores da *class action* estavam vinculados à cláusula compromissória constante de seu estatuto social[207]. Desse modo, sustentou que não

---

[206] ARY OSWALDO MATTOS FILHO explica ser este "o mecanismo pelo qual companhias abertas brasileiras que queiram negociar suas ações no mercado norte-americano (*american depositary receipt* – ADR), ou em outro mercado no exterior, que não o norte-americano (*international depositary receipt* – IDR), custodiam esses valores mobiliários em alguma instituição depositária sediada no Brasil, a qual certifica tal depósito e seus qualificativos a outra instituição financeira sediada no exterior onde as negociações bursáteis vão ocorrer, cabendo a esta segunda instituição emitir os certificados de depósito, valores mobiliários estes que serão negociados na respectiva bolsa de valores no exterior. (...) Em suma, este foi um mecanismo inicialmente criado pelo Direito norte-americano para permitir a negociação em seu território de ações emitidas por companhias sediadas em outros países." (*Direito dos valores mobiliários*. Rio de Janeiro: FGV, v. 1, tomo 2, 2015, pp. 338-339).

[207] Cujo teor era o seguinte: "Art. 58. Deverão ser resolvidas por meio de arbitragem, obedecidas as regras previstas pela Câmara de Arbitragem do Mercado, as disputas ou controvérsias que envolvam a Companhia, seus acionistas, os administradores e conselheiros fiscais, tendo por objeto a aplicação das disposições contidas na Lei 6.404, de 1976, neste Estatuto Social, nas normas editadas pelo Conselho Monetário Nacional, pelo Banco Central do Brasil e pela Comissão de Valores Mobiliários, bem como nas demais normas aplicáveis ao funcionamento do mercado de capitais em geral, além daquelas constantes dos contratos eventualmente celebrados pela Petrobras com bolsa de valores ou entidade mantenedora de mercado de balcão organizado, credenciada na Comissão de Valores Mobiliários, tendo por objetivo a adoção de padrões de governança societária fixados por estas entidades, e dos respectivos regulamentos de práticas diferenciadas de governança corporativa, se for o caso."

4. IDENTIFICAÇÃO DE PARTES NÃO SIGNATÁRIAS

poderia ser demandada pelos investidores no juízo norte-americano, mas apenas em arbitragem perante a CAM, vinculada à BM&FBOVESPA.

Em decisão proferida em julho de 2015, o juiz Jed S. Rakoff concordou em parte com o argumento da Petrobras, reconhecendo a validade da cláusula compromissória estatutária em questão para todos os acionistas. Assim, foram excluídos da *class action* os investidores que haviam adquirido ações da Petrobras na BM&FBOVESPA, inclusive aqueles que o fizeram a partir dos EUA[208]. Por outro lado, a corte norte-americana manteve sob sua jurisdição aqueles que haviam adquirido ADR's da Petrobras, ao entendimento de que não havia nenhum indício de que esses investidores estariam vinculados pela cláusula compromissória estatutária[209].

No caso concreto, examinando-se a redação da cláusula compromissória em questão, a decisão da justiça americana nos parece acertada. Afinal, a convenção arbitral estabeleceu que seriam resolvidas por arbitragem "as disputas ou controvérsias que envolvam a Companhia, seus acionistas, os administradores e conselheiros fiscais", mas nada dispôs acerca dos portadores desses certificados estrangeiros de depósito. Destarte, vincular os titulares desses valores mobiliários significaria

---

[208] Sobre a decisão do juiz norte-americano, vide: CORAPI, Diego; ARAÚJO, Danilo Borges dos Santos Gomes de. *A obrigatoriedade da cláusula de arbitragem nos estatutos das companhias abertas: anotações a partir da decisão no caso 'In Re Petrobras Securities Litigation'*. In: Revista de Arbitragem e Mediação. São Paulo: Revista dos Tribunais, v. 55, out.-dez. 2017, pp. 161-199; e CANTIDIANO, Luiz Leonardo. *Notas sobre a arbitrabilidade subjetiva na sociedade por ações. Evolução doutrinária e legislativa*. In: CARMONA, Carlos Alberto; LEMES, Selma Ferreira; MARTINS Pedro Batista (Coords.). *20 anos da lei de arbitragem: homenagem a Petrônio R. Muniz*. São Paulo: Atlas, 2017, pp. 893-894.

[209] Confira-se a parte dispositiva da decisão: "As discussed above, as a matter of Brazilian law, purchasing Petrobras shares on the Bovespa indicates the purchaser's consent to be bound by the arbitration clause in the company's bylaws. But nothing about such shares purchases indicates that the purchaser consents to arbitrate different claims relating to different securities purchased in different transactions in another country (the United States).
Accordingly, the Court finds that there is no valid arbitration agreement with respect to the Exchange Act claims. Accordingly, in its Order of July 9, 2015, the Court granted defendants' motion to dismiss Counts III through V on the basis of the mandatory arbitration provision of the Company's bylaws, but denied defendants' motion to dismiss the Exchange Act Claims pursuant to that provision.
For the foregoing reasons, the Court, by Order dated July 9, 2015, granted in part and denied in part defendants' motion to dismiss". Disponível em: https://law.justia.com/cases/federal/district-courts/new-york/nysdce/1:2014cv09662/435841/194/. Acesso em: 08 jul. 2018.

forçá-los a recorrer à arbitragem, o que não se pode admitir à luz do direito brasileiro[210].

Não fosse o acordo a que chegaram as partes[211], o caso poderia vir a ser objeto de apreciação pela justiça brasileira em sede de eventual homologação de sentença estrangeira[212], ocasião em que o STJ poderia confirmar a sentença ou negar-lhe a produção de efeitos em território nacional, inclusive a partir do exame dos limites subjetivos da cláusula compromissória da Petrobras.

Apesar de esse caso específico não ter seguido adiante, é certo que a questão pode voltar à tona em outras *class actions* semelhantes[213], ou mesmo na hipótese de um investidor estrangeiro isolado pretender

---

[210] Em razão disso, a decisão foi elogiada por DIEGO CORAPI e DANILO BORGES DOS SANTOS GOMES DE ARAÚJO: "O que poderia, aparentemente, ser uma contradição – obrigatoriedade da arbitragem, por um lado, e manutenção do juízo estatal, por outro lado, é, na verdade, a interpretação dos exatos termos da própria cláusula arbitral: até certo ponto, as partes concordaram em se submeter à arbitragem, e aí ela é obrigatória; a partir de certo ponto, não houve consentimento das partes com relação à arbitragem e com relação à matéria, e aí competente é o juízo estatal." (*A obrigatoriedade da cláusula de arbitragem nos estatutos das companhias abertas: anotações a partir da decisão no caso 'In Re Petrobras Securities Litigation'*. In: Revista de Arbitragem e Mediação. São Paulo: Revista dos Tribunais, v. 55, out.-dez. 2017, p. 180).

[211] Segundo a Petrobras, o acordo para encerrar a *class action* foi aprovado em 22.06.2018, de forma definitiva, pela Corte de primeira instância em Nova Iorque, em decisão que ainda pode ser objeto de recurso à Corte de Apelações do Segundo Circuito (cf. comunicado disponível em: http://www.petrobras.com.br/fatos-e-dados/aprovacao-final-do-acordo-da-class-action-da-petrobras-nos-estados-unidos.htm. Acesso em: 08 jul. 2018). Notícias dão conta, ainda, de que a Petrobras já pagou 2 das 3 parcelas do acordo (segundo a matéria "Petrobras paga segunda parcela de acordo para encerrar *class action* nos EUA". Disponível em: https://www.conjur.com.br/2018-jul-03/petrobras-paga-segunda-parcela-acordo-class-action-eua. Acesso em: 08 jul. 2018).

[212] Sobre o tema, particularmente com relação às sentenças arbitrais estrangeiras, vide: ABBUD, André de Albuquerque Cavalcanti. *Homologação de Sentenças Arbitrais Estrangeiras*. In: CARMONA, Carlos Alberto (Coord.). Coleção Atlas de Processo Civil. São Paulo: Atlas, 2008.

[213] A propósito, há notícias dando conta da existência de ação coletiva contra a Petrobras na Holanda, nos mesmos moldes da que tramitou perante a justiça dos EUA. Disponíveis em: https://epocanegocios.globo.com/Empresa/noticia/2018/09/holanda-aceita-acao-coletiva-contra-petrobras.html e https://valor.globo.com/empresas/noticia/2018/09/20/justica-da-holanda-permite-acao-coletiva-contra-petrobras.ghtml. Acesso em: 01 out. 2019. Segundo esses relatos, a justiça estrangeira teria considerado "vaga" a cláusula de arbitragem presente no estatuto da Petrobras, permitindo que os investidores da companhia tenham uma alternativa à propositura de arbitragem perante a CAM.

4. IDENTIFICAÇÃO DE PARTES NÃO SIGNATÁRIAS

demandar outra empresa brasileira que tenha DR's negociados em outras jurisdições.

Em razão disso, cumpre-nos registrar que não vislumbramos qualquer óbice preliminar à vinculação dos portadores desses títulos à arbitragem. A questão, nos parece, deve ser resolvida a partir (i) do exame da redação da própria cláusula compromissória, a fim de se averiguar se ela contempla ou não os portadores desses títulos e (ii) da verificação de se os DRs encontram sua origem direta no estatuto social da empresa, isso é, no documento que possui a cláusula compromissória, ou se constituem, à luz do respectivo direito estrangeiro, um título autônomo ou vinculado apenas indiretamente ao estatuto social, com regras próprias de solução de litígios[214].

---

[214] Destaque-se a existência de entendimento doutrinário no sentido de limitar a abrangência subjetiva dessa espécie de cláusula compromissória aos portadores de ações: "Também não podem compor a lide os titulares de outros títulos emitidos pela sociedade, ou seja, os que detêm opções de ações e ADR's. Na mesma exclusão estão os debenturistas enquanto tais, mesmo que sejam eles também acionistas." (CARVALHOSA, Modesto; EIZIRIK, Nelson. *A nova Lei das S.A.* São Paulo: Saraiva, 2002, p. 202).

Capítulo 5
Adição de partes não signatárias

Neste capítulo examinaremos alguns casos em que um não signatário pode vir a ser considerado parte da convenção de arbitragem, em adição às partes originárias[215]. Trata-se, como já se adiantou, de verificar se, além de A e B, também C se vinculou à cláusula compromissória, ainda que não a tenha assinado. Diferentemente do que veremos no capítulo 6 – "Substituição por partes não signatárias" –, nas hipóteses aqui examinadas nenhum sujeito perde a qualidade de parte para dar lugar a outrem, mas antes remanescem os contratantes originais e a eles se acresce uma nova parte da convenção de arbitragem.

Sem ter a ambição de sistematizar, por completo, todas as possíveis hipóteses de vinculação de partes não signatárias por *adição*, passaremos a tratar daqueles casos que se revelaram mais frequentes e debatidos a partir da pesquisa jurisprudencial e doutrinária que fizemos[216].

---

[215] Ou até em adição a outras partes supervenientes.

[216] Vale registrar que fizemos a opção deliberada de não examinar o caso dos grupos de contratos, outra hipótese que, conforme o caso, poderia ser classificada como caso de adição de parte não signatária, não obstante essa situação ser frequentemente debatida na doutrina especializada (são exemplos as seguintes obras: HANOTIAU, Bernard. *Groupes de sociétés et groupes de contrats dans l'arbitrage commercial international*. In: Revista de Arbitragem e Mediação. São Paulo: Revista dos Tribunais, v. 12, 2007, p. 114 et seq.; GREENBERG, Simon; FERIS, José Ricardo; ALBANESI, Christian. *Consolidation, joinder and cross-claims: multi-party and multi-contract arbitration – recent ICC experience*. In: Multiparty Arbitration (editado por Bernard

Assim, em primeiro lugar, falaremos da conhecida teoria dos grupos de sociedades, cuja criação representou verdadeiro marco no desenvolvimento dos estudos sobre os limites subjetivos da convenção de arbitragem. A ideia é, a partir de uma breve recapitulação histórica, examinar os fundamentos da teoria dos grupos de sociedades para verificar se sua aplicação é válida à luz do direito brasileiro.

Ato contínuo, examinaremos outra hipótese muito invocada para a vinculação de partes não signatárias à convenção de arbitragem, sobretudo no cenário internacional: o conceito de *estoppel*, cujo equivalente mais próximo na tradição de *civil law* é a teoria dos atos próprios.

Também analisaremos neste capítulo a questão da validade das vinculações forçadas de não signatários, notadamente, a possibilidade de se desconsiderar a personalidade jurídica de uma parte, no curso de um procedimento arbitral, para se atingir outra, que não firmou a convenção de arbitragem.

Finalmente, o último tema examinado será a estipulação em favor de terceiros, ocasião em que veremos se o terceiro beneficiário de um contrato contendo cláusula compromissória está vinculado à respectiva convenção de arbitragem, devendo demandar, necessariamente pela via arbitral, o direito que lhe foi atribuído pelo contrato.

Hanotiau e Eric Shwartz). Paris: Dossiers, ICC Institute of World Business Law, 2010, pp. 147-159; MANTILLA-SERRANO, Fernando. *Multiple parties and multiple contracts: divergent or comparable issues?* In: Multiparty Arbitration. Dossiers ICC Institute of World Business Law. Paris: Hanotiau & Schwartz (eds.), 2010, pp. 11-33; CARDOSO, Paula Butti. *Limites subjetivos da convenção de arbitragem*. Dissertação (Mestrado). São Paulo, 2013, pp. 70-105; HUCK, Hermes Marcelo. *Os limites do procedimento arbitral*. In: Estudos de direito econômico e economia da concorrência: homenagem ao Prof. Dr. Fábio Nusdeo. Curitiba: Juruá Editora, 2009, pp. 225-232; e WALD, Arnoldo. *A arbitragem, os grupos societários e os conjuntos de contratos conexos*. In: Revista de Arbitragem e Mediação. São Paulo: Revista dos Tribunais, v. 2, 2004, p. 31 et seq.). Isso porque o tema dos limites subjetivos da convenção de arbitragem em um grupo de contratos guarda estreita relação com outro assunto não menos polêmico, que não é endereçado no presente trabalho, qual seja, a questão dos limites objetivos da mesma convenção de arbitragem (sobre o tema da arbitrabilidade objetiva, vide: GONÇALVES, Eduardo Damião. *Arbitrabilidade objetiva*. Tese (Doutorado). São Paulo, 2008). Assim, tendo em vista a estreita relação entre ambos, entendemos que uma análise acurada do tema da vinculação de não signatários não poderia deixar de enfrentar, no caso dos grupos de contratos, também a questão dos limites objetivos da cláusula compromissória. Como este não é o objetivo do presente trabalho, optamos simplesmente por não tratar do caso dos grupos de contratos.

5.1. Grupos de sociedades

O mais célebre dos fundamentos para a vinculação de não signatários à convenção de arbitragem é a chamada teoria dos grupos de sociedades, segundo a qual, em certas circunstâncias, a cláusula compromissória pode abarcar sociedade que não firmou o respectivo contrato, mas que integra o mesmo grupo econômico de outra sociedade, esta sim signatária do pacto arbitral[217]. Essa teoria foi desenvolvida há mais de 30 anos, a partir de decisão proferida no procedimento arbitral conduzido sob os auspícios da CCI nº 4131, envolvendo *The Dow Chemical Company* e outros contra *Isover Saint-Gobain* ("caso Dow Chemical").

O tribunal arbitral do caso Dow Chemical entendeu, em resumo, que duas sociedades integrantes de um mesmo grupo econômico, que haviam participado da negociação e execução de contrato contendo cláusula compromissória, assinado apenas por outras sociedades integrantes do mesmo grupo, poderiam aderir à cláusula compromissória, em razão do papel que desempenharam na celebração e execução do respectivo contrato, obrigando a contraparte a resolver os litígios dele decorrentes por meio de arbitragem. Nesse passo, a decisão destaca que, de acordo com a intenção mútua de todas as partes da arbitragem, essas sociedades aparentavam ter sido verdadeiras partes dos contratos, autorizando sua vinculação à forma de resolução de disputas neles prevista[218].

---

[217] MELO, Leonardo de Campos. *Extensão da cláusula compromissória e grupos de sociedades: A prática arbitral CCI e sua compatibilidade com o direito brasileiro*. Rio de Janeiro: Forense, 2013, p. 5. A teoria joga luzes, assim, na realidade dual de um grupo de sociedades, em que se opõem, de um lado, individualidade jurídica de cada sociedade do grupo, e, de outro, unidade econômica e, de certa forma, de comando do grupo como um todo (CARDOSO, Paula Butti. *Limites subjetivos da convenção de arbitragem*. Dissertação (Mestrado). São Paulo, 2013, p. 33). Registre-se, desde já, que utilizamos a expressão "grupo de sociedades" no sentido em que aparece na doutrina e em precedentes relacionados à arbitragem, e não nos termos do art. 269 da Lei das S.A.

[218] "(...) the arbitration clause expressly accepted by certain of the companies of the group should bind the other companies which, by virtue of their role in the conclusion, performance, or termination of the contracts containing said clauses, and in accordance with the mutual intention of all parties to the proceedings, appear to have been veritable parties to these contracts or to have been principally concerned by them and the disputes to which they may give rise." (DERAINS, Yves; JARVIN, Sigvard. *Collection of ICC Arbitral Awards. Recueil des sentences arbitrales de la CCI (1974-1985)*. The Hague: Kluwer Law International, v. 1, 1994, p. 151).

Como se nota, este caso dizia respeito a sociedades não signatárias que tinham a intenção declarada de se vincular à convenção de arbitragem, buscando fazê-la valer em face de um efetivo signatário[219]. A partir desse precedente, que veio a ser confirmado pelas cortes francesas, sobrevieram diversas outras decisões arbitrais e judiciais invocando a teoria do grupo de sociedades como fundamento para a vinculação de não signatários à cláusula compromissória, inclusive em caso em que os não signatários figuravam como demandados[220].

---

[219] Como bem anotou Guilherme Recena Costa: "A situação tem repercussões diferentes e menos intensas, do ponto de vista do fundamento consensual da arbitragem, quando comparada com a hipótese inversa – em que um signatário busca forçar um não-signatário a participar da arbitragem." (*Partes e Terceiros na Arbitragem*. Tese (Doutorado). São Paulo, 2015, pp. 147-148). De fato, caso o não signatário figure como demandante da arbitragem, invocando a convenção de arbitragem em seu favor, não há dúvida acerca de sua intenção de se submeter a um procedimento arbitral, restando definir apenas se a contraparte, que inequivocamente firmou uma cláusula compromissória, está obrigada a arbitrar com o não signatário. Por outro lado, quando é o signatário que busca compelir um não signatário recalcitrante a participar de uma arbitragem, deve ser examinado se houve a respectiva manifestação de consentimento em elementos externos ao próprio procedimento, isso é, quando da formação do contrato e/ou no curso da relação contratual.

[220] São exemplos de casos em que a teoria do grupo de sociedades foi discutida as arbitragens CCI nºs 1434/1975, 2375/1975, 5103/1988, 5721/1990, 6519/1991, 7604/1995, 7610/1995, 10510/2000, 11160/2002; os precedentes judiciais franceses envolvendo *Kornas Marma v. Durant-Auzias, Société Kis France v. Société Générale e outros*; o precedente judicial espanhol envolvendo *Cadbury Adams Middle East, S.A.L. v. Chupa Chups, S.A.*; e, no Brasil, o conhecido "*Caso Trelleborg*" (TJ/SP), apelação cível nº 9193203-03.2002.8.26.0000 (antigo nº 267.450/6), Rel. Des. Constança Gonzaga, 7ª Câmara de Direito Privado, d.j. 24.05.2006). Para Daniel Cohen, a teoria se desenvolveu fortemente por razões práticas e teóricas: "D'un point de vue pratique, on assiste à la réunion de deux facteurs: d'une part, un vaste mouvement de concentrations d'entreprises débouchant sur la constitution de groupes de sociétés, ensembles de sociétés juridiquement indépendantes les unes des autres mais soumises en fait à une unité de décision économique; d'autre part, un recours quasi-systématique à l'arbitrage dans les litiges du commerce international, là où précisément les groupes de sociétés ont vocation, au moins pour une grande partie d'entre eux, à intervenir, ce qui est parfaitement illustré par les décisions rendues, toutes en matière internationale. D'un point de vue théorique, la doctrine, abandonnant sa réserve traditionelle à étudier l'arbitrage lors de son application aux mécanismes sociétaires, se monstre plus disponible pour l'analyse des rapports de l'arbitrage et des groupes de sociétés, ce qui est sans doute lié au fait que la question concerne plusieurs matières (droit des sociétés, droit de l'arbitrage, mais aussi droit des contrats), et dans leurs dévelopements les plus actuels." (*Arbitrage et Societé*. Bibliothèque de Droit Privé. Tome 229. Paris: LGDJ, 1993, pp. 273-274).

5. ADIÇÃO DE PARTES NÃO SIGNATÁRIAS

Atenta à jurisprudência arbitral que se desenvolveu sobre o tema, a doutrina chegou a apontar quais seriam os requisitos para a *extensão* da cláusula compromissória, com base na aplicação da teoria do grupo de sociedades. De acordo com esse entendimento, ao menos um dos seguintes elementos deve estar presente para se vincular não signatário pertencente a um grupo de sociedades: (a) a sociedade não signatária deve ter desempenhado papel ativo nas negociações que redundaram no contrato contendo a cláusula compromissória; (b) a sociedade não signatária deve estar envolvida, de forma ativa ou passiva, na execução do contrato no qual consta a cláusula compromissória; ou (c) a sociedade não signatária deve ter sido representada, ainda que implicitamente, no negócio jurídico[221].

No Brasil, duas dissertações de mestrado já se ocuparam de pesquisar especificamente o tema da *extensão* da cláusula compromissória pela aplicação da teoria dos grupos de sociedades, examinando decisões arbitrais e judiciais, nacionais e estrangeiras, sobre o assunto, assim como sua compatibilidade com o direito brasileiro[222].

Ao longo do tempo, no entanto, a teoria do grupo de sociedades passou a ser alvo de críticas e perdeu sua relevância[223]. Seja porque carece de regras objetivas sólidas para sua aplicação[224], seja porque a existência

---

[221] WALD, Arnoldo. *A arbitragem, os grupos societários e os conjuntos de contratos conexos.* In: Revista de Arbitragem e Mediação. São Paulo: Revista dos Tribunais, v. 2, 2004, p. 36.

[222] JABARDO, Cristina Saiz. *"Extensão" da Cláusula Compromissória na Arbitragem Comercial Internacional: o Caso dos Grupos Societários.* Dissertação (Mestrado). São Paulo, 2009; e MELO, Leonardo de Campos. *Extensão da cláusula compromissória e grupos de sociedades: A prática arbitral CCI e sua compatibilidade com o direito brasileiro.* Rio de Janeiro: Forense, 2013.

[223] Nesse sentido, vide, entre outros: MANTILLA-SERRANO, Fernando. *Multiple parties and multiple contracts: divergent or comparable issues?* In: Multiparty Arbitration. Dossiers ICC Institute of World Business Law. Paris: Hanotiau & Schwartz (eds.), 2010, pp. 11-33.

[224] "The impact of the existence of a group of companies on an arbitration procedure is very limited today. Contrary to what was briefly believed and/or desired in the last part of the twentieth century, the group of companies doctrine does not provide an objective rule to solve the difficulties relating to the determination of the parties to an arbitration agreement." (DERAINS, Yves. *Is There a Group of Companies Doctrine?* In: Multiparty Arbitration. (editado por Bernard Hanotiau e Eric Shwartz). Paris: Dossiers, ICC Institute of World Business Law, 2010, pp. 142-143). Nesse contexto, GUILHERME RECENA COSTA afirma que a teoria tem "contornos imprecisos", que levam a jurisprudência francesa a recorrer a outros critérios para suportar eventual decisão de vincular não signatário à convenção de arbitragem, e concluiu: "A teoria dos grupos de companhias acaba por

de um grupo é apenas um dos elementos de fato que podem – ou não – ser relevantes para se averiguar a existência de consentimento tácito com a cláusula compromissória[225].

Com efeito, tome-se os requisitos apontados pela doutrina para aplicação da teoria dos grupos de sociedades[226] e se verá que, a depender das circunstâncias do caso concreto, eles poderiam ser invocados como fundamento para a vinculação de um não signatário à convenção de arbitragem, ainda que ele não pertencesse ao mesmo grupo econômico da sociedade signatária. De fato, o desempenho de um "papel ativo nas negociações das quais decorreu o acordo no qual consta a cláusula compromissória"; o envolvimento, ativo ou passivo, "na execução do contrato no qual consta a cláusula compromissória"; ou, ainda, a representação, efetiva ou implícita, da parte no negócio jurídico, podem ensejar a vinculação de qualquer sujeito a uma dada cláusula compromissória, independentemente da existência de eventual unidade econômica ou relação societária entre o não signatário e uma parte signatária, caso esses fatos revelem sua intenção de ser parte da convenção de arbitragem[227].

funcionar, assim, como um mero rótulo, estampado quando já tomada a decisão (por outras razões) e por isso vazia de sentido. A teoria não contribui, assim, para iluminar os verdadeiros critérios que informaram a extensão da convenção de arbitragem" (*Partes e Terceiros na Arbitragem*. Tese (Doutorado). São Paulo, 2015, p. 155).

[225] HANOTIAU, Bernard. *Consent to arbitration: Do we share a common vision?* In: Arbitration International. [S.I.]: Oxford Academic, Issue 4, v. 27, dec. 2011, p. 546. Para o autor: "It is therefore incorrect to say that the Dow Chemical case gave birth to a so-called group of companies doctrine. (...) The so-called doctrine is merely an awkward, inappropriate expression for the fact that conduct can be an expression of consent and that among all the factual elements and surrounding circumstances to be taken into consideration to determine whether conduct amounts to consent in a particular case, the existence of a group of companies may be relevant, particularly because it generates certain dynamics in terms of organization, control, common participation in projects, the interchangeability of the members within the group, etc." (op. cit., p. 546).

[226] Cf. NR 221, acima.

[227] Nesse sentido, KARIM YOUSSEF afirma que "The relevance of the existence of an economic group has been undermined in some cases, before being dispensed with as a non-essential element of decision-making. Since consent is the key element, involvement in the contract containing the arbitration clause (or other elements of fact) may evidence consent, *whether or not the facts relate to a group of companies.*" (*The limits of consent: the right or obligation to arbitrate of non-signatories in Group of Companies.* In: Multiparty Arbitration. Dossiers ICC Institute of World Business Law. Paris: Hanotiau & Schwartz (eds.), 2010, p. 77). Um pouco mais cauteloso, FERNANDO MANTILLA-SERRANO, ao comentar o desenvolvimento da

5. ADIÇÃO DE PARTES NÃO SIGNATÁRIAS

De outro lado, a presença de um grupo econômico, ainda que, em certos casos, possa implicar ciência inequívoca do não signatário a respeito da existência de uma convenção de arbitragem celebrada por outra sociedade de seu grupo, não é, por si só, fundamento bastante para vinculá-lo à cláusula respectiva compromissória[228].

A questão nuclear para se decidir acerca da eventual vinculação de não signatário à convenção de arbitragem é, na realidade, a presença de elementos de prova que revelem seu consentimento com essa forma de resolução de disputas, a partir da prática de atos concludentes com a intenção de se vincular ao contrato[229]. Nesse passo, a existência de um grupo econômico pode servir tanto como um indício da intenção do não signatário de ser parte daquele contrato, como, a depender das circunstâncias do caso concreto, revelar justamente o contrário, isso é, que o não signatário tomou a decisão consciente de não se vincular ao contrato e a sua respectiva convenção de arbitragem[230].

---

jurisprudência arbitral internacional sobre o assunto, concluiu que, mantida a tendência atual, a relevância da existência de um grupo econômico desaparecerá por completo, em benefício da aferição apenas da existência de consentimento: "(...) the importance of 'economic considerations' (i.e. the existence of economic ties between the companies involved), which at one time served to infer knowledge of the existence and scope of the arbitration agreement, will disappear completely in favour of a purely 'conducted-oriented' analysis of the intention of the non-signatories to be bound by the arbitration agreement." (*Multiple parties and multiple contracts: divergent or comparable issues?* In: Multiparty Arbitration. Dossiers ICC Institute of World Business Law. Paris: Hanotiau & Schwartz (eds.), 2010, p. 19).

[228] GAGLIARDI, Rafael Villar. *O avesso da forma: contribuição do direito material à disciplina dos terceiros na arbitragem (uma análise a partir de casos emblemáticos da jurisprudência brasileira).* In: MELO, Leonardo de Campos; BENEDUZI, Renato Resende (Coords.). A Reforma da Arbitragem. Rio de Janeiro: Forense, 2016, p. 226.

[229] CARLOS ALBERTO CARMONA chega a essa mesma conclusão, ao criticar a decisão do caso *Dow Chemical*, à luz da lei brasileira em: *Arbitragem e Processo: Um Comentário à Lei nº 9.307/96.* São Paulo: Atlas, 2009, p. 83.

[230] É o que afirma YVES DERAINS: "The existence of a group of companies is nothing more than a factor to be taken into consideration to assess the intent of the parties. Moreover, it is an ambiguous factor, as opposite conclusions may be drawn from its existence, depending on the circumstances of the case concerned." (*Is There a Group of Companies Doctrine?* In: Multiparty Arbitration. (editado por Bernard Hanotiau e Eric Shwartz). Paris: Dossiers, ICC Institute of World Business Law, 2010, p. 143).

Afinal, uma característica essencial da noção de grupo econômico, ao menos em suas formas mais comumente utilizadas[231], é precisamente a autonomia jurídica e patrimonial das sociedades que o compõem[232]. Assim, ao optar por celebrar um contrato em nome desta ou daquela sociedade do grupo, seus órgãos de comando decidiram, em princípio de forma lícita e válida, por obrigar esta ou aquela sociedade. A aplicação descuidada da teoria dos grupos de sociedades, que tome a inequívoca ciência a respeito da cláusula compromissória como fundamento para a vinculação de outra sociedade do grupo pode, portanto, ter o reprovável efeito de frustrar arranjos societários que são protegidos pela lei brasileira[233].

Por fim, destaque-se que os pressupostos teóricos da *extensão* com base em grupos de sociedades muitas vezes são abandonados quando se está diante de um caso envolvendo a administração pública. Isso a despeito de Estados soberanos também serem compostos por múltiplos órgãos e entidades, que formam a administração pública direta e indireta, cujo agrupamento guarda certo paralelo com o que se verifica em grupos de sociedades[234-235].

Desse modo, seria defensável argumentar que, a partir da assinatura de uma cláusula compromissória por um ente público qualquer, ficaria mais fácil se vincular outro ente público, com base na noção de grupo ou na relação do ente da administração pública signatário da cláusula

---

[231] A assertiva não é válida para as sociedades em nome coletivo, com relação a todos sócios (cf. art. 1.039 do CC); e para as sociedades em comandita simples, com relação aos sócios comanditados (cf. art. 1.045 do CC).

[232] Cf. arts. 1.052 e 1.088 do CC e 1º da Lei das S.A.

[233] COSTA, Guilherme Recena. *Partes e Terceiros na Arbitragem*. Tese (Doutorado). São Paulo, 2015, pp. 156-157.

[234] CRISTINA SAIZ JABARDO destaca que, tanto num quanto noutro caso, "existe pluralidade jurídica, unidade econômica e coincidência de interesses." (*"Extensão" da Cláusula Compromissória na Arbitragem Comercial Internacional: o Caso dos Grupos Societários*. Dissertação (Mestrado). São Paulo, 2009, p. 11).

[235] Sobre o tema de *extensão* da cláusula compromissória envolvendo a administração pública, vide: PETROCHILOS, Georgios. *The extension of the arbitration clauses to a non-signatory state or state entities: Does it raise different issues?* In: Multiparty Arbitration. Dossiers, ICC Institute of World Business Law. Paris: Bernard Hanotiau e Eric Shwartz (eds), 2010, pp. 119-130; e PEDROSO, Luiza Romanó. *Da manifestação de vontade enquanto fundamento para a "extensão" da cláusula compromissória ao Estado*. Tese (Láurea). São Paulo, 2016, p. 36.

5. ADIÇÃO DE PARTES NÃO SIGNATÁRIAS

com o ente não signatário[236]. A depender das circunstâncias, poder-se-ia chamar o próprio Estado a participar da arbitragem[237].

Isso não obstante, as mesmas cortes que permitem a *extensão* em grupos de sociedades privadas, por vezes acabam por manifestar certa relutância em aplicar a teoria em casos envolvendo o Estado[238]. Exemplo emblemático disso é o precedente francês conhecido como *Caso Pyramids*[239]. Em resumo, em setembro de 1974, a *Southern Pacific Properties*, companhia com sede em Hong Kong, assinou um contrato com a Organização Geral Egípcia de Turismo e Hotéis ("EGOTH"), uma empresa pública detida pelo Estado do Egito, para a construção de uma vila turística no *Pyramids Plateau*, bem como uma cidade turística em Ras-El-Hekma, região na costa mediterrânea do Egito. Esse contrato não continha cláusula compromissória.

Posteriormente, em 1975, as partes assinaram um segundo instrumento, que, ao seu turno, continha cláusula de resolução de disputas por meio de arbitragem CCI. Ao final deste segundo contrato, constou a declaração de que o instrumento havia sido "aprovado, anuído e ratificado" pelo Ministério do Turismo do Egito, bem como a assinatura do respectivo Ministro e um selo oficial após essa declaração.

Diante do cancelamento do projeto, a *Southern Pacific Properties* iniciou procedimento arbitral na CCI em face da EGOTH e do Egito. O Egito contestou a jurisdição do tribunal arbitral, alegando que não

---

[236] Ainda que, como já se anotou, a vinculação de uma entidade da administração pública não signatária possa esbarrar em interesses públicos (WALD, Arnoldo. *A arbitragem, os grupos societários e os conjuntos de contratos conexos*. In: Revista de Arbitragem e Mediação. São Paulo: Revista dos Tribunais, v. 2, 2004, p. 39).

[237] FOUCHARD, Philippe; GAILLARD, Emmanuel; GOLDMAN, Berthold explicam que, quando um contrato é assinado por empresa ou entidade estatal, não raro a contraparte busca a vinculação do próprio Estado à arbitragem, a fim de incrementar as chances de receber a correspondente indenização, sendo que as discussões que essa situação enseja são similares àquelas suscitadas no caso da *extensão* da cláusula compromissória por força da teoria do grupo de sociedades (*International Commercial Arbitration*. Edited by Emmanuel Gaillard and John Savage. The Hague: Kluwer Law International, 1999, p. 290 et seq.).

[238] Nesse sentido: COSTA, Guilherme Recena. *Partes e Terceiros na Arbitragem*. Tese (Doutorado). São Paulo, 2015, pp. 153-156.

[239] SPP (Middle East) Ltd., Southern Pacific Properties Ltd. v. Arab Republic of Egypt, the Egyptian General Company for Tourism and Hotels (Caso CCI nº 3493/1983 – DERAINS, Yves; JARVIN, Sigvard. *Collection of ICC Arbitral Awards. Recueil des sentences arbitrales de la CCI (1974-1985)*. The Hague: Kluwer Law International, v. 1, 1994, pp. 124 et seq.).

havia consentido com a cláusula compromissória constante do contrato celebrado entre as partes. A requerente, por outro lado, sustentou que os árbitros tinham jurisdição sobre o Egito porque este (i) teria atuado diretamente no contrato através da assinatura do Ministro do Turismo, (ii) teria atuado indiretamente por meio da EGOTH, empresa pública, ou (iii) haveria identidade essencial entre a EGOTH e o Egito.

O Tribunal Arbitral decidiu que tinha jurisdição sobre o Egito, ao entendimento de que o Estado tinha anuído com o contrato de 1975, por meio de seu Ministério do Turismo, sendo uma verdadeira parte daquele instrumento. Nesse passo, os árbitros consideraram que, da anuência do Ministério do Turismo do Egito com o contrato, decorreria necessariamente sua concordância com a cláusula de resolução de disputas nele contida[240]. Condenaram, assim, os requeridos ao pagamento de indenização.

O Egito ajuizou ação de anulação da sentença arbitral perante as cortes francesas. A *Cour d'Appel* de Paris anulou a sentença, ao entendimento de que o Ministério do Turismo do Egito havia assinado o contrato apenas como autoridade supervisora da EGOTH e diante de sua responsabilidade de aprovar todas as construções relacionadas a turismo no Egito. Consignou, ademais, que não se pode deduzir que, a partir dessa assinatura, tenha havido o consentimento do Ministério do Turismo de se tornar parte do contrato ou anuir com a cláusula compromissória[241].

---

[240] "(...) by contractually undertaking a number of obligations under the December Agreement (joint venture agreement), the government became a party to it and engaged its responsibility with respect to the performance of the said obligations. (...) By so doing, the Government necessarily extended its Agreement to the mechanism provided for the settlement of disputes. (...) We accept the principle that acceptance of an arbitration clause should be clear and unequivocal: However, in the December Agreement we see no element of ambiguity. The Government, in becoming a party to that agreement, could not have reasonably doubted that it would be bound by the arbitration clause contained in it." (ICCA Yearbook Commercial Arbitration. The Hague: Kluwer Law International, v. 10, 1985, pp. 113 et seq.).

[241] ICCA Yearbook Commercial Arbitration. The Hague: Kluwer Law International, v. 10, 1985, p. 113. Esta decisão foi posteriormente confirmada pela *Cour de Cassation*. Disponível em: https://www.legifrance.gouv.fr/affichJuriJudi.do?oldAction=rechJuriJudi&idTexte=JURITEXT000007017771&fastReqId=688207902&fastPos=1. Acesso em: 05 jun. 2018.

5. ADIÇÃO DE PARTES NÃO SIGNATÁRIAS

De fato, a distinção feita pelas cortes francesas parece-nos pertinente. Partindo da premissa de que o Ministério do Turismo do Egito deveria aprovar os projetos relativos ao turismo daquele país, a simples declaração de que o segundo instrumento celebrado entre a *Southern Pacific Properties* e a EGOTH havia sido "aprovado, anuído e ratificado" pelo Ministério do Turismo não nos parece suficiente para qualificar o Egito como parte efetiva do contrato. Em nossa opinião, haveria que se demonstrar que o Egito efetivamente se comprometeu no contrato enquanto parte, ou de alguma forma participou de sua execução nessa qualidade.

Isso não obstante, a decisão parece não se harmonizar com precedentes semelhantes em que os envolvidos eram apenas partes privadas[242], o que reforça a crítica à *extensão* da cláusula compromissória com fundamento na noção de grupos de sociedades[243].

Em síntese, o ponto nodal para a vinculação do não signatário – pertencente ou não a um grupo de sociedades – é a verificação da respectiva manifestação de consentimento daquele que não assinou a convenção de arbitragem, que deve ser aferido à luz das circunstâncias e dos fatos concretos, sendo certo que a existência ou não de um grupo de sociedades não guarda relação direta com isso.

---

[242] Vide NR 220, acima.

[243] Outro precedente envolvendo a administração pública em que se decidiu pela não vinculação do não signatário é o caso Société Papillon Group Corporation v. République Arabe de Syrie et autres ("Caso Papillon"), em que a *Cour d'appel de Paris* manteve sentença arbitral que rejeitara a vinculação da Síria à convenção de arbitragem assinada por parte controlada por órgão do governo sírio, em que agentes do governo sírio supervisionaram a execução do respectivo contrato, que contava, por sua vez, com anexo prevendo que o primeiro ministro da Síria responderia pelo contrato. De se destacar, por outro lado, que, no caso Gouvernement du Pakistan – Ministère des affaires religieuses v. société Dallah Real Estate and Tourism Holding Company, também julgado pela *Cour d'appel de Paris*, foi confirmada sentença arbitral que vinculara o Paquistão a cláusula compromissória celebrada por *trust* controlado por um de seus Ministérios, ao entendimento de que havia intenção comum de que o Estado do Paquistão figurasse como parte do respectivo contrato. Como bem anotou GUILHERME RECENA COSTA, conciliar essas decisões entre si e com a teoria dos grupos de sociedades é tarefa difícil, na medida em que, em todos os casos mencionados, havia algum grau de participação do não signatário na negociação, execução ou extinção do contrato contendo cláusula compromissória. Ainda segundo o autor, os "resultados discrepantes confirmam a insegurança e imprevisibilidade na aplicação da teoria dos grupos de companhias (...)" (*Partes e Terceiros na Arbitragem*. Tese (Doutorado). São Paulo, 2015, p. 155).

Dada a relevância histórica da teoria dos grupos de sociedades para o tema objeto desse trabalho, no entanto, optamos por trazê-la à tona, sem prejuízo, no entanto, de criticá-la enquanto fundamento autônomo para a vinculação de um não signatário à convenção de arbitragem[244].

5.2. *Estoppel* e *venire contra factum proprium*

Outro fundamento amplamente invocado em arbitragens para se tentar vincular não signatários à cláusula compromissória é o conceito de *estoppel*, proveniente de países de *common law*[245-246]. O princípio é baseado em noções de justiça e equidade[247], e é usado na tradição anglo-saxônica para obstar o comportamento contraditório causador de prejuízo, quando a parte inocente tinha a legítima confiança de que a contraparte seguiria agindo em um mesmo sentido e, por isso, adotou certa conduta[248].

---

[244] Sobre a importância da teoria do grupo de sociedades, JEAN-JACQUES ARNALDEZ, YVES DERAINS e SIGVARD JARVIN afirmaram: *"Cette jurisprudence arbitrale s'est developpée au cours des vingt dernières années au fur et à mesure que se développait un vaste mouvement de concentrations d'entreprises provoquées par une mondialisation des échanges. Elle a eu le mérite de dégager progressivement des critères permettant aux arbitres de s'affranchir d'un formalisme lié à la signature du contrat tout em respectant la sécurité des transactions, et de statuer à l'égard de tous ceux qui par leur participation ou leur comportement lors de la conclusion du contrat ou son exécution sont liés par la convention d'arbitrage sans l'avoir signée"* (Collection of ICC Arbitral Awards. Recueil des sentences arbitrales de la CCI (1996-2000). The Hague: Kluwer Law International, v. 4, 2003, p. 454).

[245] Embora o sigilo que normalmente cerca o procedimento arbitral dificulte o levantamento de dados concretos, a existência de número considerável de precedentes sobre o assunto e, em especial, a frequência com que o tema aparece na doutrina levam-nos a concluir nesse sentido. De forma semelhante, afirmou JUDITH MARTINS-COSTA, ainda que se referindo especificamente ao tema da boa-fé objetiva, que, como veremos, é correlato ao conceito de *estoppel* (*A boa-fé no direito privado: critérios para a sua aplicação*. São Paulo: Saraiva Educação, 2018, p. 48).

[246] Sobre a relevância do *estoppel* no âmbito das arbitragens, vide, ainda: BORN, Gary B. *International Arbitration Cases and Materials*. The Hague: Kluwer International Law, 2015, p. 584.

[247] BREKOULAKIS, Stavros L. *Third Parties in International Commercial Arbitration*. Oxford International Arbitral Series. New York: Oxford University Press, 2010, p. 132.

[248] Conforme anotou STAVROS L. BREKOULAKIS: "The basic theory behind equitable estoppel is that a party is prevented from asserting rights against another party when the latter justifiably relied on the conduct of the former and changed his position to his detriment as a result of such reliance." (op, cit., pp. 131-132).

5. ADIÇÃO DE PARTES NÃO SIGNATÁRIAS

Na tradição civil, a figura corresponderia à teoria dos atos próprios, consistente na vedação ao *venire contra factum proprium*[249], que, no Brasil, encontra guarida na aplicação da cláusula geral da boa-fé objetiva, estando situada dentro da discussão da tutela da confiança[250].

Em resumo, tal como no *estoppel*, a teoria dos atos próprios serve para proteger uma parte contra outra que pretenda exercer posição jurídica em contrariedade a comportamento assumido anteriormente. Após criar uma legítima expectativa em outrem, a partir de seu comportamento prévio, a parte viola os princípios de lealdade e de confiança caso venha a praticar ato contrário àquele que seria previsto, causando prejuízo à contraparte[251].

Nesse passo, os seguintes quatro requisitos – ou pressupostos – são comumente apontados pela doutrina especializada para a aplicação da proibição ao *venire contra factum proprium*: (i) a atuação de um fato gerador de confiança, que nada mais seria do que o *factum proprium* da locução latina; (ii) a legítima confiança depositada pela contraparte na preservação do sentido objetivo desta conduta, que a ele adere; (iii) a ocorrência de um comportamento contraditório da parte autora do fato gerador da confiança; e (iv) um dano ou, no mínimo, um potencial de dano causado à contraparte a partir da conduta contraditória do autor do fato gerador da confiança[252].

---

[249] MENEZES CORDEIRO, António Manuel da Rocha e. *Da boa fé no direito civil*. Coimbra: Almedina, 2017, p. 743. No mesmo sentido, SCHREIBER, Anderson. *A proibição de comportamento contraditório: tutela da confiança e venire contra factum proprium*. São Paulo: Atlas, 2016, p. 43; e, ainda, sob a ótica da *common law*: BREKOULAKIS, op., cit., p. 131.

[250] "É a tutela da confiança o fundamento contemporâneo do *nemo potest venire contra factum proprium*. (...) Como a tutela da confiança não vem expressamente prevista no ordenamento positivo brasileiro, o fundamento normativo geralmente apontado para o *nemo potest venire contra factum proprium* é a cláusula geral de boa-fé objetiva, consagrada no artigo 422 do Código Civil." (SCHREIBER, Anderson. *A proibição de comportamento contraditório: tutela da confiança e venire contra factum proprium*. São Paulo: Atlas, 2016, pp. 66-67). No mesmo sentido: SOMBRA, Thiago Luís Santos. *A tutela da confiança em face dos comportamentos contraditório*. In: Revista de Direito Privado. São Paulo: Revista dos Tribunais, v. 33, 2008, pp. 6-7; e WIEACKER, Franz. *El principio general de la buena fe*. Madrid: Civitas, 1982, pp. 61-62.

[251] Aguiar Jr., Ruy Rosado de. *Extinção dos contratos por incumprimento do devedor*. Rio de Janeiro: Aide, 2004.

[252] MARTINS-COSTA, Judith. *A boa-fé no direito privado: sistema e tópica no processo obrigacional*. São Paulo: Revista dos Tribunais, 2000, p. 471. De rigor registrar que, em momento posterior, a mesma autora ampliou o rol de requisitos que devem ser verificados para a

Assim, como já se afirmou, o objetivo de se coibir o comportamento contraditório não é o de impossibilitar que as partes mudem de escolha, mas sim o de proteger a confiança daquele que acreditou e poderia ser lesado pelo comportamento contraditório da contraparte[253]. É nesse sentido, portanto, que a aplicação da regra de proibição do comportamento contraditório deve ser invocada.

No âmbito da arbitragem, o conceito é usado para vincular um não signatário à convenção de arbitragem, a depender dos atos praticados no contexto do negócio jurídico que contém a cláusula compromissória[254]. Para tanto, costuma-se verificar se o não signatário tentou previamente exercer direitos previstos em um contrato, ou se pleiteia da

---

correta configuração da figura (*A boa-fé no direito privado: critérios para a sua aplicação*. São Paulo: Saraiva Educação, 2018, pp. 679-680). No presente trabalho, no entanto, preferimos fazer alusão apenas aos requisitos que são comumente apontados por diferentes doutrinadores. Nesse sentido, vide também: SCHREIBER, op. cit., p. 86; e MENEZES CORDEIRO, António Manuel da Rocha e. *Da boa fé no direito civil*. Coimbra: Almedina, 2017, p. 758. Vide, ainda: BIANCHI, Leonardo. *Da cláusula de estoppel e sua dinâmica na esfera dos negócios jurídicos privados*. Revista de Direito Privado. São Paulo: Revista dos Tribunais, v. 24, out – dez 2005, pp. 54-78.

[253] PENTEADO, Luciano de Camargo; BOLOTTI, Isabela Maria Lopes. *Venire contra factum proprium: uma análise comparativa da utilização da figura pela jurisprudência brasileira e italiana*. In: Revista de Direito Privado. São Paulo: Revista dos Tribunais, v. 61, 2015, pp. 145-172.

[254] Vale registrar que o conceito, por vezes, também é utilizado para obrigar um signatário a arbitrar disputas com um não signatário: "A number of authorities have applied estoppel to permit a non-signatory to invoke an arbitration agreement against its signatories: where a signatory claims rights under a contract, which contains an arbitration clause, against a non-signatory, it may be estopped from denying that the non-signatory is a party to the arbitration provision" (BORN, Gary B. *International Arbitration Cases and Materials*. The Hague: Kluwer International Law, 2015, pp. 584-585). No mesmo sentido: COSTA, Guilherme Recena. *Partes e Terceiros na Arbitragem*. Tese (Doutorado). São Paulo, 2015, p. 140. Vide também: SESIN-TABARELLI, Andrea. *Extension of the arbitration agreement to non-signatories. Landscape of legal theories and jurisdictional approaches*. ICC Dispute Resolution Bulletin, Issue 4, 2017, pp. 4-5. São exemplos de invocação do conceito de *estoppel* para obrigar signatários a arbitrar disputas com um não signatário os seguintes precedentes julgados pelas cortes norte-americanas: *Thompson-CSF, S.A. v. American Arbitration Association*, 64 F.3d 773 (2d Cir. 1995); *Choctaw Generation Ltd. Partnership v. Am. Home Assurance. Ca*, 271 F.3d 403 (2d Circ. 2001); e *Smith/Enron Cogeneration Ltd. Partnership, Inc. v. Smith Cogeneration International, Inc.*, 198 F3d. 88 (2d Cir. 1999). Nesta situação, no entanto, tal como já afirmamos no contexto do exame da situação dos grupos de sociedades, a situação parece mais simples, já que não há dúvida acerca da intenção do não signatário de se vincular ao pacto arbitral. Resta apenas averiguar se a contraparte, que inequivocamente firmou uma cláusula compromissória, está obrigada a arbitrar com o não signatário.

5. ADIÇÃO DE PARTES NÃO SIGNATÁRIAS

contraparte o cumprimento de certas obrigações contratuais[255]. Sendo afirmativa a resposta e a depender dar circunstâncias do caso concreto[256], ele poderia ficar vinculado à respectiva cláusula compromissória, com base na noção de *estoppel*[257]. De fato, seria contraditório, de um lado, tentar auferir benefícios a partir de um contrato; mas, por outro, repudiar a convenção de arbitragem nele contida[258].

Neste caso, o *estoppel* se aproxima da situação do terceiro beneficiário, na estipulação em favor de terceiros, que, como veremos, pode ser vinculado à convenção de arbitragem ao invocar a previsão contratual estipulada em seu favor[259]. A principal diferença entre as duas situações reside no fato de que, enquanto na estipulação em favor de terceiros já se prevê de antemão alguma intervenção do não signatário no curso da relação contratual[260], nos casos em que há vinculação por *estoppel* o não signatário simplesmente invoca direitos decorrentes do contrato em virtude de circunstâncias do caso concreto, sem que as partes originais tenham feito menção a ele no respectivo contrato[261].

Assim, em precedentes estrangeiros, operou-se a vinculação do não signatário que se arvorara no contrato contendo cláusula compromissória, sujeitando-o à respectiva arbitragem com base no conceito de

---

[255] GUILHERME RECENA COSTA afirma que o não signatário "(...) tem de derivar um benefício direto do contrato, de tal forma que sua ulterior resistência à jurisdição dos árbitros configure um ato contraditório (*venire contra factum proprium*)." (*Partes e Terceiros na Arbitragem*. Tese (Doutorado). São Paulo, 2015, p. 145). Embora não se saiba, ao certo, o significado que o autor atribuiu à palavra *derivar* nessa passagem, a noção de real obtenção de benefício do contrato não nos parece essencial à caracterização da figura em exame, diante dos requisitos que a doutrina aponta para a aplicação da proibição ao *venire contra factum proprium*.

[256] Conforme alerta STAVROS L. BREKOULAKIS, mencionando decisões das cortes americanas, "(...) the estoppel inquiry is fact-specific and must be based on a careful review of the pending dispute and its factual circumstances." (*Third Parties in International Commercial Arbitration*. Oxford International Arbitral Series. New York: Oxford University Press, 2010, p. 133).

[257] BREKOULAKIS, op. cit., p. 133; e CARDOSO, Paula Butti. *Limites subjetivos da convenção de arbitragem*. Dissertação (Mestrado). São Paulo, 2013, p. 135.

[258] COSTA, op. cit., p. 140.

[259] Sobre o tema da estipulação em favor de terceiros, vide item 5.4, abaixo.

[260] PENTEADO, Luciano de Camargo. *Efeitos Contratuais Perante Terceiros*. São Paulo: Quartier Latin, 2007, p. 42.

[261] CARDOSO, Paula Butti. *Limites subjetivos da convenção de arbitragem*. Dissertação (Mestrado). São Paulo, 2013, p. 137.

estoppel[262]. Como regra geral, eram partes que, embora não signatárias do contrato, cumpriram parte de suas obrigações e dele se beneficiaram, mas que, surgido o litígio, pretendiam se escusar da respectiva convenção de arbitragem.

Em princípio, essa conclusão se afigura consentânea com as premissas que estabelecemos no presente trabalho, pois (i) preserva-se a natureza consensual da arbitragem, ao mesmo tempo em que (ii) não se exige que a necessária manifestação de consentimento se dê de maneira expressa, já que é do comportamento do não signatário que se infere seu consentimento; e (iii) não se requer que essa manifestação de consentimento seja específica para a cláusula compromissória, já que é do fato de ele invocar outras previsões do contrato que se deduz o consentimento do não signatário com a respectiva convenção de arbitragem[263].

Há que se ter em mente, contudo, que a contradição, embora necessária, não é elemento suficiente para que seja invocado o *nemo potest venire contra factum proprium*[264]. A adesão ao fato gerador da confiança, manifestada, por exemplo, pelo exercício de alguma atividade concreta em razão do *factum proprium*, também precisa estar presente para sua configuração[265]; assim como não se pode prescindir da existência

---

[262] São exemplos os seguintes casos julgados pelas cortes norte-americanas: *Deloitte Noraudit A/S v. Deloitte Haskins & Sells, U.S.*, 9 F.3d. 1060 (2d Cir. 1993); *International Paper Co. v. Schwabedissen Maschinen & Anlagen GmbH*, 206 F.3d 411, 418 (4th Circ. 2000); *American Bureau of Shipping v. Tencara Shipyard SPA 170 F. 3d 349*, 353 (2d Cir 1993); *Tepper Realty Co. v. Mosaic Tile Co.*, 259 F.Supp. 688, 692 (S.D.N.Y. 1966).

[263] A propósito, ao comentar alguns precedentes de vinculação de não signatários com base no *estoppel*, STAVROS L. BREKOULAKIS afirma que é aqui que o termo não signatário é melhor empregado, já que, em sua visão, tratam-se de partes que consentiram com a arbitragem, embora sem terem firmado a respectiva cláusula compromissória (*Third Parties in International Commercial Arbitration*. Oxford International Arbitral Series. New York: Oxford University Press, 2010, p. 143).

[264] MARTINS-COSTA, Judith. *A boa-fé no direito privado: critérios para a sua aplicação*. São Paulo: Saraiva Educação, 2018, p. 674.

[265] Nesse sentido: JUDITH MARTINS-COSTA afirma ser necessário "(...) o investimento de confiança por parte do suposto lesado, sendo esse investimento traduzido em atos ou atividades." (op. cit., p. 679). Já MENEZES CORDEIRO explica que o investimento de confiança "(...) pode ser sinteticamente explicitado como a necessidade de, em consequência do *factum proprium* a que aderiu, o confiante ter desenvolvido uma atividade tal que o regresso à situação anterior, não estando vedado de modo específico, seja impossível, em termos de justiça." (*Da boa fé no direito civil*. Coimbra: Almedina, 2017, p. 759). ANDERSON SCHREIBER, por sua vez, após explicar que somente no caso concreto será possível verificar a ocorrência

5. ADIÇÃO DE PARTES NÃO SIGNATÁRIAS

de um prejuízo ou ao menos de um potencial prejuízo à contraparte que seja causado pela conduta contraditória do autor do fato gerador da confiança[266].

Assim, tome-se, por exemplo, o caso extremo do não signatário que, pela primeira vez, vem demandar perante um juiz togado um direito previsto em contrato do qual não é parte, mas que contém cláusula compromissória. A contraparte, demandada na ação judicial, suscita preliminar de convenção de arbitragem, tentando transferir a solução do litígio a um tribunal arbitral, com base no conceito de *estoppel* ou, simplesmente, na regra do *nemo potest venire contra factum proprium*.

Em tal cenário, o recurso ao princípio da proibição do comportamento contraditório será equivocado, já que inexiste adesão ao fato supostamente gerador de confiança (invocação, pelo não signatário, de cláusulas contratuais em seu favor). Com efeito, nesse exemplo singelo, a contraparte não exerceu nenhuma posição consistente em razão de o não signatário ter pleiteado em seu benefício uma disposição qualquer do contrato.

Sem falar que há dúvidas fundadas sobre se a postulação judicial do contrato poderia, em primeiro lugar, ser qualificada como fato próprio; assim como deve ser questionada a possibilidade de haver um dano, ainda que potencial, em razão do mencionado comportamento contraditório.

Esse exemplo hipotético é usado, em primeiro lugar, para trazer à tona crítica que vem sendo feita ao uso desmedido da figura do *nemo potest venire contra factum proprium*, em casos das mais variadas naturezas, sem

---

ou não desta adesão ao comportamento inicial, assevera que "servem de indícios gerais não cumulativos (i) a efetivação de gastos e despesas motivadas pelo *factum proprium*, (ii) a divulgação pública das expectativas depositadas, (iii) a adoção de medidas ou a abstenção de atos com base no comportamento inicial, (iv) o grau elevado de sua repercussão exterior, (v) a ausência de qualquer sugestão de uma futura mudança de comportamento, e assim por diante." (*A proibição de comportamento contraditório: tutela da confiança e venire contra factum proprium*. São Paulo: Atlas, 2016, p. 93).

[266] "O que se visa impedir com o *nemo potest venire contra factum proprium* é que uma pessoa, que legitimamente confiou na conservação do sentido objetivo de um comportamento inicial, venha a sofrer um prejuízo a partir da ruptura desta confiança pela adoção de um comportamento contraditório. Disto se extrai que a aplicação do princípio de proibição do comportamento contraditório somente se justifica na presença de um dano, ou de uma ameaça de dano, a outrem." (SCHREIBER, op. cit., p. 86). No mesmo sentido: MARTINS-COSTA, op. cit., p. 679.

que os aplicadores do direito necessariamente se atentem aos devidos requisitos que devem estar presentes para sua configuração[267].

Para usar um caso concreto que pode atender a esse mesmo propósito, em que a regra foi invocada justamente para se vincular uma parte resistente à arbitragem, mencionemos a disputa envolvendo, de um lado, Matlinpatterson Global Opportunities Partners II L.P e Matlinpatterson Global Opportunities Partners (Cayman) II L.P ("fundos Matlinpatterson") e, de outro, VRG Linhas Aéreas S.A., julgada pelo TJ/SP em acórdão posteriormente confirmado pelo STJ por razões formais[268] ("Caso Matlinpatterson").

Neste caso, os fundos Matlinpatterson tentavam anular sentença arbitral que lhes foi desfavorável argumentando, no que aqui interessa, que o tribunal arbitral não possuía jurisdição para decidir a contenda, na medida em que os autores da ação anulatória não haviam assinado o contrato que continha a cláusula compromissória. Em sede de recurso de apelação, o TJ/SP manteve a sentença de improcedência da pretensão anulatória, que aduzira que os fundos Matlinpatterson possuíam "íntima relação" com as empresas subscritoras da cláusula compromissória, bem como que os fundos Matlinpatterson confirmaram, na inicial da ação, sua participação na elaboração do respectivo contrato, "afirmando que rejeitaram inclusive a solicitação da requerida [VRG Linhas Aéreas S.A.] para a [sua] inclusão expressa". De acordo com o TJ/SP, esse fato corroboraria a tese de que "toda a transação envolveu diretamente" os fundos Matlinpatterson. O acórdão consignou, ainda, trecho da sentença que concluíra que as apelantes haviam assinado aditivo contratual, por meio do qual "alterou-se o contrato original, vinculando as requerentes". A partir daí, desenvolveu fundamentação calcada em critérios de razoabilidade, asseverando que os fundos Matlinpatterson não poderiam sustentar falta de ciência ou de conhecimento de que a sua participação no negócio jurídico base teria o efeito de lhes vincular à respectiva cláusula compromissória "expressamente

---

[267] MARTINS-COSTA, Judith. *A boa-fé no direito privado: critérios para a sua aplicação*. São Paulo: Saraiva Educação, 2018, pp. 687-689; e SCHREIBER, Anderson. *A proibição de comportamento contraditório: tutela da confiança e venire contra factum proprium*. São Paulo: Atlas, 2016, p. 130.
[268] TJ/SP, apelação cível nº 0214068-16.2010.8.26.0100, Rel. Des. Roberto Mac Cracken, 2ª Câmara Reservada de Direito Empresarial, d.j. 16.10.2012; STJ, REsp 1.656.613/SP, Rel. Des. Convocado do TRF-5 Lázaro Guimarães, Quarta Turma, d.j. 18.12.2017.

5. ADIÇÃO DE PARTES NÃO SIGNATÁRIAS

pactuada no contrato ao qual aderiram", e concluiu invocando a regra do *venire contra factum proprium*, nos seguintes termos: "(...) as apelantes não podem tentar alegar ausência de intenção na participação e submissão ao juízo arbitral, sob pena de inegável ofensa ao princípio do 'venire contra factum proprium', ou seja, a vedação de comportamento contraditório, pois, como dito, tendo firmado termo aditivo ao contrato que previu a arbitragem, não se mostra razoável, posteriormente, pretenderem afastar-se da extensão dos efeitos decorrentes da sentença arbitral."

Em nosso ponto de vista, o Caso Matlinpatterson ilustra bem a mencionada falta de rigor na aplicação da regra de proibição do comportamento contraditório. Isso porque ela é invocada a partir, apenas, da narrativa de certos eventos praticados pelos fundos Matlinpatterson e de sua aparente contradição com o ato das mesmas partes de se dizerem estranhas à convenção de arbitragem. Nesse passo, para se concluir pela vinculação dos fundos Matlinpatterson à cláusula compromissória, "sob pena de inegável ofensa ao princípio do 'venire contra factum proprium'", fala-se, tão somente, em razoabilidade. Mas nenhuma palavra é dita sobre os requisitos para a caracterização dessa figura, notadamente (i) se a VRG Linhas Aéreas S.A. teria de fato desenvolvido uma legítima confiança no sentido de que os fundos Matlinpatterson eram parte da cláusula compromissória ou de seu contrato base, e quais atos concretos demonstrariam sua adesão nesse sentido; e (ii) qual o dano ou potencial de dano causado à VRG Linhas Aéreas S.A. pela conduta supostamente contraditória dos fundos Matlinpatterson[269].

Enfim, não se pretende aqui questionar o acerto ou desacerto da conclusão adotada no acórdão do CASO MATLINPATTERSON, no sentido de que os fundos eram partes da convenção de arbitragem. Até porque diversos outros princípios e regras de direito poderiam levar à mesma conclusão adotada pelo TJ/SP. Nosso objetivo é apenas o de demonstrar como o recurso ao *venire contra factum proprium* pode estar sendo banalizado pelos aplicadores do direito.

---

[269] Vale registrar que as cortes dos EUA se recusaram a homologar a sentença arbitral naquele país, sob o fundamento de ausência de jurisdição por falta de consentimento com a cláusula de arbitragem, nos termos do art. V(1)(d) da Convenção de Nova York. (United States District Court, Southern District of New York, Case 11CV198 (MGC), *VRG Linhas Aéreas S.A. v. Matlinpatterson Global Opportunities II LP e al.*).

Ainda sobre isso, veja-se que doutrina especializada, mesmo que falando em tese e não sobre este caso concreto, afirmou que a recusa em se firmar o contrato base e, por consequência, aderir à respectiva cláusula compromissória – como se deu no Caso Matlinpatterson –, impede a contraparte de falar em concludência ou em crença legítima de que o não signatário seria parte da arbitragem[270]. Segue ensinando, ainda, que as negociações podem ser relevantes meios interpretativos suplementares para se esclarecer a declaração negocial objetiva, mas desde que seu sentido não seja oposto ou incongruente com o que restou expressamente pactuado no contrato[271].

Nesse cenário, no Caso Matlinpatterson, em que, como narrado pelo acórdão em exame, os fundos "rejeitaram inclusive a solicitação da requerida para a [sua] inclusão expressa" no contrato base, a questão da vinculação dos não signatários à convenção de arbitragem talvez fosse melhor dirimida sem se recorrer ao *venire contra factum proprium*. Quiçá à luz das regras relativas à incorporação por referência de convenções de arbitragem, já que o aditivo assinado pelos fundos Matlinpatterson, embora não fosse dessa forma qualificado por eles, fazia remissão ao contrato base; e, ainda, a partir da própria redação da cláusula compromissória em questão, que pode ter limitado objetiva e subjetivamente as controvérsias que seriam resolvidas por arbitragem.

Da mesma forma, no exemplo hipotético anteriormente mencionado, a questão da vinculação do não signatário poderia ser decidida – talvez de modo mais fácil – sem, necessariamente, se recorrer ao *venire contra factum proprium*, bastando que se observem as próprias regras de direito contratual. Isso porque o fato de o não signatário ter se valido (ou ao menos tentado se valer) do contrato ou de parte de suas dispo-

---

[270] MARTINS-COSTA, Judith. *A boa-fé no direito privado: critérios para a sua aplicação*. São Paulo: Saraiva Educação, 2018, p. 551.

[271] Nas palavras de JUDITH MARTINS-COSTA: "Relembre-se que, embora não vinculantes *per se* e para efeitos diretos de adstrição à arbitragem, minutas e demais documentos paracontratuais constituem elementos auxiliares a perquirir o consentimento negocial. Como já se referiu, as negociações anteriores e outros meios interpretativos extratextuais (como documentos relativos às negociações) podem se apresentar – considerados certos limites – como *meios interpretativos suplementares* para aclarar a declaração negocial objetiva, desde que não opostos ou incongruentes com o que restou expresso no regulamento de interesses (contrato)." (op. cit., p. 552).

5. ADIÇÃO DE PARTES NÃO SIGNATÁRIAS

sições pode, conforme o caso, ser interpretado como um sinal, um indício, de sua concordância com a respectiva cláusula compromissória[272]. Evidentemente, não se está, com isso, afirmando que a circunstância de um não signatário pleitear direitos previstos em um contrato automaticamente o tornam parte deste contrato e, por consequência, de sua cláusula compromissória; tampouco que a definição de sua qualidade de parte possa prescindir da verificação de outros elementos concretos; mas apenas que o recurso à noção de *estoppel* ou à regra do *venire contra factum proprium* pode se revelar impreciso e, no mais das vezes, desnecessário para o fim que se almeja no contexto discutido no presente trabalho.

Até porque, ao se optar pelo caminho do *venire contra factum proprium*, há que se atentar aos requisitos que são ínsitos à tutela de confiança e à proibição do comportamento contraditório e, em caso de dúvida, o intérprete deve preferir a solução que limite a abrangência dos efeitos da cláusula compromissória apenas aos seus signatários[273].

Feitas essas ressalvas, registre-se que não vemos qualquer óbice, à luz do direito brasileiro, à vinculação de não signatários à convenção de arbitragem com base em *estoppel* ou na proibição do *venire contra factum proprium*. Sendo o fato gerador de confiança – o ato próprio – indicador de consentimento tácito com o contrato base que contém cláusula com-

---

[272] É o que afirma, novamente falando em tese, STAVROS L. BREKOULAKIS, após asseverar que a proposição básica do *estoppel* pode ser suportada por considerações eminentemente de direito contratual: "Equally, the basic proposition of arbitral estoppel can be supported by strict contractual considerations. For example, the fact that a third party relies on the substantive part of a contract, which contains an arbitration clause, is a strong indication that the third party has ratified this contract, including the arbitration clause, by conduct." (*Third Parties in International Commercial Arbitration*. Oxford International Arbitral Series. New York: Oxford University Press, 2010, p. 145).

[273] É o que ensina, mais uma vez, JUDITH MARTINS-COSTA: "Em suma: neste campo, a boa-fé como norma de interpretação há de servir como balança entre, de um lado o *consentimento* (e suas variadas formas), expressão maior da autonomia privada, e de outro a *confiança* (com sua inescapável subjetividade, refratária à prova), por isto sendo exigível uma confiança objetivada por elementos externos, e não apenas a confiança como crença subjetiva. A balança não está milimetricamente equilibrada. É, portanto, admissível, *in abstracto*, a hipótese de partes não signatárias da convenção arbitral restarem vinculadas pela avença, mas deparando-se o árbitro, em concreto, com dúvidas sobre o consentimento tácito, prevalece a interpretação que restringe a legitimidade subjetiva apenas às partes signatárias." (*A boa-fé no direito privado: critérios para a sua aplicação*. São Paulo: Saraiva Educação, 2018, p. 553).

promissória, e presentes os demais pressupostos para a caracterização da figura, possível concluir que o não signatário é verdadeira parte da convenção de arbitragem, restando vinculado por *estoppel* ou em razão do *nemo potest venire contra factum proprium*.

Por outro lado, há de se criticar outras vertentes do *estoppel* que podem estar se desenvolvendo no direito estrangeiro. Nesse sentido, alude-se a existência de figuras como o *equitable estoppel*[274-275] e o *concerted-misconduct estoppel*[276] na jurisprudência norte-americana, em que a manifestação de consentimento do não signatário com a arbitragem pode ser dispensada. Partindo da premissa já estabelecida de que o fundamento base da arbitragem brasileira é a autonomia de vontade, entendemos que essas figuras são inválidas, à luz do direito brasileiro, para se vincular não signatários ao pacto arbitral[277].

---

[274] CARDOSO, Paula Butti. *Limites subjetivos da convenção de arbitragem*. Dissertação (Mestrado). São Paulo, 2013, pp. 137-145. Segundo a autora, essa vertente possibilitaria a vinculação de não signatário com base, de um lado, na relação entre o pleito apresentado com o não signatário e o contrato base; e, de outro, na relação existente entre as partes envolvidas na disputa (op. cit., pp. 137-138).

[275] Registre-se, no entanto, que outros autores, como STAVROS L. BREKOULAKIS, chamam de *"equitable estoppel"* o que aqui chamamos simplesmente de *"estoppel"* e, para referirem-se ao contexto de arbitragem, usam por vezes a locução *"arbitral estoppel"*. (*Third Parties in International Commercial Arbitration*. Oxford International Arbitral Series. New York: Oxford University Press, 2010, pp. 133-135). Em sentido semelhante ao que PAULA BUTTI CARDOSO chamou de *equitable estoppel*, STAVROS L. BREKOULAKIS fala em *intertwined version of arbitral estoppel*, cuja aplicação demandaria a presença dos seguintes dois requisitos: "First, the dispute between the signatory and the non-signatory must be intertwined with the contract containing an arbitration clause, and second, the non-signatory must have contractual or close corporate links with one of the signatories" (*Third Parties in International Commercial Arbitration*. Oxford International Arbitral Series. New York: Oxford University Press, 2010, p. 136).

[276] CARDOSO, Paula Butti. *Limites subjetivos da convenção de arbitragem*. Dissertação (Mestrado). São Paulo, 2013, pp. 146-147. Para a autora, o *concerted-misconduct estoppel* exigiria a presença, apenas, de um dos dois requisitos do *equitable estoppel*, isso é, a existência de relação entre o pleito apresentado com o não signatário e o contrato base *ou* a existência de vínculo entre as partes envolvidas na disputa. No que se refere ao segundo requisito, a autora destaca que os tribunais norte-americanos "(...) passaram a exigir, para a vinculação do não signatário, apenas que este tenha agido de forma inadequada e concertada com um ou mais signatários." (op. cit., p. 146).

[277] A mesma crítica é feita por: CARDOSO, op. cit., pp. 147-148.

5. ADIÇÃO DE PARTES NÃO SIGNATÁRIAS

5.3. Desconsideração da personalidade jurídica na arbitragem

O art. 50 do Código Civil permite ao julgador desconsiderar a personalidade jurídica em caso de abuso, "caracterizado pelo desvio de finalidade, ou pela confusão patrimonial"[278]. O instituto, embora seja reconhecido em diferentes jurisdições[279], deve ser aplicado apenas excepcionalmente[280], "com extrema cautela e sempre em caráter subsidiário" [281]. Isso porque configura exceção à regra da limitação de responsabilidade, segundo a qual os sócios não respondem pelas dívidas sociais (arts. 1.052 e 1.088 do CC e 1º da Lei das S.A.)[282]. Sua finalidade, portanto, é alcançar o patrimônio de sócios e administradores da sociedade[283], a partir da suspensão, temporária e pontual, da personalidade

---

[278] Há outras previsões semelhantes no ordenamento jurídico brasileiro, como, por exemplo, na Lei nº 8.078/1990 (Código de Defesa do Consumidor – "CDC"), em seu art. 28 e § 5º; na Lei nº 9.605/1998 (art. 4º), em matéria ambiental; na Consolidação das Lei dos Trabalho (art. 2º, § 2º); e na Lei nº 12.529/2011 (art. 34), em matéria concorrencial.

[279] É tratado, por exemplo, por *"disregard of legal entity"* ou *"piercing/lifting the corporate veil"* nos EUA e no Reino Unido; *"levée du voile social"*, na França; e *"durchgriff"*, na Alemanha.

[280] MODESTO CARVALHOSA e FERNANDO KUYVEN falam em seu "caráter eminentemente excepcional" (*Tratado de Direito Empresarial: Sociedades Anônimas*. São Paulo: Revista dos Tribunais, v. III, 2016, p. 209).

[281] GONÇALVES NETO, Alfredo de Assis. *Noções Gerais*. Capítulo IV. In: CARVALHOSA, Modesto (Coord.). *Tratado de Direito Empresarial: Empresa Individual de Responsabilidade Limitada e Sociedade de Pessoas*. São Paulo: Revista dos Tribunais, v. II, 2016, p. 113. Nesse sentido, aliás, o Enunciado 146 da III Jornada de Direito Civil do Conselho da Justiça Federal: "Nas relações civis, interpretam-se restritivamente os parâmetros de desconsideração da personalidade jurídica previstos no art. 50 (desvio de finalidade social ou confusão patrimonial)". Disponível em: https://www.cjf.jus.br/enunciados/enunciado/239. Acesso em: 10 out. 2019. Essa interpretação foi fortalecida pelo advento da Lei nº 13.874, de 20 de setembro de 2019.

[282] Nas palavras de ARNOLDO WALD, ANA CAVALCANTI e LILIANA PAESANI: "Trata-se de uma confirmação de que a pessoa jurídica tem personalidade distinta de seus integrantes, pois prevê a possibilidade de se afastar aquela capacidade de direitos e deveres autônoma e se atingir diretamente os bens dos integrantes (sócios, fundadores, associados) ou administradores de uma pessoa jurídica. Trata-se de uma exceção à regra da distinção de patrimônios entre a pessoa jurídica e aqueles que a integram. Pela análise do art. 50 do CC, a desconsideração deve ser declarada em processo judicial, por decisão interlocutória, para que os fraudadores respondam sobre determinadas obrigações com seus bens particulares." (*Direito Civil: Introdução e Parte Geral*. São Paulo: Saraiva, v. 1, 2015, pp. 230-231).

[283] SCHREIBER, Anderson. *Manual de Direito Civil Contemporâneo*. São Paulo: Saraiva, 2018, p. 167.

jurídica[284], em casos de comprovado desvio de finalidade ou de confusão patrimonial.

Isso não obstante, o tema aparece com certa frequência no âmbito da arbitragem, sendo invocado com escopo diverso: o de vincular não signatários à cláusula compromissória[285]. Há que se distinguir, assim, logo de plano, essa vertente da desconsideração da personalidade jurídica para fins de jurisdição, da desconsideração da personalidade jurídica propriamente dita, para fins de responsabilização, ou comprometimento do patrimônio de terceiros[286-287].

---

[284] "Quando se fala em desconsiderar a pessoa jurídica (ou penetrá-la, superá-la), na correta técnica ocorre a suspensão da *eficácia* da autonomia patrimonial e da limitação da responsabilidade dos sócios e não o levantamento de sua personalidade. (...)
Trata-se de responsabilidade por penetração (Durchgriffshaftung), como meio de proteger interesses patrimoniais não atendidos de credor, com base em critérios que façam prevalecer a *ordem pública* e a *finalidade* das normas de direito societário. Institui-se assim a *responsabilidade patrimonial* subsidiária do sócio ou sociedade por dívida de terceiros (sociedade ou sócios). (...)
Desconsiderar para fins de responsabilidade é suspender a eficácia da limitação da responsabilidade instituída por uma norma de direito e declarar a responsabilidade executiva subsidiária indireta (ou seja, por dívida de terceiros). (BIANQUI, Pedro Henrique Torres. *Desconsideração da personalidade jurídica no processo civil*. São Paulo: Saraiva, 2011, p. 50).

[285] Vide, exemplificativamente, as arbitragens CCI nºs 5730/1988 (ARNALDEZ, Jean-Jacques; DERAINS, Yves; JARVIN, Sigvard. *Collection of ICC Arbitral Awards. Recueil des sentences arbitrales de la CCI (1986-1990)*. The Hague: Kluwer Law International, v. 2, 1994, pp. 410-420, conhecida como caso *Orri*, em que aconteceu a vinculação do não signatário. Embora, neste precedente, em nosso sentir, a teoria da aparência tenha tido um papel preponderante para a vinculação do não signatário); e 8385/1995 (ARNALDEZ, Jean-Jacques; DERAINS, Yves; JARVIN, Sigvard. *Collection of ICC Arbitral Awards. Recueil des sentences arbitrales de la CCI (1996-2000)*. The Hague: Kluwer Law International, v. 4, 2003, pp. 474-485), em que houve a desconsideração da personalidade jurídica; e a arbitragem CCI nº 7626/1995 (op. cit., pp. 119-134), em que o pedido de desconsideração foi negado.

[286] Como já afirmou SÉBASTIAN BESSON: "It is important to realize the difference between piercing for liability and piercing for jurisdiction. (...) If is also worth noting that, if the parent company is liable, this does not necessarily imply that it is also bound by the arbitration agreement. It is crucial to distinguish between the jurisdictional issue and the liability on the merits." (*Piercing the corporate veil: back on the right track*. In: Multiparty Arbitration (editado por Bernard Hanotiau e Eric Shwartz). Paris: Dossiers, ICC Institute of World Business Law, 2010, p. 154). GUILHERME RECENA COSTA explica essa distinção recorrendo aos conceitos de desconsideração para fins de *responsabilização* e desconsideração *atributiva* (*Partes e Terceiros na Arbitragem*. Tese (Doutorado). São Paulo, 2015, pp. 159-162), fazendo referência à CALIXTO SALOMÃO FILHO e FÁBIO KONDER COMPARATO em: *O poder de controle na sociedade anônima*. Rio de Janeiro: Forense, 2005, n. 136, p. 460.

5. ADIÇÃO DE PARTES NÃO SIGNATÁRIAS

Na hipótese mais cara ao tema desenvolvido neste trabalho – para vincular não signatário à convenção de arbitragem –, segundo doutrina estrangeira, a desconsideração poderia ter como fundamento o fato de uma empresa ter suas ações e seu dia a dia completamente dominados por seu controlador[288]. Daí porque, no cenário internacional, aluda-se a expressões como *alter ego*, para dizer que o não signatário se confundia com a própria sociedade signatária; ou *instrumentality*, para afirmar que a sociedade cuja personalidade se pretende desconsiderar era mero instrumento de sua controladora[289]. Ainda assim, a existência de fraude ou de uma conduta abusiva é igualmente mencionada como requisito para que se opere a desconsideração da personalidade jurídica para fins de jurisdição[290].

---

[287] Ainda que, à toda evidência, o objetivo remoto de vincular um não signatário à convenção de arbitragem seja o de fazer recair sobre seu patrimônio os efeitos da futura sentença arbitral que a contraparte imagina será proferida em seu favor.

[288] BORN, Gary B. *International Arbitration Cases and Materials*. The Hague: Kluwer International Law, 2015, p. 575. Para SCOTT M. MCKINNIS: "Courts have held that where a party seeks to enforce an agreement to arbitrate against a nonsignatory corporation, the party must establish that the degree of control exhibited over the subsidiary by the parent amounted to the subsidiary having no separate mind, will or existence of its own. More specifically, courts have held that where a subsidiary is found to be a mere 'instrumentality' of its parent nonsignatory, the corporate veil will be pierced and the parent will be bound by its subsidiary's arbitration agreement." (*Enforcing Arbitration with a Nonsignatory: Equitable Estoppel and Defense Piercing of the Corporate Veil – Sunkist Soft Drinks, Inc. v Sunkist Growers, Inc.* Journal of Dispute Resolution. Missouri: v. 1995, Issue 1, Article 11, 1995, pp. 205-206).

[289] As expressões são usadas, por exemplo, em: MCKINNIS, op. cit., p. 204. STAVROS L. BREKOULAKIS adverte, contudo, que as expressões não são sinônimos: "(...) the alter ego is in fact considered a variant of the lifting the corporate veil theory, which is the umbrella theory, the other two variants being the instrumentality doctrine and the identity doctrine". (*Third Parties in International Commercial Arbitration*. Oxford International Arbitral Series. New York: Oxford University Press, 2010, p. 169).

[290] "Piercing the corporate veil doctrine focuses on the fraud or the abuse of right resulting from the use or abuse of a corporate form in order to limit the liability of the real party." (BESSON, Sébastien. *Piercing the corporate veil: back on the right track*. In: Multiparty Arbitration (editado por Bernard Hanotiau e Eric Shwartz). Paris: Dossiers, ICC Institute of World Business Law, 2010, pp. 148-149); No mesmo sentido, GARY B. BORN: "Although standards in various jurisdictions differ, most authorities have held that two basic inquiries are relevant to overcoming the presumption of separate corporate identity: (i) the extent of domination and control of a corporate affiliate, including disregard of corporate formalities; and (ii) fraudulent or otherwise abusive misuse of that control to the injury of adverse parties."

Essa modalidade de desconsideração da personalidade jurídica deve, contudo, ser criticada. Em primeiro lugar, porque sua aplicação pode configurar verdadeira extensão dos limites subjetivos da cláusula compromissória, na medida em que passaria a abranger terceiro que jamais assentiu com a convenção de arbitragem, simplesmente como forma de sancioná-lo pela prática de abuso da personalidade jurídica[291]. A desconsideração, portanto, poderia ferir o dogma do consentimento na arbitragem[292]. Por essa razão, defende-se que o árbitro não poderá desconsiderar a personalidade jurídica para atingir sócios que não assinaram a respectiva convenção, mesmo que se depare com uma situação de desvio de finalidade ou de confusão patrimonial[293].

Há que se acrescer à crítica o fato de que a aferição da eventual prática de abuso de personalidade jurídica, seja caracterizado pelo desvio de finalidade, seja caracterizado pela confusão patrimonial, pode também implicar vedada ampliação do objeto do litígio, tal como pactuado

---

(*International Arbitration Cases and Materials*. The Hague: Kluwer International Law, 2015, p. 576); e, ainda, BREKOULAKIS, op. cit., p. 169.

[291] "Perde-se, por completo, a referência ao consentimento como fundamento de legitimidade da arbitragem. Inexiste, aqui, ao contrário dos casos de aplicação da noção de *estoppel*, um ato do qual se possa deduzir concordância com a jurisdição arbitral, trata-se, antes, simplesmente de sancionar a conduta fraudulenta ou abusiva estranha ao contrato". (COSTA, Guilherme Recena. *Partes e Terceiros na Arbitragem*. Tese (Doutorado). São Paulo, 2015, p. 163). Ao comentar o caso CCI nº 5721, PHILIPPE FOUCHARD, EMMANUEL GAILLARD e BERTHOLD GOLDMAN anotaram: "It was rightly emphasized in the same award that because of the contractual basis of arbitration, the scope of the arbitration agreement should not be extended to punish the behavior of a third party. Such measures should only be taken by the courts, before which a party will always be able to argue that the corporate veil should be lifted." (*International Commercial Arbitration*. Edited by Emmanuel Gaillard and John Savage. The Hague: Kluwer Law International, 1999, p. 283). Vide também: HANOTIAU, Bernard. *Non-signatories in international arbitration: lessons from thirty years of case law*. In: Arbitration International 2006: Back to Basics? Van den Berg ed., ICCA Congress Series, 2007, pp. 345-346.

[292] MELO, Leonardo de Campos. *Extensão da cláusula compromissória e grupos de sociedades: A prática arbitral CCI e sua compatibilidade com o direito brasileiro*. Rio de Janeiro: Forense, 2013, p. 64. No mesmo sentido, PAULA BUTTI CARDOSO, que acrescenta: "Além disso, compelir os não signatários a participar da arbitragem em nada ajudará a instrução do procedimento arbitral se estes jamais se envolveram com a execução do contrato." (*Limites subjetivos da convenção de arbitragem*. Dissertação (Mestrado). São Paulo, 2013, p. 155).

[293] CARMONA, Carlos Alberto. *Arbitragem e Processo: Um Comentário à Lei nº 9.307/96*. São Paulo: Atlas, 2009, p. 83.

na respectiva cláusula compromissória[294]. Com efeito, para se decidir a desconsideração da personalidade jurídica, faz-se mister perquirir a prática de atos que, no mais das vezes, transbordam a relação contratual em que está contida a convenção de arbitragem[295-296].

De outra parte, o recurso à desconsideração da personalidade jurídica para efeito de ampliar a jurisdição do tribunal arbitral também deve ser evitado porquanto, em certas situações, outras teorias podem ser mais úteis para se delimitar a abrangência subjetiva da cláusula compromissória[297]. Assim, se além do abuso puro e simples da personalidade jurídica houver elementos que permitam ao intérprete verificar a presença de consentimento do não signatário, pode-se recorrer, por exemplo e conforme o caso, à noção de *estoppel*[298] e, para alguns, também à teoria dos grupos de sociedades[299], ambas tratadas acima.

---

[294] Costa, Guilherme Recena. *Partes e Terceiros na Arbitragem*. Tese (Doutorado). São Paulo, 2015, p. 163.

[295] Como alertaram Fredie Didier Jr. e Leandro Aragão: "(...) o desvio de finalidade e a confusão patrimonial (...) são representados materialmente por eventos, atos e condutas que não dizem respeito ao objeto do negócio jurídico, motivo pelo qual a desconsideração da personalidade jurídica não está contida no conjunto da arbitrabilidade objetiva submetido à apreciação de todo e qualquer Tribunal Arbitral." (*A desconsideração da personalidade jurídica no processo arbitral*. In: Cahali, Francisco José; Rodovalho, Thiago; Freire, Alexandre. (Orgs.). *Arbitragem: estudos sobre a lei n. 13.129 de 26-5-2016*. São Paulo: Saraiva, 2016, pp. 271-272).

[296] A observação nos parece válida ainda que, em tese, uma convenção de arbitragem possa abarcar esse tipo de controvérsia ou mesmo redações mais abertas de cláusulas compromissórias (como a que preveja, por exemplo, que "todos e quaisquer litígios oriundos, relativos ou relacionados ao presente contrato ou à relação existente entre as partes deverão ser submetidos à arbitragem)" possam suscitar legítima controvérsia a respeito dos limites objetivos do pacto arbitral.

[297] "The 'extension' can be based on other theories, in particular contract law theories. It is likely that the different theories will overlap to some extent or at least that they will be invoked in the same cases. This is simply because the same factual scenario is likely to support arguments based on contracts as well as on the doctrine of piercing the corporate veil." (Besson, Sébastien. *Piercing the corporate veil: back on the right track*. In: Multiparty Arbitration (editado por Bernard Hanotiau e Eric Shwartz). Paris: Dossiers, ICC Institute of World Business Law, 2010, p. 148).

[298] Costa, Guilherme Recena. *Partes e Terceiros na Arbitragem*. Tese (Doutorado). São Paulo, 2015, pp. 162-163.

[299] "Thus, although the theory has been applied for jurisdictional purposes too, it is submitted that tribunals should rely on the group of companies doctrine rather than the theory of lifting the corporate veil to decide whether to assume jurisdiction over a non-signatory parent company, a matter which has clear consensual elements." (Brekoulakis,

Em termos mais concretos, se do fato de uma empresa ter suas ações e seu dia a dia controlados por seu sócio ou, ainda, se do abuso de personalidade jurídica, consistente no desvio de finalidade ou na confusão patrimonial, se puder concluir que o sócio manifestou, mesmo que de forma tácita, sua concordância com o contrato base contendo cláusula compromissória, será possível vinculá-lo à convenção de arbitragem, sem se recorrer ao instituto da desconsideração da personalidade jurídica.

Diante disso, o recurso à desconsideração da personalidade jurídica para fim de jurisdição pode se revelar equivocado, quando se fundamentar não no consentimento, mas em caso de abuso puro e simples; e, de outra parte, desnecessário, para abarcar ente que de alguma forma se vinculou por comportamento à cláusula compromissória. A despeito disso, de rigor registrar posicionamentos favoráveis à desconsideração da personalidade jurídica na arbitragem[300].

Um caminho médio que parece estar se desenhando na doutrina e jurisprudência brasileira é o de considerar presente o consentimento tácito apenas pelo fato de um não signatário, valendo-se de seu poder de controle sobre uma sociedade, firmar um contrato contendo convenção arbitral em nome desta e abusar de sua personalidade jurídica, preju-

---

Stavros L. *Third Parties in International Commercial Arbitration*. Oxford International Arbitral Series. New York: Oxford University Press, 2010, p. 170).

[300] É o caso, por exemplo, de PÉRSIO THOMAZ FERREIRA ROSA, ainda que o autor pouco fundamente sua posição (*Os terceiros em relação à convenção de arbitragem: tentativa de sistematização sob a perspectiva do direito privado brasileiro*. Dissertação (Mestrado). São Paulo, 2010, p. 214). No mesmo sentido, MARCOS PAULO DE ALMEIDA SALLES, para quem: "A nosso ver, a aplicação, em sede de arbitragem, do disposto no art. 50 do CC Brasileiro pode ter cabimento não com a amplitude que é dada ao magistrado, mas tão-somente quando aos árbitros couber examinar a possibilidade de conexão entre a posição da postulante e a responsabilidade que decorre ao seu controlador ou coligado por força da relação necessária entre os fatos que decorrem do escopo do negócio analisado na arbitragem, isto é, conexão, sem a qual o desejo das postulantes não seria viabilizado no negócio jurídico subjacente. (...) Por outro lado, no entanto, estando inserido nos limites do pedido, poderá caber ao prudente julgamento do árbitro estender os efeitos de sua decisão às pessoas solicitadas pelas partes, que se vejam alvo da participação nas consequências da decisão, toda vez que houverem concorrido de modo indispensável para a concretização ou viabilização, mesmo que indireta, do negócio jurídico subjacente, do qual deriva a controvérsia sobre direitos patrimoniais disponíveis, pois se trata de essencialidade." (*A aplicação da desconsideração da personalidade jurídica à arbitragem*. In: VERÇOSA, Haroldo Malheiros Duclerc (Org.). *Aspectos da arbitragem institucional: 12 anos da Lei 9.307 de 1996*. São Paulo: Malheiros, 2008, pp. 146-147).

5. ADIÇÃO DE PARTES NÃO SIGNATÁRIAS

dicando a contraparte. Em termos mais simples, considerar o próprio abuso da personalidade jurídica a manifestação de consentimento com a cláusula compromissória[301].

O ponto levantado foi discutido no recurso especial envolvendo, de um lado, como recorrentes, Serpal Engenharia e Construtora Ltda. ("Serpal") e outros; e, de outro lado, Continental do Brasil Produtos Automotivos Ltda. ("Continental"), como recorrida ("Caso Serpal")[302]. Em resumo, a Continental ajuizou medida cautelar de arresto contra a Serpal, como forma de garantir a satisfação de crédito que seria perseguido em procedimento arbitral, antes mesmo da instauração da arbitragem. Pretendia, ainda, a desconsideração da personalidade jurídica da Serpal, para que a constrição pudesse recair sobre o patrimônio de seu proprietário e administrador, Juan Quirós, e de seus filhos, Augusto e Priscila Quirós, bem como da empresa Guprime Participações Ltda., proprietários formais de bens que a medida visava alcançar. Os pedidos de desconsideração da personalidade jurídica e de arresto foram deferidos pelo juízo da 30ª Vara Cível da Comarca de São Paulo. Instado a se manifestar sobre a decisão, o tribunal arbitral, já constituído no bojo do procedimento CAM/CCBC nº 29/2013/SEC1, declarou não ser competente para conhecer as pretensões, ao argumento de que a medida "foi dirigida a terceiros não signatários da cláusula compromissória, ou seja, pessoas físicas e jurídicas em relação às quais os árbitros não têm jurisdição". Segundo relatado no acórdão do recurso especial, nenhuma parte se insurgiu contra essa decisão dos árbitros. Posteriormente, a liminar foi confirmada por sentença, que veio a ser mantida pelo TJ/SP. No recurso especial, a Serpal alegou que a Continental deveria ter promovido

---

[301] ARNOLDO WALD, ao discorrer sobre essa possibilidade, afirma: "No processo arbitral, a interpretação da cláusula pressupõe sempre o consensualismo, abrangendo a vontade expressa, tácita ou presumida das partes ou, ainda, os casos de simulação e fraude." (*A desconsideração na arbitragem societária*. In: Revista de Arbitragem e Mediação. São Paulo: Revista dos Tribunais, v. 44, 2015, p. 59). Nesse passo, o autor explica que "[n] o momento em que se admitiu a aceitação tácita da arbitragem, é preciso que, no caso de fraude, ou má-fé, o processo seja contra o devedor real e não somente contra aquele que simulou ou que ocupou indevidamente o seu lugar para frustrar os direitos da outra parte"; e assevera que a adesão à cláusula compromissória pode ser interpretada "em virtude da existência de fraude, quando uma das partes é instrumento de terceiro que atua de má-fé." (op. cit., respectivamente, p. 52 e p. 49).

[302] STJ, REsp 1.698.730/SP, Rel. Min. Raul Araújo, Quarta Turma, d.j. 26.10.2018.

a correspondente ação principal perante o juízo arbitral, em face de todos os demandados na medida cautelar de arresto. Como não o fez no prazo de 30 dias, o recurso especial deveria ser provido para extinguir a medida, levantando-se as constrições realizadas.

Por maioria de votos, o STJ deu provimento ao recurso especial para extinguir, sem julgamento de mérito, a cautelar de arresto cumulada com pedido de desconsideração da personalidade jurídica. A corte superior entendeu que a jurisdição estatal se exaure a partir da instauração da arbitragem, de modo que não cabia ao juízo singular a confirmação da liminar por sentença. Segundo o acórdão, o tribunal arbitral deveria ter deliberado sobre a subsistência, modificação ou revogação da decisão liminar proferida pelo Judiciário, a partir da veiculação, pela Continental, dos fatos aduzidos na cautelar judicial, garantindo-se o contraditório e a ampla defesa a todos os não signatários que figuraram no polo passivo da cautelar judicial.

No que se refere à possibilidade de o tribunal arbitral decidir sobre o pedido de desconsideração da personalidade jurídica da Serpal, o STJ consignou: "o consentimento tácito ao estabelecimento da arbitragem há de ser reconhecido, ainda, nas hipóteses em que um terceiro, utilizando-se de seu poder de controle para a realização de contrato, no qual há estipulação de compromisso arbitral (sic), e, em abuso da personalidade jurídica interposta, determina tal ajuste, sem dele figurar formalmente, com o manifesto propósito de prejudicar o outro contratante, evidenciado, por exemplo, por atos de dissipação patrimonial em favor daquele"[303]; e afirmou que o processo arbitral servirá de escudo para evitar a responsabilização do terceiro que cometeu a fraude, "se o instituto da desconsideração da personalidade jurídica (...) não puder ser submetido ao juízo arbitral." Concluiu, assim, que o incidente de desconsideração da personalidade jurídica é "matéria de competência do Juízo arbitral e, como tal, deveria ser necessariamente a ele submetido a

---

[303] Em outra passagem, o acórdão registrou: "É, portanto, no contexto de abuso da personalidade jurídica, fraude e má-fé da parte formalmente contratante, que se afiguraria possível ao Juízo arbitral – desde que provocado para tanto, após cuidadosa análise da pertinência das correlatas alegações, observado o contraditório, com exauriente instrução probatória (tal como se daria perante a jurisdição estatal) – deliberar pela existência de consentimento implícito ao compromisso arbitral por parte desse terceiro, que, aí sim, sofreria os efeitos subjetivos de futura sentença arbitral".

5. ADIÇÃO DE PARTES NÃO SIGNATÁRIAS

julgamento em momento subsequente, providência não levada a efeito pela recorrida [Continental], como seria de rigor."

Na linha do voto dissidente da Min. Nancy Andrighi, entendemos que a desconsideração da personalidade jurídica, por definição, afeta direitos e interesses de terceiros. Assim, partindo da premissa, consignada em seu voto, de que a "a resolução dos conflitos por meio da arbitragem exige a consensualidade entre as litigantes, seja de forma prévia ou posterior ao surgimento da lide", a reapreciação, pelo tribunal arbitral, da decisão proferida pelo Poder Judiciário desconsideraria "frontalmente a autonomia da vontade manifestada no momento da celebração da convenção arbitral".

Veja-se que, ao que consta, a Continental sequer suscitou a existência de consentimento dos não signatários com a cláusula compromissória. Ao contrário, a própria propositura da ação cautelar de arresto cumulada com pedido de desconsideração da personalidade jurídica perante a justiça estatal indica que a recorrida entendia inexistir esse pilar fundamental da arbitragem. Afinal, houvesse consentimento tácito com o contrato base e sua cláusula compromissória, a Continental poderia ter iniciado arbitragem em face de todos os proprietários dos bens arrestados para, ao final, ter contra eles um título executivo. A cautelar de arresto, por outro lado, demanda requisitos próprios que não se confundem com o consentimento exigido para se dirimir uma disputa por arbitragem; o mesmo podendo ser dito sobre o instituto da desconsideração da personalidade jurídica. Aqui, requer-se tão somente a presença de abuso de personalidade jurídica, "caracterizado pelo desvio de finalidade ou pela confusão patrimonial"[304]. Exigir que a Continental requeira a manutenção da medida perante um tribunal arbitral e, para tanto, demonstre o consentimento dos que tiveram seus bens arrestados com a convenção de arbitragem, é, de uma só vez, (i) transformar o tribunal arbitral em instância revisora de medida que pode ultrapassar os limites objetivos e subjetivos de uma dada convenção de arbitragem; e (ii) impor um requisito adicional à desconsideração da personalidade jurídica (o consentimento com o contrato base), que não está previsto em lei.

---

[304] Mesmo com base na teoria menor da desconsideração da personalidade jurídica, em que ela pode ocorrer mediante a constatação de simples insuficiência de bens do devedor, não há que se falar em consentimento, como requisito para sujeitar o patrimônio de terceiros à constrição.

De outra parte, considerar o abuso da personalidade jurídica, puro e simples, prova de consentimento com a arbitragem parece-nos inaceitável exagero, que desvirtua o significado da palavra consentir.

Assim, entendemos que havia dois caminhos possíveis a serem seguidos: o primeiro, que não foi escolhido pela Continental, seria invocar a participação dos não signatários na arbitragem com base em fatos e provas que indicassem sua adesão tácita ao contrato e à cláusula compromissória[305]. Nesse caso, a recorrida poderia conseguir, no curso da arbitragem, a determinação de medidas protetivas de seu futuro crédito, que seriam proferidas pelo tribunal arbitral, ainda que pudessem contar com o auxílio do Poder Judiciário para sua efetivação, na hipótese de ser necessária a prática de atos coercitivos; e, ao final, um título executivo em face de todos os que constaram no polo passivo da cautelar judicial.

O segundo caminho possível seria ajuizar a medida efetivamente requerida perante o Poder Judiciário e cumprir seus requisitos próprios. Assim, se havia necessidade de ajuizamento de uma ação principal, no prazo de trinta dias, para que a medida cautelar preservasse seus efeitos, ela poderia ter sido proposta perante o Poder Judiciário, caso se fundasse em questões que transcendessem os limites objetivos (ato de abuso de personalidade jurídica) e subjetivos (envolvimento de terceiros que não assentiram com a arbitragem) da convenção de arbitragem, como parece ser o caso[306].

---

[305] Ao comentar o caso, AMANDA LEMOS DILL bem anotou que, nesse caso, "(...) a inclusão de partes não signatárias do compromisso arbitral à arbitragem deveria ter ocorrido por outro instituto que não a desconsideração da personalidade jurídica, seja porque atingiu o patrimônio de pessoas que não eram sócias da sociedade desconsiderada, isto é, atingiu terceiros beneficiários, seja pela exigência de consentimento (expresso ou tácito) pelo Direito brasileiro para a sujeição à arbitragem em renúncia à jurisdição estatal.
Nesse caso, é difícil considerar que houve tácita adesão, ou consentimento tácito, dos terceiros atingidos pela medida assecuratória à cláusula compromissória, pois os fatos indicam que não houve participação contundente deles durante as negociações entre Serpal e Continental." (*Jurisprudência Estatal Nacional Comentada: Superior Tribunal de Justiça. Recurso Especial 1.698.730/SP. Ação cautelar de arresto. Bens de terceiros. Desconsideração da personalidade jurídica. Assegurar o resultado útil da vindoura sentença arbitral. Competência do juízo arbitral*. In: Revista Brasileira de Arbitragem. São Paulo: Thompson-IOB, v. 15, n. 60, 2018, p. 110).

[306] Não entraremos no tema aqui se, de fato, havia necessidade de ajuizamento da ação principal contra todos, como entenderam os Min. Marco Aurélio Bellizze, Moura Ribeiro e Ricardo Villas Bôas Cueva, ou se isso não seria necessário, uma vez que os terceiros poderiam "exercer seus direitos ao contraditório e à ampla defesa posteriormente, por meio dos

5. ADIÇÃO DE PARTES NÃO SIGNATÁRIAS

Em conclusão, desconsiderar a personalidade jurídica de uma sociedade qualquer exige a comprovação de seus requisitos próprios, dentre os quais não se encontra a prova de consentimento do sócio, atingido pela desconsideração, com o contrato que deu origem à relação jurídica entre credor e devedor. A arbitragem, por outro lado, demanda consentimento, sob pena de afrontar o art. 5º, XXXV, da CF, como já entendeu o STF. A vinculação de um não signatário com a convenção de arbitragem não pode, portanto, ser ato de sanção pela prática de conduta abusiva.

Desse modo, a única forma de conciliar o instituto da desconsideração da personalidade jurídica com o fundamento consensual da arbitragem seria transformar o ato de abuso da personalidade jurídica na própria manifestação de consentimento com essa forma de resolução de disputas, mas isso, quer nos parecer, seria criar uma ficção de consentimento. Diante disso, ou bem se demonstra um requisito adicional, não previsto em lei – o consentimento com a respectiva convenção de arbitragem –, para que um tribunal arbitral possa operar a desconsideração de uma personalidade jurídica; ou bem se requer a medida perante o Poder Judiciário, inclusive em sede de execução da sentença arbitral, decretada por um juiz togado, ao se deparar com caso de abuso de personalidade[307].

---

instrumentos processuais adequados (por exemplo: embargos à execução, impugnação ao cumprimento de sentença ou exceção de pré-executividade)", como entenderam os Min. Nancy Andrighi e Paulo de Tarso Sanseverino.

[307] É o que defendem, entre outros: CARMONA, Carlos Alberto. *Arbitragem e Processo: Um Comentário à Lei nº 9.307/96*. São Paulo: Atlas, 2009, p. 83; e CARDOSO, Paula Butti. *Limites subjetivos da convenção de arbitragem*. Dissertação (Mestrado). São Paulo, 2013, p. 154). A propósito, há diversos precedentes autorizando a desconsideração da personalidade jurídica em sede de execução de sentença arbitral. São exemplos: TJ/SP, Agravo de Instrumento nº 2046676-11.2019.8.26.0000, Rel. Des. Adilson de Araújo, 31ª Câmara de Direito Privado, d.j. 14.05.2019; TJ/SP, Agravo de Instrumento nº 2049331-53.2019.8.26.0000, Rel. Des. Sá Moreira de Oliveira, 33ª Câmara de Direito Privado, d.j. 06.05.2019; TJ/PR, Agravo de Instrumento 0037526-87.2017.8.16.0000, Rel. Des. Luciano Carrasco Falavinha Souza, 12ª Câmara Cível, d.j. 06.12.2018; e TJ/SP, Agravo de Instrumento nº 0071264-63.2012.8.26.0000, Rel. Des. Galdino Toledo Júnior, 9ª Câmara de Direito Privado, d.j. 03.07.2012. De rigor mencionar, inclusive, a existência de precedente de desconsideração da personalidade jurídica em sede de medida cautelar incidental a pedido de homologação de sentença arbitral estrangeira (STJ, AgRg na Medida Cautelar 17.411/DF, Rel. Min. Ari Pargendler, d.j. 20.08.2014).

5.4. Estipulação em favor de terceiros

Há estipulação em favor de terceiro quando as partes de um contrato estabelecem um benefício qualquer a um não contratante, que adquire um direito próprio à vantagem pactuada em seu favor[308]. São exemplos o contrato de depósito celebrado para que instituição financeira guarde valores em uma conta *escrow*, que poderão ser levantados pelo terceiro beneficiário deste contrato, uma vez verificada a materialização de certas condições contratuais; o seguro de vida pactuado entre mãe e seguradora, para que seus filhos recebam indenização quando ela vier a falecer; e o contrato de transporte de mercadoria, celebrado entre remetente e transportadora, no qual o destinatário da coisa é o terceiro beneficiário da relação jurídica[309].

No ordenamento brasileiro, a figura está prevista nos arts. 436 a 438 do CC, que garantem ao terceiro a aquisição do direito previsto no contrato *inter alios* em razão de sua simples conclusão[310], isso é, sem que seja necessária qualquer manifestação de consentimento de sua parte. Disso deflui a questão que importa ao presente estudo, qual seja, se o terceiro beneficiário estará vinculado à cláusula compromissória contida no contrato do qual não é parte, em que se estipulou algo em seu favor.

O tema deve ser enfrentado sob duas óticas distintas: a primeira, consistente nos casos em que o terceiro beneficiário pretende fazer uso da cláusula compromissória contida no contrato *inter alios* para demandar, em arbitragem, uma ou mais das partes do contrato em que há a estipulação em seu favor; a segunda, naturalmente mais sensível no que

---

[308] CAMPOS, Diogo Leite de. *Contrato a Favor de Terceiro*. Coimbra: Almedina, 2009, p. 7. Nas palavras de LUCIANO DE CAMARGO PENTEADO: "A estipulação em favor de terceiros consiste em uma declaração jurídico-negocial feita em contratos a qual atribui um benefício patrimonial direto e imediato para produzir efeito no patrimônio de um sujeito que não é parte do negócio bilateral. É uma figura do direito contratual geral destinada a criar uma obrigação para a parte do contrato cujo sujeito ativo seja diverso do contratante, ou seja, consista em pessoa estranha ao contrato." (*Efeitos Contratuais Perante Terceiros*. São Paulo: Quartier Latin, 2007, pp. 127-128).

[309] Conforme ensina DIOGO LEITE DE CAMPOS, "[q]ualquer contrato que não tenha natureza estritamente pessoal pode ser celebrado a favor de terceiro." (*Contrato a Favor de Terceiro*. Coimbra: Almedina, 2009, p. 8).

[310] MARINO, Francisco Paulo de Crescenzo. *Eficácia da convenção de arbitragem perante terceiros: o caso do terceiro beneficiário*. In: BENETTI, Giovana et al (Coords.). Direito, Cultura, Método. Leituras da obra de Judith Martins-Costa. Rio de Janeiro: GZ Editora, 2019, p. 866.

5. ADIÇÃO DE PARTES NÃO SIGNATÁRIAS

se refere ao dogma do consentimento na arbitragem, diz respeito aos casos em que um ou mais contratantes pretendam submeter o terceiro não signatário à arbitragem.

Na primeira situação, quando o terceiro beneficiário quer invocar a cláusula compromissória em seu favor, o requisito do consentimento com a arbitragem é automaticamente suprido. Afinal, o não signatário está manifestando seu inequívoco interesse em se submeter a essa forma de resolução de disputas, pelo que ninguém poderá cogitar de sua vinculação forçada ao pacto arbitral[311]. A constatação, no entanto, não encerra o debate acerca da vinculação dessa espécie de não signatário à convenção de arbitragem.

Em primeiro lugar, há que se compatibilizar essa perspectiva arbitralista, em que a manifestação de consentimento é suficiente para vincular alguém capaz a uma convenção de arbitragem, com o ponto de vista contratualista, em que as características e regras atinentes à figura do terceiro beneficiário não podem ser desprestigiadas. Assim, de rigor verificar que o princípio da relatividade dos efeitos contratuais só é excetuado, no caso do terceiro beneficiário, na medida em que o contrato lhe atribua apenas vantagens, jamais obrigações[312]. Com efeito, dispensa-se a aceitação do terceiro e sua participação no negócio jurídico bilateral para que o contrato *inter alios* produza efeitos, em razão do caráter benéfico da estipulação feita em seu favor[313]. Qualquer tentativa

---

[311] Examinando o tema sob a ótica internacional, STAVROS L. BREKOULAKIS pontua que basta ao terceiro demonstrar que as partes do contrato pretenderam lhe atribuir um benefício material com a avença, para que o não signatário fique imediatamente autorizado a invocar a cláusula compromissória em seu favor (*Third Parties in International Commercial Arbitration*. Oxford International Arbitral Series. New York: Oxford University Press, 2010, p. 61).

[312] É o que ensina DIOGO LEITE DE CAMPOS: "De acordo com a doutrina dominante, entendemos que não são oponíveis obrigações ao beneficiário por mero efeito do contrato.
O princípio da relatividade dos contratos só não actua quando as partes quiseram atribuir uma vantagem ao terceiro. Só se permite que a esfera jurídica de alguém seja aberta de fora, sem autorização prévia do seu titular, quando se prossegue, em abstracto, um interesse deste, quando ao terceiro são atribuídos unicamente direitos. Nos casos em que já encargos – e mesmo que os benefícios ultrapassem os encargos – esta intromissão, não só não pode presumir no interesse de terceiro, como não é necessária tecnicamente." (*Contrato a Favor de Terceiro*. Coimbra: Almedina, 2009, pp. 102-103).

[313] PENTEADO, Luciano de Camargo. *Efeitos Contratuais Perante Terceiros*. São Paulo: Quartier Latin, 2007, p. 128.

de atribuir obrigações ao terceiro, portanto, não produziria efeitos sem sua aceitação[314].

Em consequência, deve-se averiguar se a cláusula compromissória estabelecida no contrato celebrado entre as partes pode significar uma posição desvantajosa ao terceiro, por conta dos efeitos positivo e negativo que encerra, isso é, na medida em que imporia ao terceiro as obrigações de submeter eventuais controvérsias oriundas do contrato à arbitragem e de abster-se de demandá-las perante o Poder Judiciário[315]. Sendo afirmativa a resposta, a cláusula seria ineficaz em relação ao terceiro beneficiário.

Nesse passo, observa-se que, conquanto não se possa atribuir obrigações ao terceiro beneficiário, admite-se, por outro lado, que o contrato celebrado *inter alios* possa lhe impor um ônus[316]. Diferentemente de uma obrigação, que pode ser cobrada do devedor, o ônus é entendido como a possibilidade conferida, a seu titular, de desenvolver um certo comportamento com o objetivo de obter uma vantagem. Trata-se, assim, de algo incoercível, não se admitindo que o terceiro beneficiário seja colocado numa situação de coação ou sujeição[317].

---

[314] MARINO, Francisco Paulo de Crescenzo. *Eficácia da convenção de arbitragem perante terceiros: o caso do terceiro beneficiário*. In: BENETTI, Giovana et al (Coords.). Direito, Cultura, Método. Leituras da obra de Judith Martins-Costa. Rio de Janeiro: GZ Editora, 2019, pp. 866-867.

[315] Vale registrar que a indagação é válida ainda que, na situação hipotética ora enfrentada, o terceiro beneficiário tenha manifestado, após a conclusão do contrato, seu interesse em se valer da cláusula compromissória nele contida. Isso porque, como se viu, o contrato em que há estipulação em favor de terceiros produz efeitos desde sua conclusão, não dependendo da aceitação do terceiro para tanto.

[316] CAMPOS, op. cit., p. 103.

[317] Vale a pena transcrever a lição de DIOGO LEITE DE CAMPOS sobre o assunto: "As normas que estabelecem um ónus propõem uma regra final e fixam os meios que pastes têm liberdade de usar para atingir os seus fins. O sujeito do ónus é chamado a desenvolver uma atividade no seu próprio interesse, necessária para a prossecução de certo fim. A obrigação é um dever de conduta imposto por uma norma para tutela de um interesse alheio. O titular do ónus tem o direito (o poder e a liberdade) de determinar sua conduta de modo a obter um dado efeito jurídico que realiza um seu interesse. Tal conduta pode preencher-se com um conteúdo positivo ou negativo, dirigido à obtenção de um resultado útil ou a evitar uma consequência desvantajosa. Sendo um poder, é incoercível. Desta maneira não se restringe, pois antes se amplia, a possibilidade de acção do beneficiário, a quem fica assistindo o direito de actuar um comportamento cuja observância determinada uma modificação que lhe será favorável, na situação jurídica preexistente." (*Contrato a Favor de Terceiro*. Coimbra: Almedina, 2009, pp. 104-105).

5. ADIÇÃO DE PARTES NÃO SIGNATÁRIAS

Esse parece ser o exato caso da convenção de arbitragem pactuada no contrato em que há estipulação em favor de terceiro, quando o terceiro beneficiário pretende dela fazer uso para cobrar o benefício que lhe foi prescrito no contrato. Neste caso, não se está obrigando o terceiro a arbitrar, mas apenas se impondo a ele o ônus de demandar por essa via os contratantes, caso pretenda requerer o direito que o contrato lhe assegurou[318].

O recuso à noção de ônus, portanto, permite conciliar a figura do terceiro beneficiário, obedecendo suas regras próprias, com a natureza consensual da convenção de arbitragem, de modo a autorizar que o não signatário invoque, em seu favor, a cláusula compromissória do contrato celebrado entre as partes[319-320].

Outro ponto que pode surgir no contexto da invocação, pelo terceiro beneficiário, da cláusula compromissória contida no contrato *inter alios* diz respeito à intenção dos signatários da convenção de arbitrar disputas com o terceiro beneficiário. Embora não possa haver dúvida de que, ao celebrarem uma convenção de arbitragem, promitente e estipulante pretendiam dirimir eventuais controvérsias surgidas entre si relativas àquele contrato pela via arbitral, pode-se questionar se pretendiam também vincular o terceiro beneficiário à mesma convenção de arbitragem.

Aqui, nos parece, a presunção deve militar no sentido de que os contratantes tinham a intenção de vincular a todos ao pacto arbitral. Afinal,

---

[318] "Transpondo a noção de ônus ao caso específico, entende-se que a vinculação do terceiro à arbitragem, no contexto da atribuição de um direito de crédito, equivale a impor-lhe um ônus, e não propriamente uma obrigação, na medida em que se lhe prescreve uma determinada conduta no interesse próprio, isto é, com o objetivo de fazer valer o direito que o contrato lhe confere. Nesse sentido, parece possível qualificar a posição jurídica em questão como uma espécie de ônus processual. Ao exercer a pretensão oriunda do contrato, e o correlato direito de ação, o terceiro deve observar o rito estabelecido no mesmo contrato" (MARINO, Francisco Paulo de Crescenzo. *Eficácia da convenção de arbitragem perante terceiros: o caso do terceiro beneficiário*. In: BENETTI, Giovana et al (Coords.). Direito, Cultura, Método. Leituras da obra de Judith Martins-Costa. Rio de Janeiro: GZ Editora, 2019, p. 868).

[319] A propósito, o art. 436, § único do CC estabelece que o terceiro beneficiário, ao exigir a vantagem que lhe foi conferida no contrato, fica sujeito às normas e condições ali pactuadas, o que entendemos vale inclusive para sua convenção de arbitragem.

[320] Há quem defenda, no entanto, que o terceiro beneficiário não poderá se valer da cláusula compromissória do contrato celebrado entre promitente e promissário. Nesse sentido: PENTEADO, Luciano de Camargo. *Efeitos Contratuais Perante Terceiros*. São Paulo: Quartier Latin, 2007, pp. 22-23.

se estipularam um benefício a um terceiro por meio de um contrato e, neste mesmo contrato, inseriram uma cláusula compromissória, parece razoável supor que pretendiam dirimir todos os potenciais conflitos dele decorrentes, inclusive aqueles que envolvessem o terceiro, por arbitragem[321]. É certo, no entanto, que a redação de uma dada cláusula compromissória poderá indicar uma conclusão contrária, tudo a depender das particularidades do caso concreto[322].

Situação mais complexa ocorre quando os contratantes pretendem submeter o terceiro beneficiário à arbitragem, com base na cláusula compromissória contida no contrato que ele jamais firmou. Em princípio, o entendimento de que a submissão do terceiro beneficiário à arbitragem poderia significar uma imposição de posição desvantajosa a ele levaria à rápida conclusão no sentido da inviabilidade da vinculação do não signatário à convenção de arbitragem[323].

Mais uma vez, no entanto, duas situações distintas devem ser traçadas. Caso o terceiro já tenha aceitado o benefício que o contrato lhe garante, ou ao menos indicado que pretende fazê-lo, entende-se que estará vinculado à cláusula compromissória nele contida. Essa posição é amplamente defendida pela doutrina brasileira[324] e internacional[325].

---

[321] Com posição ainda mais favorável à arbitragem, PAULA BUTTI CARDOSO afirma: "Tampouco pode haver dúvidas de que os contratantes, ao firmarem um contrato que favorece terceiro e nele inserirem cláusula compromissória, pretendiam que o beneficiário fosse vinculado a ela." (*Limites subjetivos da convenção de arbitragem*. Dissertação (Mestrado). São Paulo, 2013, p. 123).

[322] Como bem lembra FRANCISCO PAULO DE CRESCENZO MARINO: "Deve-se ressaltar, contudo, a hipótese (pouco comum, ao que parece) de as partes – promitente e estipulante – terem excluído expressamente a possibilidade de o terceiro vir a integrar a arbitragem, pois nesse caso a exclusão deverá ser prestigiada, ainda que o beneficiário queira submeter a controvérsia à jurisdição arbitral." (*Eficácia da convenção de arbitragem perante terceiros: o caso do terceiro beneficiário*. In: BENETTI, Giovana et al (Coords.). Direito, Cultura, Método. Leituras da obra de Judith Martins-Costa. Rio de Janeiro: GZ Editora, 2019, p. 869).

[323] MARINO, op. cit., p. 867.

[324] Nesse sentido, podem ser citados, entre outros: CARDOSO, Paula Butti. *Limites subjetivos da convenção de arbitragem*. Dissertação (Mestrado). São Paulo, 2013, p. 123, para quem o "consentimento do beneficiário com os termos do contrato implica em consentimento tácito, tornando-se parte da convenção"; COSTA, Guilherme Recena. *Partes e Terceiros na Arbitragem*. Tese (Doutorado). São Paulo, 2015, p. 135, que afirma que "(...) não é necessário que o terceiro seja sequer efetivamente beneficiário; basta que alegue o status de beneficiário, aduzindo pretensão com base no contrato, para que haja consentimento com a jurisdição arbitral – ainda que os árbitros venham a decidir, por exemplo, que o terceiro não era de

5. ADIÇÃO DE PARTES NÃO SIGNATÁRIAS

De fato, se o terceiro colheu o benefício do contrato ou manifestou seu desejo de colher, isso significa que praticou ato concludente de manifestação de vontade com o contrato celebrado *inter alios*[326], o que inclui sua respectiva convenção de arbitragem. Nesse passo, não seria razoável autorizar o terceiro a colher os benefícios do contrato e, ao mesmo tempo, não se sujeitar às regras de solução de litígio nele contidas[327-328].

Por outro lado, se o terceiro beneficiário jamais obteve ou pretendeu obter o benefício previsto no contrato, não se pode sujeitá-lo à respectiva cláusula compromissória[329]. Isso equivaleria a forçar alguém que jamais consentiu com uma convenção de arbitragem a resolver, pela via arbitral, litígios de um contrato que não firmou e do qual não colheu nem pretendeu colher nenhum benefício, o que feriria o dogma do consentimento na arbitragem. O mero *status* de terceiro beneficiário, portanto, não pode ser suficiente para obrigar o não signatário à arbitragem[330].

Em conclusão, entendemos que o terceiro beneficiário estará vinculado à convenção de arbitragem do contrato *inter alios* quando (i) requerer, ele próprio, sua vinculação, desde que a cláusula compromis-

---

fato titular da situação substancial alegada."; MAZZONETTO, Nathalia. *Partes e terceiros na arbitragem*. Dissertação (Mestrado). São Paulo, 2012, p. 274; e MARINO, Francisco Paulo de Crescenzo. *Eficácia da convenção de arbitragem perante terceiros: o caso do terceiro beneficiário*. In: BENETTI, Giovana et al (Coords.). Direito, Cultura, Método. *Leituras da obra de Judith Martins-Costa*. Rio de Janeiro: GZ Editora, 2019, p. 876.

[325] Analisando o cenário internacional, GARY B. BORN afirma: "In many legal systems, non-parties to a contract may, in certain circumstances, invoke the benefits of that contract as third-party beneficiaries. In such circumstances, the third party may either be able to invoke or be bound by an arbitration clause contained in the contract." (*International Arbitration Cases and Materials*. The Hague: Kluwer International Law, 2015, p. 585). No mesmo sentido: SERAGLINI, Christophe; ORTSCHEIDT, Jérôme. *Droit de l'arbitrage interne et international*. Paris: Montchrestien, 2013, p. 218.

[326] PENTEADO, Luciano de Camargo. *Efeitos Contratuais Perante Terceiros*, São Paulo: Quartier Latin, 2007, p. 132.

[327] Essa situação se aproxima do que ocorre em certos casos de *estoppel*, conforme exposto no item 5.2, acima.

[328] Nesse contexto, CHRISTOPHE SERAGLINI e JÉRÔME ORTSCHEIDT afirmam que: "Par conséquent, le bénéficiaire ne devrait pas pouvoir, logiquement, accepter les avantages de la stipulation faite en sa faveur tout en refusant la clause d'arbitrage qui semble bien former un tout avec le reste de l'accord conclu entre le promettant et le stipulant." (op. cit., p. 218).

[329] CARDOSO, op. cit, p. 124; e MAZZONETTO, op. cit., p. 274.

[330] BREKOULAKIS, Stavros L. *Third Parties in International Commercial Arbitration*. Oxford International Arbitral Series. New York: Oxford University Press, 2010, p. 63.

sória em questão não o afaste expressamente dessa forma de resolução de disputas; e (ii) embora requerido na arbitragem, tenha colhido ou afirmado pretender colher os benefícios do contrato em que há estipulação em seu favor. De forma oposta, o terceiro beneficiário não estará vinculado à convenção de arbitragem sempre que os contratantes pretendam iniciar um procedimento contra o terceiro que jamais obteve ou afirmou pretender obter os benefícios do contrato que contém a cláusula compromissória[331]. Neste caso, no entanto, deve-se excetuar o terceiro que, a despeito disso, concorde em se sujeitar à convenção de arbitragem.

---

[331] Nesse sentido, a precisa lição de Francisco Paulo de Crescenzo Marino: "A nosso ver, uma possibilidade, convenientemente relacionada à própria natureza da estipulação em favor de terceiro, diz respeito à índole vantajosa do direito atribuído ao terceiro. Toda vez que a arbitragem tenha sido requerida pelo terceiro, ou, sendo ele o requerido, desde que tenha colhido o benefício oriundo do contrato ou pretenda fazê-lo, a qualificação da participação do terceiro como ônus processual ou meio de tutela do crédito, posições jurídicas acessórias em relação a ele, soa adequada. O mesmo já não poderia ser dito da participação em arbitragem requerida contra terceiro que não colheu o benefício do contrato tampouco declarou intenção de fazê-lo. Nesse caso, a posição do terceiro não parece qualificável como ônus, dado que não se vislumbra a conduta voluntária, voltada à obtenção de um benefício. Ter-se-ia, mais propriamente, a imposição de uma obrigação, incompatível com a natureza da estipulação em favor de terceiro." (*Eficácia da convenção de arbitragem perante terceiros: o caso do terceiro beneficiário*. In: Benetti, Giovana et al (Coords.). Direito, Cultura, Método. *Leituras da obra de Judith Martins-Costa*. Rio de Janeiro: GZ Editora, 2019, p. 876).

Capítulo 6
Substituição por partes não signatárias

Neste capítulo serão abordados casos em que um sujeito da convenção de arbitragem dá seu lugar a outrem, que passa a ostentar a qualidade de parte do pacto arbitral, embora não o tenha assinado[332]. Trata-se, destarte, do fenômeno da *substituição* de uma parte por outra, esta necessariamente superveniente e não signatária da convenção, que ingressa na relação jurídica por ato volitivo ou por força da lei[333].

Nesse passo, pretendemos examinar algumas das hipóteses mais comuns que ensejam a *substituição* de uma parte por outra não signatária, sem termos, novamente, a pretensão de esgotar todas as situações que poderiam ser classificadas nesse grupo. Assim, falaremos dos casos de cessão da posição contratual, da cessão de crédito, da assunção de dívida e da sucessão[334].

---

[332] Embora a doutrina, normalmente, aluda a casos em que uma parte original e signatária da convenção de arbitragem dá seu lugar a outra, superveniente e não signatária, nada impede que haja sucessivas substituições de partes, de modo que uma parte, ela mesma superveniente e não signatária, dê seu lugar a outra, também superveniente e não signatária.

[333] Costuma-se nomear essa situação como circulação ou transmissão da convenção de arbitragem. Nesse sentido, entre outros: CLAY, Thomas. *A extensão da cláusula compromissória às partes não contratantes (Fora grupos de contratos e grupos de sociedades/empresas)*. In: Revista Brasileira de Arbitragem. São Paulo: Thompson-IOB, 2005, p. 74.

[334] Outras hipóteses que poderiam ser enquadradas no presente capítulo são as do contrato com pessoa a declarar e de sub-rogação. Quanto à primeira, nada obstante a parte nomeada assuma retroativamente os direitos e obrigações do nomeante, o signatário original de fato

Como se verá em maiores detalhes nos capítulos que seguem, a noção de consentimento parece adquirir contornos diferentes daqueles verificados nos casos de *identificação* e *adição* de partes não signatárias, tratadas nos capítulos 4 e 5, acima, notadamente quando há *substituição* por força de lei. Isso porque prevalece o entendimento de que há uma transferência automática, ou, ao menos, uma presunção de transmissão do pacto arbitral, quando o mesmo ocorre com o contrato base que a contém[335]. Dito de outra forma, a substituição da parte do negócio jurídico principal enseja, no mais das vezes, a correspondente substituição da parte da respectiva convenção de arbitragem.

6.1. Cessão da posição contratual

Muitas vezes, após a celebração de um contrato, um dos contratantes tem interesse em deixar a relação jurídica, pretendendo se substituir por outrem, interessado em dela participar[336]. A cessão da posição contratual, também chamada de cessão do contrato e, por vezes, de venda de contratos ou endosso de contrato[337], pode ocorrer nessas situações, despertando questionamentos importantes para a definição dos limites

---

cede seu lugar no contrato ao nomeado, que o substitui. De rigor registrar, contudo, a possibilidade de não haver a liberação do nomeante, ou a exclusão de sua responsabilidade. Neste caso, estar-se-ia diante de uma hipótese de *adição* de parte não signatária, como alertou: COSTA, Guilherme Recena. *Partes e Terceiros na Arbitragem*. Tese (Doutorado). São Paulo, 2015, p. 91.

[335] COSTA, op. cit., p. 81; e CARDOSO, Paula Butti. *Limites subjetivos da convenção de arbitragem*. Dissertação (Mestrado) São Paulo, 2013, pp. 157-158. São ressalvadas, usualmente, as hipóteses de estipulação contrária à transmissão da cláusula de arbitragem e de a convenção arbitral ter sido celebrada em caráter *intuitu personae* (FOUCHARD, Philippe; GAILLARD, Emmanuel; GOLDMAN, Berthold. *International Commercial Arbitration*. Edited by Emmanuel Gaillard and John Savage. The Hague: Kluwer Law International, 1999, pp. 430-435).

[336] BDINE JR., Hamid Charaf. *Cessão da posição contratual*. São Paulo: Saraiva, 2008, p. 36.

[337] CABRAL, Antonio da Silva. *Cessão de Contratos*. São Paulo: Saraiva, 1987, p. 65. Como destaca o autor, no direito brasileiro, encontra-se o termo "cessão de contrato" no artigo 2º da Lei nº 7.132, de 26.10.1983, que altera a Lei nº 6.099, de 12.09.1974, que "dispõe sobre o tratamento tributário de arrendamento mercantil, e dá outras providências" e o Decreto-lei nº 1.811, de 27.10.1980. Isso não obstante, no presente trabalho, utilizaremos a expressão "cessão da posição contratual", uma vez que, como se verá mais abaixo, o que é cedido não é o contrato em si, mas a posição contratual que um contratante ocupava no contrato. Daí PONTES DE MIRANDA referir-se à "transferência legal da posição subjetiva" (*Tratado de direito privado*. São Paulo: Revista dos Tribunais, tomo XXIII, 1984, § 2.878).

6. SUBSTITUIÇÃO POR PARTES NÃO SIGNATÁRIAS

subjetivos da convenção de arbitragem, tanto no que se refere à relação entre cedente e cessionário, quanto entre cedente e cedido[338] e, ainda, entre cedido e cessionário.

Diante da relevância do tema, alguns ordenamentos jurídicos contemplam regramento específico para a cessão da posição contratual. Dentre eles, destacamos o código civil italiano de 1942 e o código civil português de 1967, que a diferenciam de outros institutos correlatos ou que guardam alguma afinidade com a matéria, como a cessão de créditos e assunção de dívida[339], sobre as quais falaremos mais adiante.

No Brasil, tal como já se verificava sob a égide do Código Civil de 1916, a cessão da posição contratual não foi disciplinada autonomamente no Código Civil de 2002. Isso não obstante, o instituto é admitido tanto pela doutrina[340], quanto pela jurisprudência[341], sendo relevante mencio-

---

[338] A expressão "cedido", comumente usada em língua portuguesa, não é das mais felizes. Isso porque pessoas, físicas ou jurídicas, não podem ser objeto de cessão, sendo-o antes as posições jurídicas por essas ocupadas. Apesar disso, será utilizada neste trabalho justamente em razão de sua popularidade. A esse respeito, assinalou INOCÊNCIO GALVÃO TELLES: "A expressão *cedido*, referida a uma pessoa (e não a um direito ou a uma coisa), tem algo de isotérico; mas está consagrada, por influência da linguagem jurídica italiana, que fala de *ceduto*; e possui, além disso, a virtude da simplicidade, permitindo exprimir por uma palavra única o que doutro modo teria de dizer-se por uma paráfrase." (*Manual dos contratos em geral*. Coimbra: Coimbra Editora, 2002, pp. 454-455).

[339] JOAQUÍN J. FORNER DELAYGUA destaca, ainda, as legislações do Senegal, da Holanda e de Navarra (*La cesión de contrato*. Barcelona: Bosch, 1989, p. 17).

[340] Entre outros, destacamos: BDINE JR., Hamid Charaf. *Cessão da Posição Contratual*. São Paulo: Saraiva, 2008; CABRAL, Antonio da Silva. *Cessão de Contratos*. São Paulo: Saraiva, 1987; GOMES, Orlando. *Contratos*. Rio de Janeiro: Forense, 2008, p. 174; e PONTES DE MIRANDA, Francisco Cavalcanti. *Tratado de Direito Privado*. São Paulo: Revista dos Tribunais, tomo XXIII, 2012, §2.871, p. 494.

[341] Nesse sentido: STJ, REsp 1.036.530/SC, Rel. p/ acórdão. Min. Luis Felipe Salomão, Quarta Turma, d.j. 25.03.2014: "Partindo-se dessas premissas, consideradas as disposições atinentes ao instituto no ordenamento jurídico de outros países, especialmente português e italiano, e, atualmente, a norma inserta no artigo 299 do Código Civil ("É facultado a terceiro assumir a obrigação, com consentimento expresso do credor, ficando exonerado o devedor primitivo, salvo se aquele, ao tempo da assunção era insolvente e o credor o ignorava"), a doutrina elenca o consentimento do cedido como pressuposto de eficácia ou da própria validade da cessão de posição contratual." (Voto do Min. Marcos Buzzi); "Na prática, a finalidade da manifestação do cedido reside na possibilidade de análise da capacidade econômico-financeira do cessionário, de molde a não correr o risco de eventual inadimplemento; nesse ponto, assemelhando-se à figura do assentimento na assunção de dívida" (Voto do Min. Luis Felipe Salomão). Vide também os seguintes julgados do Tribunal de Justiça de São

nar que o artigo 8º da Lei nº 8.245/1991 parece disciplinar regra para a hipótese de cessão da posição contratual em relação locatícia[342].

Além da evidente inspiração no direito estrangeiro, a cessão da posição contratual encontra seu fundamento, em nosso ordenamento jurídico, nas normas contidas nos artigos 421 e 425 do CC, que, respectivamente, asseguram a liberdade de contratar em razão e nos limites da função social do contrato, e autorizam aos interessados a celebração de contratos atípicos. Mais do que isso, o instituto se vale da aplicação analógica das regras atinentes à cessão de crédito e à assunção de dívida, previstas nos artigos 286 a 298 e 299 a 303 do CC[343].

Trata-se, no entanto, de fenômeno de transmissão de obrigações com caráter mais amplo do que a cessão de crédito e a assunção de dívida[344].

Paulo: Apelação Cível nº 0002071-23.2005.8.26.0576, Rel. Des. Hamid Bdine, 31ª Câmara de Direito Privado, d.j. 25.06.2013; Apelação Cível nº 990.10.238371-7, Rel. Des. Francisco Loureiro, 4ª Câmara de Direito Privado, d.j. 09.09.2010; e Apelação Cível nº 523.868.4/9-00; Rel. Des. Francisco Loureiro, Quarta Câmara de Direito Privado, d.j. 06.03.2008.

[342] "Art. 8º Se o imóvel for alienado durante a locação, o adquirente poderá denunciar o contrato, com o prazo de noventa dias para a desocupação, salvo se a locação for por tempo determinado e o contrato contiver cláusula de vigência em caso de alienação e estiver averbado junto à matrícula do imóvel.

§ 1º Idêntico direito terá o promissário comprador e o promissário cessionário, em caráter irrevogável, com imissão na posse do imóvel e título registrado junto à matrícula do mesmo.

§ 2º A denúncia deverá ser exercitada no prazo de noventa dias contados do registro da venda ou do compromisso, presumindo-se, após esse prazo, a concordância na manutenção da locação."

[343] Por essa razão, há autores que defendem a desnecessidade de disciplina legal específica para a cessão da posição contratual. Veja-se, a esse respeito, a lição de HAMID CHARAF BDINE JR.: "A verificação de que a cessão da posição contratual é possível no sistema em vigor e de que há respostas satisfatórias para os problemas que suscita a partir da aplicação, por analogia, das regras da cessão de crédito e da assunção de dívidas demonstra que a adoção de dispositivos específicos para sua disciplina no Código Civil era mesmo despicienda". (op. cit., p. 123).

[344] Para HAMID CHARAF BDINE JR.: "(...) a cessão da posição contratual é o negócio jurídico pelo qual uma das partes, com a concordância da outra, se substitui por outra, estranha ao contrato original, assumindo seus deveres e direitos naquela relação jurídica." (*Cessão da posição contratual*. São Paulo: Saraiva, 2008, p. 63). No direito português, CARLOS ALBERTO DA MOTA PINTO traz a seguinte definição: "Constitui esse tipo de contracto o meio dirigido à circulação da relação contratual, isto é, à transferência *ex negotio* por uma das partes contratuais (cedente), com consentimento do outro contraente (cedido), para um terceiro (cessionário), do complexo de posições activas e passivas criadas por um contrato. Opera-se, assim, o subingresso negocial dum terceiro na posição de parte contratual do cedente, isto é, na

6. SUBSTITUIÇÃO POR PARTES NÃO SIGNATÁRIAS

Isso porque a cessão da posição contratual nada mais é do que a transferência, de uma parte a outra, do complexo de posições ativas e passivas de um negócio jurídico[345].

Esse complexo envolve não apenas aquilo que é cedido na cessão de crédito e na assunção de dívida, isso é, créditos e débitos, mas também seus direitos potestativos e deveres de sujeição, sendo transferidos, do cedente ao cessionário, os direitos de anulação, de rescisão, de resolução, do exercício da exceção de contrato não cumprido, bem como suas respectivas posições passivas[346]. Nesse passo, PONTES DE MIRANDA destaca que a regra é transferir-se toda a eficácia do negócio jurídico mais a posição do contratante que se retira. Assim, são cedidos direitos presentes e futuros, pretensões presentes e futuras, ações presentes e futuras, dívidas presentes e futuras, e obrigações presentes e futuras do cedente[347].

Em síntese, a finalidade da cessão da posição contratual é justamente a de se substituir integralmente o cedente pelo cessionário no negócio jurídico cuja posição foi transferida, em todas as suas dimensões, ativas e passivas.

Nesse contexto, para se operar a cessão da posição contratual, é imprescindível a manifestação de vontade de ao menos três sujeitos: não apenas do cedente e do cessionário, mas também do contratante originário que remanescerá na relação jurídica, isso é, do cedido[348]. Afinal, o

---

titularidade, antes encabeçada neste, da relação contratual ou, como se exprime a nossa lei (art. 424.º e segs.), da posição contratual" (*Cessão da Posição Contratual*. Coimbra: Almedina, 2003. pp. 71-72).

[345] Nas palavras de JOÃO DE MATOS ANTUNES VARELA: "A cessão da posição contratual (arts. 424.º e segs.) consiste, precisamente, no negócio pelo qual um dos outorgantes em qualquer contrato bilateral ou sinalagmático transmite a terceiro, com o consentimento do outro contraente, o complexo dos direitos e obrigações que lhe advieram desse contrato". E prossegue, destacando a importância da figura: "(...) na vida prática, designadamente no domínio das relações mercantis, sente-se desde há muito a necessidade de facultar aos contraentes a possibilidade de transmitirem a terceiro, não apenas o encargo duma dívida ou a titularidade dum direito de crédito isoladamente considerados, mas o complexo de direitos e obrigações que para um ou outro deles tenha advindo da celebração de certos contratos". (*Das obrigações em geral*. Coimbra: Almedina, 1999, v. II, pp. 345-347).

[346] CICALA, Rafaele. *Il negozio di cessione del contrato*. Napoli: Jovene, 1962, pp. 53-57.

[347] *Tratado de direito privado*. São Paulo: Revista dos Tribunais, tomo XXIII, 1984, p. 404.

[348] Como bem coloca ANTONIO DA SILVA CABRAL: "A cessão do contrato é negócio jurídico cujo objetivo é a transferência a um terceiro da posição contratual com a anuência da outra parte. Isto porque, sendo o contrato um acordo celebrado entre partes, não é possível

negócio jurídico por ele celebrado continuará a surtir efeitos, agora não mais com seu contratante original, o cedente, mas sim com um terceiro ingressante, o cessionário. Em razão disso, parece não haver grande dúvida de que a cláusula compromissória eventualmente constante desse negócio jurídico seja igualmente transferida, passando a vincular cedido e cessionário[349].

Com efeito, presente o requisito do consentimento dos envolvidos na cessão da posição contratual, não há razão para considerar que a convenção de arbitragem eventualmente constante do contrato não vincularia cedido e cessionário[350]. Isso não ocorrerá apenas caso as partes envolvidas tenham disciplinado que a cessão da posição contratual

que uma delas se retire da relação jurídica contratual sem que a outra consinta no seu afastamento." (*Cessão de Contratos*. São Paulo: Saraiva, 1987, p. 70). Nesse aspecto, a cessão da posição contratual se aproxima mais da assunção de dívida do que da cessão de crédito: "Pela mesma razão, porém, por que não é possível a assunção de dívida sem o assentimento do credor, também a substituição do cedente, na transmissão da posição contratual, se não pode consumar sem o consentimento do contraente cedido" (VARELA, João de Matos Antunes. *Das obrigações em geral*. Coimbra: Almedina, 1999, v. II, p. 348). Já na cessão de crédito, como se verá abaixo, não se faz necessária a concordância do cedido, mas sua simples notificação para que não pague àquele que não mais é credor. Com relação ao momento da concordância do cedido com a cessão da posição contratual, tem-se que ela poderá ser manifestada de forma simultânea, posterior ou até mesmo anterior ao acordo das duas partes restantes. (PINTO, Carlos Alberto da Mota. *Cessão da Posição Contratual*. Coimbra: Almedina, 2003, p. 72).

[349] Para CARLOS ALBERTO DA MOTA PINTO: "[a] cláusula compromissória inserta no contrato cedido continua a vincular o cedido e o cessionário. (...) Ora, parece que os sujeitos subentrados na relação contratual cedida estão vinculados pela referida cláusula contratual. Constituindo ela, na verdade, um dos elementos do contrato, tendente a facilitar, com intervenção de peritos, a solução de litígios sobre qualidades contratuais das mercadorias, é razoável que se estenda, por identidade de motivos, se não se dispôs diversamente, às diversas transferências, mesmo que circunscritas a uma parte apenas do negócio; o mesmo valerá, para os restantes contratos processuais, concluídos em vista dum processo futuro, antes do seu início, salvo se do conteúdo destes resulta o seu caráter pessoal." (op. cit., pp. 187-188).

[350] COSTA, Guilherme Recena. *Partes e Terceiros na Arbitragem*. Tese (Doutorado). São Paulo, 2015, p. 88. A esse respeito, destacamos precedente do TJ/GO, em que se consignou: "A transmissão de obrigações ao cessionário, ora Apelante, não torna sem eficácia o contrato originário. Portanto, sem qualquer relevância o fato do Apelante não ter assinado o instrumento particular de compromisso de compra e venda de terreno urbano e outras avenças jurídicas, vez que assumiu todas as obrigações lá estipuladas, inclusive, o compromisso arbitral anteriormente aceito pela cedente." (Apelação Cível nº 0450729-48.2013.8.09.0174; Rel. Des. Olavo Junqueira de Andrade, d.j. 19.10.2017).

6. SUBSTITUIÇÃO POR PARTES NÃO SIGNATÁRIAS

não abrangerá a convenção de arbitragem ou se esta tiver caráter *intuitu personae*[351].

De outra parte, importante observar que, na cessão da posição contratual, ocorre a transferência da titularidade do negócio jurídico, isso é, da posição que o cedente ocupava naquele negócio. Não há que se cogitar, portanto, da cessão do negócio jurídico em si, que não acontece[352]. Este permanece idêntico ao que era antes da cessão, no que se refere à sua dimensão objetiva, mudando apenas sua dimensão subjetiva[353].

Trata-se, pois, a cessão da posição contratual, de um contrato que tem por objeto outro contrato[354]. Assim, nada impede que o instrumento de cessão da posição contratual do negócio jurídico originário discipline uma forma distinta de resolução de controvérsias dele oriundas, em comparação àquela prevista no contrato cuja posição está sendo cedida. Cedente e cessionário podem, portanto, pactuar que eventuais controvérsias oriundas do negócio jurídico que tem por objeto a cessão da posição contratual sejam resolvidas perante o Poder Judiciário, ainda que aquelas relativas ao negócio jurídico original, celebrado entre cedente e cedido, sejam submetidas à arbitragem[355].

---

[351] É o que ensina PAULA BUTTI CARDOSO: "Essa transmissão automática deixaria de ocorrer em duas hipóteses. A primeira delas corresponde a situações em que cedente e cessionário estipulam expressamente que a cessão do contrato não abrangerá a cessão da convenção de arbitragem (...). A segunda corresponde a situações em que a convenção de arbitragem foi pactuada *intuitu personae*". Prossegue a autora explicando que a convenção de arbitragem será considerada *intuitu personae* "(...) quando há, desde logo, vedação expressa à sua transmissão e quando as regras estipuladas pelas partes decorrem, especificamente, das características dos contratantes originários". (*Limites subjetivos da convenção de arbitragem*. Dissertação (Mestrado). São Paulo, 2013, pp. 157-158). No mesmo sentido, vide NR 349, acima, em que o autor português ressalva as mesmas hipóteses e, ainda, NR 98.

[352] "O que se transfere não é o negócio jurídico, mas a posição do figurante do negócio jurídico. Há transferência da posição do figurante, que a outorga, no negócio jurídico, e não dêsse. Negócio jurídico transferendo está por posição subjetiva transferenda no negócio jurídico. Não há negócio jurídico transferido, mas sim posição subjetiva transferida no negócio jurídico. O que se transfere é a titularidade e a passividade: o que se muda é o sujeito". (PONTES DE MIRANDA, Francisco Cavalcanti. *Tratado de direito privado*. São Paulo: Revista dos Tribunais, tomo XXIII, 1984, p. 402).

[353] GARCIA-AMIGO, Manuel. *La cesión de contratos en el derecho español*. Madrid: Revista de Derecho Privado, 1964, p. 80.

[354] COSTA, Guilherme Recena. *Partes e Terceiros na Arbitragem*. Tese (Doutorado). São Paulo, 2015, p. 87.

[355] COSTA, op. cit., p. 88.

Daí porque, também no que se refere aos seus efeitos, inclusive àqueles decorrentes da própria cláusula compromissória, a cessão da posição contratual deve ser examinada sob três óticas distintas: aqueles verificados entre cedente e cessionário; aqueles relativos a cedente e cedido; e aqueles atinentes a cessionário e cedido.

Entre cedente e cessionário, o principal efeito reside na substituição de um pelo outro no contrato cuja posição foi cedida[356]. Há um efeito sucessório, retirando-se o cedente da relação contratual e ingressando o cessionário, com todos os direitos e deveres, entre outros, outrora relativos ao cedente[357]. Com a liberação do cedente, o cessionário passa a responder ao cedido pelo cumprimento do contrato, podendo dele exigir as contraprestações correspondentes. Isso não obstante, o cedente deverá garantir ao cessionário a existência e a validade do negócio jurídico cuja posição foi cedida, assim como sua própria legitimidade para dispor dessa posição[358]. Essa relação jurídica entre cedente e cessionário, como vimos, pode ser acobertada por uma cláusula de resolução de disputas diferente daquela relativa ao contrato original.

Já no que tange à relação entre cedente e cedido, o principal efeito da cessão da posição contratual é o de, em regra, exonerar aquele do cumprimento do contrato, ficando simultaneamente impedido de exer-

---

[356] Na lição de ORLANDO GOMES: "O efeito fundamental é a substituição de um pelo outro. O 'cessionário' toma a posição contratual do 'cedente', investindo-se na condição de 'parte' do contato. A totalidade dos direitos e obrigações do 'cedente' na relação contratual lhe é transmitida." (*Contratos*. Rio de Janeiro: Forense, 2008, p. 168).

[357] CABRAL, Antonio da Silva. *Cessão de Contratos*. São Paulo: Saraiva, 1987, p. 121. A despeito disso, o autor destaca que o cedente pode ficar adstrito ao cumprimento de certos deveres acessórios, como "(...) o de entregar os documentos relativos ao contrato", concluindo que, "[n]este caso, muito tem que ver o princípio da integração do contrato, de acordo com a vontade presumível das partes e o princípio da boa-fé." (op. cit., p. 123).

[358] BDINE JR., Hamid Charaf. *Cessão da posição contratual*. São Paulo: Saraiva, 2008, p. 99. No direito português, CARLOS ALBERTO DA MOTA PINTO ressalta que "O art. 426.º estabelece um regime de responsabilidade do cedente, na medida em que lhe impõe a obrigação de garantir ao cessionário, no momento da cessão, a existência da posição contratual, nos termos aplicáveis ao negócio, gratuito ou oneroso, em que a cessão se integra. Trata-se dum regime idêntico ao estabelecido para a situação do mesmo tipo, possível na problemática da cessão de créditos (cfr. art. 587º)." (*Cessão da Posição Contratual*. Coimbra: Almedina, 2003, pp. 454-455).

6. SUBSTITUIÇÃO POR PARTES NÃO SIGNATÁRIAS

cer os direitos oriundos do negócio jurídico[359]. Eventual cláusula compromissória constante do contrato cuja posição foi cedida deixa, assim, de vincular o cedente. Apesar disso, a doutrina adverte que a cessão da posição contratual também pode ocorrer sem a liberação do cedente, uma vez que é regida pelo princípio da autonomia da vontade[360]. Há de se verificar caso a caso, contudo, se a não liberação do cedente teria o condão de transformar o negócio jurídico, formando um novo, diferente do primitivo. Nesta hipótese, não se trataria mais de cessão da posição contratual propriamente dita, mas sim de alguma outra figura correlata, com possíveis efeitos para a cláusula compromissória constante do negócio originário.

Havendo efetiva cessão sem a liberação do cedente, este segue respondendo ao cedido pelas obrigações pactuadas no contrato, mas de forma subsidiária. De fato, o cedido não terá a possibilidade de exigir o cumprimento do contrato, indistintamente, tanto do cedente quanto do cessionário, não havendo, em princípio, que se falar em solidariedade[361]. Ainda, por força da aplicação analógica das regras relativas à assunção de dívida, não deve ser desconsiderada a possibilidade de manutenção de responsabilidade legal do cedente, no caso de o cedido ignorar que o cessionário, à época da cessão da posição contratual, era insolvente[362]. Nestes casos, o cedido poderá sustentar que o cedente segue a ele

---

[359] BDINE JR., op. cit., pp. 102-103; e COSTA, Guilherme Recena. *Partes e Terceiros na Arbitragem*. Tese (Doutorado). São Paulo, 2015, pp. 89-90.

[360] CABRAL, Antonio da Silva. *Cessão de Contratos*. São Paulo: Saraiva, 1987, p. 123. No direito português: "Ao lado desta cessão da posição contratual com exclusão automática do cedente da titularidade da relação contratual, conhece expressamente o Código Civil italiano – a primeira compilação legislativa a prever a cessão de contrato – uma cessão sem libertação do cedente (cfr. art. 1408.º, n.º 2). Òbviamente, uma tal possibilidade de manutenção dum vínculo entre cedente e cedido, apesar da transmissão para um terceiro (cessionário) da posição contratual daquele, é, também, irrecusável, entre nós, quando, ao abrigo do princípio da liberdade contratual, existir a estipulação correspondente. Isto sem embargo de não existir na nossa lei civil um dispositivo expresso nesse sentido." (PINTO, op. cit., pp. 479-480).

[361] Até porque a solidariedade entre nós não se presume, decorrendo da lei ou do contrato (BDINE JR., Hamid Charaf. *Cessão da posição contratual*. São Paulo: Saraiva, 2008, pp. 103-104). A esse respeito, a posição de ANTONIO DA SILA CABRAL: "Ainda que o cedente fique ligado ao contrato, jamais poderá ser encarado como devedor solidário. Isto porque o cedido não pode exigir, à vontade, o cumprimento das obrigações contratuais, indiferentemente pelo cedente ou pelo cessionário" (*Cessão de Contratos*. São Paulo: Saraiva, 1987, p. 124).

[362] Nesse sentido, o comando do art. 299 do CC.

respondendo pelo cumprimento do contrato, podendo ser demandado de acordo com a cláusula de resolução de disputas ali pactuada.

Por fim, no que se refere aos efeitos entre cessionário e cedido, verifica-se que ambos passam a ser os novos sujeitos da relação jurídica, na medida em que o cessionário sucede o cedente na posição outrora ocupada por este[363]. Assim, passam a pertencer ao cessionário os créditos e os débitos integrados na relação contratual transmitida[364], além de deveres acessórios e laterais inseridos na relação contratual, direitos potestativos e estados de sujeição, como já se tratou acima.

Nesse passo, o cessionário pode exercer, em face do cedido, todos os direitos relativos ao negócio cuja posição lhe foi cedida[365], sendo a recíproca igualmente verdadeira. São eles, portanto, os sujeitos vinculados à convenção de arbitragem: cedido na qualidade de contratante original e signatário do pacto; cessionário na qualidade de parte não signatária da convenção, mas a ela igualmente vinculado.

Enfim, a cessão da posição contratual pode ser entendida como um fenômeno complexo que enseja a transferência do conjunto de posições ativas e passivas do negócio jurídico objeto da cessão, a partir do ingresso de um terceiro, denominado cessionário, na posição contratual do cedente[366]. Esse fenômeno, regido pelo princípio da liberdade de forma, pode dar azo a diferentes situações e envolve distintas relações jurídicas, pelo que a vinculação dos envolvidos à arbitragem deve ser examinada caso a caso, à luz das circunstâncias concretas.

---

[363] De fato, a partir da cessão contratual, nas palavras de HAMID CHARAF BDINE JR.: "cedido e cessionário serão os titulares do complexo de direitos e obrigações de que dispõem as partes do contrato original transferido. Entre eles, o efeito básico é a entrada do cessionário na relação contratual no lugar do cedente". (*Cessão da posição contratual*. São Paulo: Saraiva, 2008, p. 106).

[364] PINTO, Carlos Alberto da Mota. *Cessão da Posição Contratual*. Coimbra: Almedina, 2003, p. 486.

[365] Nas palavras de PONTES DE MIRANDA: "Tendo-se operado a transferência, o figurante entrado pode exercer quaisquer direitos contra o figurante permanecente, inclusive as pretensões, ações e exceções por inadimplemento, ação de resolução ou resilição do negócio jurídico, ação de indenização por perdas e danos, exceção *non adimpleti contractus* ou *non rite adimpleti contractus*." (*Tratado de direito privado*. São Paulo: Revista dos Tribunais, tomo XXIII, 1984, p. 418).

[366] PINTO, Carlos Alberto da Mota. *Cessão da Posição Contratual*. Coimbra: Almedina, 2003, p. 72.

6.2. Cessão de crédito

A cessão de crédito é uma forma de transmissão das obrigações, regulada pelos artigos 286 a 298 do CC. Trata-se de um ato pelo qual o crédito e seus acessórios saem do patrimônio do cedente e entram no patrimônio do cessionário, de forma que o devedor, cedido, passa a responder ao cessionário[367].

Pode se dar a título gratuito ou oneroso, de forma convencional, por força de lei ou de decisão judicial[368]. Na cessão, o crédito não se extingue, nem é substituído, sendo simplesmente transferido para o novo credor. A noção de transferência traz consigo a de identidade, de modo que é transferido o mesmo direito que pertencia ao credor originário, que o cedeu[369]. Há, portanto, substituição no lado ativo da relação obrigacional, ao passo que se mantém inalterado seu lado passivo[370].

Assim, diferentemente da cessão da posição contratual, que envolve um complexo, em que se interligam direitos e obrigações, na cessão de crédito há apenas a transferência de um dos elementos da obrigação estabelecida entre as partes[371]. Outra distinção reside no fato de que sua eficácia depende, apenas, da notificação do devedor, de tal modo que o cedido não precisa anuir com a cessão de crédito, bastando que dela esteja ciente[372]. O objetivo perseguido pelo legislador nesse contexto é somente o de evitar que o devedor pague ao credor errado, pois, como salienta conhecido brocardo, "quem paga mal paga duas vezes"[373].

---

[367] HAICAL, Gustavo. *Cessão de crédito: existência, validade e eficácia*. São Paulo: Saraiva, 2013, pp. 21-22.
[368] Sobre o assunto, vide: PONTES DE MIRANDA, Francisco Cavalcanti. *Tratado de direito privado*. Rio de Janeiro: Borsoi, tomo XXIII, 1958, pp. 265 et seq.
[369] BIANCA, Massimo. *Diritto Civile*. Milano: Giuffrè, v. 4, 1993, p. 568.
[370] BESSONE, Darcy. *Do contrato*. São Paulo: Saraiva, 1997, p. 239.
[371] FARIA, Marcela Kohlbach de. *Participação de Terceiros na Arbitragem*. In: YARSHELL, Flavio Luiz e SETOGUTI, Guilherme (Coord.). Coleção Processo e Arbitragem. São Paulo: Quartier Latin, 2019, p. 70.
[372] CABRAL, Antonio da Silva. *Cessão de Contratos*. São Paulo: Saraiva, 1987, p. 132. Para FRANCO CARRESI, isso se dá porque o devedor não tem interesse juridicamente protegido para se opor à cessão (*La cessione del contratto*. Milano: Giuffrè, 1950, pp. 9-10).
[373] "O devedor, a quem propriamente se costuma denominar *cedido*, não intervém no ato jurídico. Para ele, indiferente se torna ter este ou aquele como credor. Interessa-lhe apenas saber qual o legítimo detentor do crédito, para oportunamente solver-lhe a prestação. Só para esse fim se lhe comunica a cessão, mas sua anuência ou intervenção é dispensável."

Até por isso, a lei estabelece que fica desobrigado o devedor que, antes de ter conhecimento da cessão, paga a dívida ao credor primitivo.

No que se refere aos limites subjetivos da convenção de arbitragem eventualmente pactuada no negócio jurídico originário, entre cedido e cedente, duas questões merecem ser enfrentadas, em adição ao que já expusemos no item 6.1, acima, e que aqui pode ser aplicado por analogia.

A primeira diz respeito à obrigação de o cedido arbitrar disputas com o cessionário, já que, como vimos, ele não precisa consentir com a cessão de crédito para que passe a responder ao novo credor. Tendo em vista o princípio da autonomia da cláusula compromissória e o dogma do consentimento na arbitragem, de se ponderar se haveria necessidade de anuência do cedido especificamente com relação à cessão da cláusula compromissória, para que ela siga produzindo efeitos, agora entre ele e o cessionário.

Sobre isso, basta destacar, de um lado, que o cedido efetivamente manifestou sua intenção de dirimir, pela via arbitral, eventuais controvérsias oriundas do negócio jurídico relacionado à cessão de crédito. Fê-lo no momento em que celebrou o contrato contendo cláusula compromissória. Assim, a questão que se coloca não diz respeito ao seu consentimento com a arbitragem propriamente dita, mas antes à sua intenção de resolver eventuais controvérsias, por essa via, com outra pessoa que não o cedente. Sendo esse o ponto, aplica-se aqui o mesmo racional já exposto na hipótese da cessão da posição contratual, isso é, a cláusula compromissória seguirá vinculando o cedido, a não ser que tenha sido pactuada com o cedente em caráter *intuitu personae* ou que haja disposição específica vedando sua transferência a terceiros[374]. A propósito, registre-se que o próprio crédito pode, por sua natureza, ser ligado à

(MONTEIRO, Washington de Barros; MALUF, Carlos Alberto Dabus; DA SILVA, Regina Beatriz Tavares. *Curso de Direito Civil. Direito das obrigações*. São Paulo: Saraiva, 1ª parte, 2009, p. 351).

[374] "A posição do co-contraente cedido não difere substancialmente, a menos que ele demonstre que a convenção de arbitragem tem um carácter *intuitu personae* (...). Na verdade, excluindo esta situação excepcional que possa ser objectivamente demonstrada, não há motivos para aceitar que o co-contraente cedido, que aceitou inicialmente a arbitragem, não deva continuar vinculado a submeter-lhe a ela." (BARROCAS, Manuel Pereira. *Manual de Arbitragem*. Almedina: Coimbra, 2010, p. 178). No mesmo sentido: COSTA, Guilherme Recena. *Partes e Terceiros na Arbitragem*. Tese (Doutorado). São Paulo, 2015, p. 81.

6. SUBSTITUIÇÃO POR PARTES NÃO SIGNATÁRIAS

pessoa do credor[375]. Neste caso, não poderá ser cedido, impossibilitando, por consequência, a transferência ou circulação da respectiva cláusula compromissória[376].

De outro lado, já vimos que o princípio da autonomia da cláusula compromissória não impõe uma manifestação de consentimento específica para a cláusula compromissória[377], pelo que se não há necessidade de concordância do cedido para que a cessão de crédito se perfaça, também não haverá para que a cláusula compromissória constante do instrumento cedido seja igualmente transferida.

A segunda questão refere-se às situações em que o crédito cedido se encontra instrumentalizado em títulos de créditos dotados de autonomia e abstração, hipótese em que a sujeição do cessionário à convenção de arbitragem constante do contrato base, que deu causa ao título de crédito, pode ser questionável. Nesse passo, destacamos acórdão proferido pelo TJ/SP, que considerou que a cláusula compromissória constante do contrato base não vinculava a cessionária da nota promissória emitida em razão do contrato[378].

Em resumo, naquele caso, Carlos Sotto Maior celebrou instrumento de cessão e transferência de quotas sociais e outras avenças com a sociedade Palmarium Participações e Administração Ltda., por meio do qual

---

[375] É o que ensina LUIZ MANUEL TELLES DE MENEZES LEITÃO, exemplificando as seguintes situações: "Estão nessa situação os créditos que se constituem para satisfação das necessidades pessoais do credor, como o apanágio do cônjuge sobrevivo (art. 2018º), os créditos de onde resulte uma dependência pessoal entre credor e devedor, como o contrato de serviço doméstico, e ainda os créditos em que se tomem em especial consideração as qualidades ou condições do credor, como a prestação de serviços dos médicos ou dos advogados. Igualmente se poderão considerar abrangidos nesta excepção os créditos que a pessoa do credor é obrigação a uma colaboração específica, consistente num *facere* infungível, como na hipótese do crédito sobre um pintor para a realização de um quadro retratando a pessoa do credor." (*Cessão de créditos*. Coimbra: Almedina, 2016, p. 311).

[376] No direito brasileiro, a vedação está prevista no art. 286 do CC, que dispõe: "O credor pode ceder o seu crédito, se a isso não se opuser a natureza da obrigação, a lei, ou a convenção com o devedor; a cláusula proibitiva da cessão não poderá ser oposta ao cessionário de boa-fé, se não constar do instrumento da obrigação."

[377] Cf. item 2.3, acima.

[378] TJ/SP, Apelação Cível nº 0211901-60.2009.8.26.0100, Rel. Des. Castro Figliolia, 15ª Câmara de Direito Privado, d.j. 15.04.2015. Vide, ainda, no mesmo sentido: TJ/SP, Apelação Cível nº 0211900-75.2009.8.26.0100, Rel. Des. Castro Figliolia, 15ª Câmara de Direito Privado, d.j. 15.10.2015.

cedeu a esta quotas sociais que detinha em duas sociedades distintas, mediante o pagamento de R$ 19 milhões, que seria realizado por meio de cinquenta e quatro parcelas mensais, garantidas por notas promissórias emitidas pela Palmarium e avalizadas por Flavia Figueiredo Martins, Lilian Yurie Kodama do Carmo, Ana Beatriz de Melo Sampaio e Cristiana Ferreira Oliveira Gomes de Athayde.

Posteriormente, Carlos cedeu parte das notas promissórias a Ana Maria Fernandes Grassia, que ajuizou execução em face das avalistas, em razão do inadimplemento dos títulos de crédito. Entre outras defesas arguidas em sede de embargos à execução, as avalistas alegaram que a discussão acerca da validade das notas promissórias e, por consequência, da própria execução deveria ser submetida a arbitragem, diante da existência de cláusula compromissória no instrumento de cessão e transferência de quotas sociais e outras avenças. Embora esse argumento não tenha prosperado, o juízo de primeira instância entendeu que as notas promissórias estavam vinculadas ao contrato base e que, neste, "a condição por elas [avalistas] assumida no contrato não foi a de garantidora da avença tudo indicando que a nota promissória foi redigida de forma diversa do ajustado". Assim, julgou procedentes os embargos, extinguindo a execução.

Interposta apelação, a 15ª Câmara de Direito Privado do TJ/SP deu provimento ao recurso para julgar improcedentes os embargos e permitir o regular prosseguimento da execução. No que aqui importa, o acórdão consignou que, embora existisse cláusula compromissória no contrato base, ela tinha "potencial para vincular apenas as partes que assinaram o instrumento e participaram da avença originária", o que "não é o caso da apelante, cessionária da nota promissória". O acórdão entendeu que, com a circulação da nota promissória, teria se operado a desvinculação do título com o negócio subjacente e, destarte, não haveria que se falar em sujeição da cessionária à convenção de arbitragem ali pactuada[379].

---

[379] Registre-se que o acórdão em nenhum momento menciona o instituto do endosso, consistente no ato cambiário que opera a transferência do crédito representado por título à ordem (cf. arts. 910 a 920 do CC). Desse modo, entendemos que o caso versava efetivamente sobre uma verdadeira cessão de crédito, nos termos dos arts. 286 a 298 do CC. Sobre o tema da desvinculação do endossatário do título de crédito à cláusula compromissória do contrato base, vide os seguintes julgados: TJ/SP, Agravo de Instrumento nº 7.257.844-6, Rel. Des.

6. SUBSTITUIÇÃO POR PARTES NÃO SIGNATÁRIAS

De fato, assumindo o entendimento do acórdão de que os títulos de crédito eram dotados de autonomia e abstração, restando desvinculados do contrato de origem, as matérias suscitadas pelos devedores em sede de defesa não estavam cobertas pela cláusula compromissória do contrato base. Desse modo, a cessionária das notas promissórias estava desobrigada de dirimir, pela via arbitral, controvérsias com as avalistas sobre a validade do título e da execução.

Deve-se registrar, no entanto, que a vinculação das notas promissórias ao contrato base era matéria controvertida nos autos, pelo que registrou o próprio acórdão. Assim, por força do já mencionado princípio da *kompetenz-kompetenz*[380], entendemos que a eventual vinculação da cessionária à convenção de arbitragem deveria ter sido examinada, inicialmente, em sede de arbitragem, cabendo aos árbitros a prerrogativa de serem os primeiros a dizer sobre sua própria competência no caso. Na hipótese de os árbitros concluírem pela desvinculação do título ao contrato e sua convenção de arbitragem, seriam incompetentes para julgar o mérito do caso e, aí sim, as defesas opostas em face da cessionária poderiam ser examinadas pelo Poder Judiciário.

Ressalvada essa situação do crédito cedido estar materializado em título de crédito dotado de autonomia e abstração e que, portanto, não se vincula ao contrato base que contém cláusula compromissória, nas demais situações o cessionário do crédito fica vinculado à convenção de arbitragem[381].

Campos Mello, 22ª Câmara de Direito Privado, d.j. 14.10.2008; TJ/SP, Agravo de Instrumento nº 521.027-4/7-00, Rel. Des. Elcio Trujillo, 7ª Câmara de Direito Privado, d.j. 06.08.2008; TJ/MG, Apelação Cível nº 1.0702.09.554297-4/001, Rel. Desa. Márcia de Paoli Balbino, 17ª Câmara Cível, d.j. 22.11.2012 (ressalte-se que, neste caso, o TJ/MG também deu importância ao fato de que a convenção de arbitragem previa que as controvérsias surgidas entre as partes do contrato – nada dispondo sobre terceiros – seriam dirimidas por arbitragem); e TJ/MG, Apelação Cível nº 2.0000.00.511747-5/000, Rel. Des. Viçoso Rodrigues, 15ª Câmara Cível, d.j. 22.09.2005, em julgamento por maioria.

380 Cf. NR 81, acima.

381 Inclusive no caso de a cessão de crédito ter por objeto uma nota promissória, que contenha convenção de arbitragem, ou que seja vinculada a contrato com cláusula compromissória. Nesse sentido: FARIA, Marcela Kohlbach de. *Participação de Terceiros na Arbitragem*. In: YARSHELL, Flavio Luiz e SETOGUTI, Guilherme (Coord.). Coleção Processo e Arbitragem. São Paulo: Quartier Latin, 2019, p. 72.

Como já bem apontado pela doutrina, diferentes argumentos suportam essa conclusão[382], que, ademais, no caso da cessão de crédito convencional, é calcada no consentimento do próprio cessionário. Afinal, se o cessionário aceitou receber o crédito cedido, manifestou sua concordância, ainda que de forma tácita, com a forma de resolução de disputas acordada para as controvérsias a ele relativas[383]. Tudo se opera em relação a ele, pois, da mesma forma como já expusemos no caso da cessão da posição contratual.

6.3. Assunção de dívida

A assunção de dívida é o outro lado da moeda. Com efeito, também se trata de uma forma de transmissão das obrigações, regida, por sua vez, pelos artigos 299 a 303 do CC. Mas, nesta, há a substituição da figura do devedor por terceiro, nomeado assuntor ou assumente, que, tomando o lugar do devedor original, assume sua posição e responsabilidades, obrigando-se perante o credor[384]. Salvo assentimento do devedor primitivo, consideram-se extintas, a partir da assunção da dívida, as garantias especiais por ele originariamente dadas ao credor, sendo certo, ainda, que o novo devedor não pode opor ao credor as exceções pessoais que competiam ao devedor primitivo.

Diferentemente do que ocorre na cessão de crédito, na assunção de dívida faz-se necessário o consentimento expresso daquele que rema-

---

[382] "Vários argumentos prestam apoio a essa solução: (a) manutenção da eficácia da convenção de arbitragem, que poderia, de outro modo, ser burlada com a transferência do direito; (b) interesse do cedido em arbitrar disputas, tal como estabelecido na economia do contrato; (c) o princípio geral de que o sujeito a quem se transfere o direito deve situar-se em igualdade de condições com o titular anterior; (d) a noção de boa-fé objetiva ou *equitable estoppel*, a impedir que alguém derive benefícios do contrato sem se submeter aos mecanismos processuais nele previstos. A exceção à regra verifica-se quando houver disposição específica vedando a transferência da cláusula ou, ainda, quando se reputar que a convenção de arbitragem foi celebrada expressamente *intuitu personae*." (COSTA, Guilherme Recena. *Partes e Terceiros na Arbitragem*. Tese (Doutorado). São Paulo, 2015, p. 81).

[383] A tendência, nesse caso, é "se dispensar qualquer formalidade específica com a aceitação do cessionário (...) para validar a transmissão da cláusula arbitral." (ZERBINI, Eugenia C. G. de Jesus. *Cláusulas arbitrais: transferência e vinculação de terceiros à arbitragem*. In: JOBIM, Eduardo; MACHADO, Rafael Bicca (Coords.) Arbitragem no Brasil: Aspectos jurídicos relevantes. São Paulo: Quartier Latin, 2008, p. 149).

[384] VARELA, João de Matos Antunes. *Das obrigações em geral*. Coimbra: Almedina, 1999, v. II, p. 361.

6. SUBSTITUIÇÃO POR PARTES NÃO SIGNATÁRIAS

nesce na relação jurídica, isso é, o credor[385]. Isso porque o credor conta com o patrimônio do devedor para garantir o seu crédito, de modo que poderia ser prejudicado caso terceiro insolvente viesse a assumir a obrigação do devedor original[386].

Por essa razão, a lei estabelece, inclusive, que o devedor primitivo é exonerado quando se opera a assunção de dívida, a não ser que o assuntor, ao tempo da assunção, seja insolvente e o credor ignore esse fato. Neste caso, haverá uma assunção de dívida não liberatória do devedor original, também chamada de "assunção cumulativa de dívida" ou "co-assunção de dívida"[387-388].

---

[385] Com efeito, CARLOS ALBERTO DA MOTA PINTO destaca que: "Sabe-se que uma assunção de dívida, com liberação do devedor originário, carece de autorização do credor 'cedido', não podendo ter lugar por um acto simétrico do acto bilateral de cessão de créditos, isto é, em que interviessem, apenas, o antigo e o novo devedor. Na cessão de créditos intervêm, apenas, com efeito, cedente e cessionário, não se exigindo o consentimento do devedor cedido, pois basta a notificação, configurada, aliás, como requisito de eficácia do acto em relação ao devedor." (*Cessão da Posição Contratual*. Coimbra: Almedina, 2003, 166).

[386] BDINE JR., Hamid Charaf. *Cessão da posição contratual*. São Paulo: Saraiva, 2008, p. 88.

[387] PONTES DE MIRANDA, Francisco Cavalcanti. *Tratado de direito privado*. Rio de Janeiro: Borsoi, tomo XXIII, 1958, pp. 259-260. A assunção não liberatória, que também pode ser convencional, consiste em um caso de adição de não signatário à convenção de arbitragem, e não em um caso de substituição de não signatário à convenção de arbitragem. Entretanto, por se tratar de situação menos comum e, ainda, de forma a evitar separar as distintas espécies de assunção de dívida apenas para adequá-las ao modelo classificatório proposto neste trabalho, optamos por tratar a assunção de dívida, nos dois casos, como uma hipótese de substituição de parte signatária por parte não signatária da convenção de arbitragem.

[388] MUNIR KARAM exemplifica outros casos de assunção de dívida não liberatória por força de lei: "Em se tratando de condomínio edilício, por exemplo, o adquirente responde pelos débitos do alienante, em relação ao condomínio, inclusive multas e juros moratórios (art. 1.345, do NCCB). No contrato de seguro de responsabilidade civil, subsiste a responsabilidade do segurado perante a terceira vítima do dano, se o segurador for insolvente (§ 4º, do art. 787, do NCCB). Na gestão de negócios, se o negócio for utilmente administrado, cumprirá ao dono as obrigações contraídas pelo gestor em seu nome (art. 869, do NCCB). O sócio, admitido em sociedade já constituída, assume as dívidas sociais anteriores à admissão (art. 1.025, do NCCB). Pela lei do inquilinato, o locatário responde ao locador como principal pagador, inclusive pelos alugueres devidos pelo sublocatário, cuja responsabilidade e apenas subsidiária." (*A transmissão das obrigações: cessão de crédito e assunção de dívida*. In: FRANCIULI NETO, Domingos; MENDES, Gilmar Ferreira; MARTINS FILHO, Ives Gandra da Silva (Coords). *O novo Código Civil: estudos em homenagem ao professor Miguel Reale*. São Paulo: LTr, 2003, pp. 326-327).

A assunção de dívida implica, pois, mudança na pessoa do devedor – ou, ao menos, adição de um novo devedor, no caso da assunção não liberatória –, sem que ocorra alteração na identidade, objeto ou conteúdo da prestação. Preserva-se, em sua integridade, a relação obrigacional original, em sua dimensão objetiva[389]. Assim, há que se distingui-la da hipótese prevista no art. 360, II do CC, consistente na novação em que um "novo devedor sucede ao antigo, ficando este quite com o credor". Para que haja novação, de rigor se verificar o ânimo de novar, de modo que é criada uma nova relação jurídica obrigacional, o que não se verifica na assunção de dívida[390].

Nesse cenário, em que remanesce a relação obrigacional original, ao mesmo tempo em que o novo devedor aquiesce com a assunção da dívida e, o credor, com o ingresso deste na relação jurídica, parece-nos mais simples concluir pela plena validade e eficácia da convenção de arbitragem eventualmente pactuada no negócio jurídico originário, que obrigará, agora, também o assuntor ou assumente[391].

De fato, na hipótese que aqui se cogita, pode-se verificar o consentimento de todos os envolvidos com o pacto arbitral. De um lado, credor e devedor original celebraram convenção de arbitragem no negócio jurídico base que originou a dívida e, posteriormente, ao menos o credor consentiu com o ingresso do novo devedor na relação obrigacional ori-

---

[389] "Nas definições que os autores formulam, figura sempre nítida a noção do ingresso de um terceiro no lugar do devedor, na relação obrigacional, a qual se conserva em sua integridade jurídica." (GOMES, Luiz Roldão de Freitas. *Da Assunção de Dívida e sua Estrutura Negocial*. Rio de Janeiro: Lumen Juris, 1998, p. 81). Na lição de ANTONIO DA SILVA CABRAL: "À maneira do que aconteceu na cessão de créditos, a cessão de dívidas é negócio jurídico que produz a sucessão na titularidade passiva da obrigação, assim como a cessão de créditos era sucessão na titularidade ativa, mas em ambos os casos a relação contratual permanece a mesma. Mudam apenas os sujeitos." (*Cessão de Contratos*. São Paulo: Saraiva, 1987, p. 161).

[390] Na sempre precisa lição de PONTES DE MIRANDA: "Também se há de distinguir da assunção de dívida a novação com mudança de devedor. Nesse instituto, a relação jurídica a que a dívida nova se refere extingue-se; a dívida nova é irradiação de negócio jurídico que corresponde a outra relação jurídica. Na assunção de dívida, só há transposição do devedor: um deixa de ser e o outro sobrévem, sucedendo-lhe. Na novação com mudança de devedor, a relação jurídica não persiste a mesma; não se muda só o devedor, – a relação jurídica, que era, extingue-se, e outra surge." (*Tratado de direito privado*. Rio de Janeiro: Borsoi, tomo XXIII, 1958, p. 263).

[391] BERALDO, Leonardo de Faria. *Curso de arbitragem nos termos da lei n. 9.307/96*. São Paulo: Atlas, 2014, p. 214.

6. SUBSTITUIÇÃO POR PARTES NÃO SIGNATÁRIAS

ginal[392]; de outro, o novo devedor optou por ingressar naquela relação obrigacional, que contém cláusula compromissória prevendo que as disputas dela decorrentes serão submetidas a arbitragem.

Assim, ressalvadas as hipóteses já vistas de uma convenção em sentido contrário ou, ainda, de a cláusula compromissória ter caráter *intuitu personae*, ficarão obrigados a arbitragem o credor original e o novo devedor, no caso da assunção de dívida tradicional (liberatória); e o credor original, o devedor primitivo e o novo devedor, no caso da assunção de dívida não liberatória (assunção cumulativa de dívida ou co-assunção de dívida)[393]. Enfim, em qualquer caso, inexistente ressalva e não sendo a convenção de arbitragem *intuitu personae*, deve-se considerar que a cláusula compromissória passará a também vincular o assuntor, como parte não signatária da convenção de arbitragem[394].

6.4. Sucessão

Por fim, cumpre-nos tratar da hipótese de sucessão, seja de pessoas físicas, seja de pessoas jurídicas signatárias de uma dada convenção de arbitragem. Como se sabe, a sucessão nada mais é do que a "substi-

---

[392] Conforme ensina PONTES DE MIRANDA, a assunção de dívida pode se perfazer de forma unifigurativa, isso é, apenas entre credor e novo devedor, dispensando-se qualquer ato do devedor original para que se materialize a substituição dos devedores. Opõe-se, assim, a assunção de dívida bifigurativa, aquela entre devedor original e terceiro assuntor da dívida, que só adquire eficácia traslativa a partir do momento em que o credor manifesta seu assentimento (*Tratado de direito privado*. Rio de Janeiro: Borsoi, tomo XXIII, 1958, pp. 375-376).

[393] "O devedor primitivo pode continuar vinculado à convenção arbitral em duas hipóteses, quais sejam, na situação descrita na parte final do art. 299 do CC ou, ainda, se se consignou que ele seria devedor solidário do terceiro, ou, então, mero garantidor" (BERALDO, Leonardo de Faria. *Curso de arbitragem nos termos da lei n. 9.307/96*. São Paulo: Atlas, 2014, p. 214).

[394] Para GUILHERME RECENA COSTA: "Seria iníqua uma regra que, no silêncio das partes, repudiasse a arbitragem como forma de resolução de conflitos, a prejuízo do credor que aceitou a exoneração do devedor primitivo. Mais uma vez, a solução é uniforme no plano internacional, sendo expressamente acolhida pelos comentários aos Princípios UNIDROIT." (*Partes e Terceiros na Arbitragem*. Tese (Doutorado). São Paulo, 2015, p. 86). No mesmo sentido: "Desta forma, não configurado o ânimo de novar, no silêncio das partes, a cláusula compromissória será transmitida ao novo devedor mediante a assunção de dívida." (FARIA, Marcela Kohlbach de. *Participação de Terceiros na Arbitragem*. In: YARSHELL, Flavio Luiz e SETOGUTI, Guilherme (Coord.). Coleção Processo e Arbitragem. São Paulo: Quartier Latin, 2019, p. 77); e, ainda: HENRIQUES, Duarte Gorjão. *A extensão da convenção de arbitragem no quadro dos grupos de empresas e da assunção de dívidas: um vislumbre de conectividade?* In: Revista de Arbitragem e Mediação. São Paulo: Revista dos Tribunais, v. 45, 2015, p. 93.

tuição do sujeito de uma relação jurídica, ou de um conjunto de relações jurídicas"[395-396]. Com a sucessão, não são extintos os direitos e obrigações daquele que é sucedido, operando-se antes sua transmissão aos sucessores[397]. No caso das pessoas jurídicas, a sucessão ocorre quando há incorporação, fusão e cisão de uma sociedade (cf. arts. 1.116 e 1.119 do CC e 227, 228 e 229, § 1º da Lei das S.A.).

Duas questões se colocam quanto aos limites subjetivos da convenção de arbitragem quando há sucessão de uma das partes signatárias do pacto arbitral. São elas: (i) se a contraparte daquela que foi sucedida segue vinculada à convenção de arbitragem que livremente pactuou, de modo que pode ser obrigada a arbitrar disputas com os sucessores da outra; e (ii) se os sucessores podem ser compelidos a fazerem parte de uma arbitragem, com base em cláusula compromissória firmada por aquele que sucederam.

A primeira é mais simples de ser respondida. Isso porque prevalece o entendimento de que a cláusula compromissória inclui a aceitação implícita dos contratantes de que vinculará seus respectivos sucessores, a não ser que a identidade das partes tenha sido um fator determinante para a celebração da convenção de arbitragem[398]. Em outras palavras, não tendo sido pactuada *intuitu personae*, a convenção de arbitragem seguirá obrigando aquele que remanesce na relação jurídica, mas agora a

---

[395] COMPARATO, Fábio Konder. *Sucessões Empresariais*. In: Revista dos Tribunais. São Paulo: Thomson Reuters, v. 747, 1998, p. 793.

[396] Na lição de PONTES DE MIRANDA: "Suceder é vir depois, colocar-se após. Após, no Espaço, ou após, no Tempo. No Direito, suceder é propor-se no Tempo. Em sentido amplíssimo, sucede todo sujeito que se sobrepõe, no Tempo, a outro, tomando, na relação jurídica, o lugar que o outro tinha. Em sentido mais estreito, mais técnico, *suceder é herdar, ou haver por legado, ou haver por deixa modal*: supõe a morte de quem foi sucedido." (*Tratado de Direito Privado*. Rio de Janeiro: Borsoi, tomo LV, 1968, pp. 179-180).

[397] "No vocabulário jurídico, toma-se a palavra na acepção própria de uma pessoa inserir-se na titularidade de uma relação jurídica que lhe advém de outra pessoa, e, por metonímia, a própria transferência de direitos, de uma ou outra pessoa. Na fórmula feliz de Lacerda de Almeida, implica a continuação de uma pessoa em relação jurídica que cessou para o anterior sujeito e continua em outro." (PEREIRA, Caio Mário da Silva. *Instituições de direito civil: direito das sucessões*. Rio de Janeiro: Forense, v. VI, 2018, p. 1). No mesmo sentido: GOMES, Orlando. *Sucessões*. Rio de Janeiro: Forense, 2008, p. 5.

[398] FOUCHARD, Philippe; GAILLARD, Emmanuel; GOLDMAN, Berthold. *International Commercial Arbitration*. Edited by Emmanuel Gaillard and John Savage. The Hague: Kluwer Law International, 1999, p. 430.

6. SUBSTITUIÇÃO POR PARTES NÃO SIGNATÁRIAS

arbitrar as disputas cobertas pela convenção com os sucessores da sua contraparte no contrato[399]. De se ressalvar, ainda, a possibilidade de haver alguma convenção em sentido contrário, de modo a liberar a parte da arbitragem caso a contraparte seja sucedida por qualquer razão[400].

Com base nessas premissas, isso é, considerando (i) a inequívoca manifestação de consentimento do contratante em submeter as disputas relativas a um certo contrato à arbitragem; (ii) a ausência de caráter *intuitu personae* da convenção de arbitragem por ele pactuada; (iii) a falta de um acordo em sentido contrário e (iv) o interesse dos sucessores em fazer valer a convenção celebrada pelo sucedido em face da contraparte, entendemos que essa solução deve mesmo ser prestigiada, na medida em que preserva a escolha feita pelas partes signatárias quando da celebração da convenção de arbitragem, sem ferir o dogma do consentimento na arbitragem. Afinal, contraparte e sucessores da outra parte manifestaram claramente seu interesse em dirimir certas disputas pela via arbitral: a primeira, quando da celebração da convenção de arbitragem com o sucedido; os últimos, quando buscaram fazer valer essa mesma cláusula compromissória em face da parte signatária.

Há que verificar, no entanto, o outro lado da moeda. E aqui chegamos à segunda e mais difícil questão a ser respondida, qual seja, a de se o herdeiro ou a sucessora da sociedade extinta estarão vinculados à cláusula compromissória celebrada pela pessoa falecida ou pela sociedade incorporada, fundida ou objeto de cisão. Nada obstante a lei estabeleça que os sucessores assumirão os direitos e obrigações daquele que sucederem, já vimos que a arbitragem tem natureza consensual, de modo que não pode obrigar alguém contra sua vontade.

Nesse passo, registre-se que a própria Lei de Arbitragem estabelece, em seu art. 31, que "[a] sentença arbitral produz, entre as partes e seus sucessores, os mesmos efeitos da sentença proferida pelos órgãos do Poder Judiciário e, sendo condenatória, constitui título executivo." Assim, a lei obriga os sucessores das partes à sentença proferida em arbitragem na

---

[399] FOUCHARD; GAILLARD; GOLDMAN, op. cit, p. 422 et seq. Os autores lembram, inclusive, que a natureza *intuitu personae* pode vir expressa na convenção de arbitragem ou ser inferida a partir dos fatos do caso concreto. Mas salientam que, neste caso, será muito difícil a demonstração do caráter *intuitu personae* da convenção.

[400] BERALDO, Leonardo de Faria. *Curso de arbitragem nos termos da lei n. 9.307/96*. São Paulo: Atlas, 2014, p. 216.

qual esses sucessores não participaram, até mesmo quando eles sequer firmaram a convenção de arbitragem que originou a disputa. De fato, os sucessores poderão sofrer os efeitos de eventual condenação, caso venham a suceder aquele que tenha decaído em uma arbitragem[401].

A questão que ora buscamos responder, no entanto, é um pouco diferente daquilo que está previsto na Lei de Arbitragem. Refere-se à hipótese em que a sucessão venha a se dar antes de proferida a sentença arbitral, inclusive antes mesmo de iniciada a arbitragem. Neste caso, falecida a pessoa física signatária ou extinta a sociedade que firmou a convenção de arbitragem, poderá a contraparte invocar a cláusula compromissória para iniciar uma arbitragem contra os sucessores[402]?

A posição que prevalece na doutrina nacional e internacional sobre o tema é afirmativa, isso é, considera que a cláusula compromissória vinculará os sucessores[403], tanto nos casos de sucessão de pessoas físicas, quanto no de pessoas jurídicas[404]. Os principais argumentos que supor-

---

[401] "A regra geral restringe a arbitragem às partes abrangidas pela convenção (ou pelo compromisso) arbitral. A exceção legal, permitindo a extensão da sentença arbitral a terceiros, encontra-se no mencionado art. 31 da Lei de Arbitragem que obriga os sucessores das partes à sentença que decorrer do procedimento arbitral. A extensão da sentença é uma decorrência dessa sucessão." (HUCK, Hermes Marcelo. *Os limites do procedimento arbitral*. In: Estudos de direito econômico e economia da concorrência: homenagem ao Prof. Dr. Fábio Nusdeo. Curitiba: Juruá Editora, 2009, p. 227).

[402] Caso os sucessores é que estejam invocando a cláusula compromissória firmada pelo sucedido, seu consentimento com a arbitragem revela-se evidente, de modo que não se poderá cogitar de uma arbitragem forçada. Neste caso, valem as observações já feitas acima, ou seja, ressalvadas a natureza *intuitu personae* da convenção ou um acordo em sentido contrário, os sucessores poderão obrigar a contraparte do sucedido a arbitrar disputas com eles, respeitando-se os limites da convenção. Neste sentido: "The general rule is that arbitration agreements, like other contracts, enure to the benefit of universal successors of companies; that is, the entities that succeed them as a result, for example, of a voluntary merger, or by operation of law." (REDFERN, Alan; HUNTER, Martin; BLACKABY, Nigel; PARTASIDES, Constantine. *Law and Practice of International Commercial Arbitration*. London: Sweet & Maxwell, 1991, p. 104).

[403] Vide, nesse sentido, entre outros: MAZZONETTO, Nathalia. *Partes e terceiros na arbitragem*. Dissertação (Mestrado). São Paulo, 2012, pp. 271-272; e FARIA, Marcela Kohlbach de. *Participação de Terceiros na Arbitragem*. In: YARSHELL, Flavio Luiz e SETOGUTI, Guilherme (Coord.). Coleção Processo e Arbitragem. São Paulo: Quartier Latin, 2019, p. 64.

[404] "O sucessor universal – seja de pessoa física, seja de pessoa jurídica – assume os direitos e obrigações, bem como a postura processual, da pessoa falecida ou ente extinto. Inclui-se no objeto da sucessão também o feixe de posições jurídicas ativas e passivas ligadas à convenção de arbitragem e ou ao processo arbitral. (...) Ocorrendo a morte do contraente

6. SUBSTITUIÇÃO POR PARTES NÃO SIGNATÁRIAS

tam essa conclusão são os de que a sucessão não implica extinção de direitos e obrigações, de tal forma que a convenção de arbitragem segue existente, válida e eficaz, agora perante os sucessores não signatários; e que isso preserva o sentido econômico que as partes originais conceberam para o contrato, já que a convenção de arbitragem constitui importante elemento nesse contexto[405].

O mesmo entendimento tem prevalecido também na jurisprudência nacional. Com efeito, em julgado de junho de 2018, o STJ considerou

---

antes de surgida a lide, a convenção de arbitragem pode, salvo disposição em contrário, ser executada em favor ou contra os sucessores do *de cujus*, que a ela ficam vinculados." (COSTA, Guilherme Recena. *Partes e Terceiros na Arbitragem*. Tese (Doutorado). São Paulo, 2015, pp. 96-97). Especificamente sobre as pessoas jurídicas, LEONARDO DE FARIA BERALDO registra: "Como em todas as três hipóteses haverá a sucessão dos direitos e obrigações, é evidente que, havendo convenção de arbitragem em algum dos contratos das sociedades incorporadas, fundidas ou cindidas, a sociedade que lhe incorporar, a nova sociedade criada da fusão ou a sociedade que adquirir o patrimônio da cindida deverá ser considerada uma das partes da convenção arbitral." (*Curso de arbitragem nos termos da lei n. 9.307/96*. São Paulo: Atlas, 2014, p. 216). No âmbito internacional, PHILIPPE FOUCHARD, EMMANUEL GAILLARD e BERTHOLD GOLDMAN afirmam que "By definition, the requirement that the assignment of the arbitration agreement be accepted by the assignee does not apply to statutory assignments of the arbitration agreements. Instead the rule applicable to the main contract also applies to the arbitration agreement. This is the case with both statutory subrogation and universal succession." (*International Commercial Arbitration*, Edited by Emmanuel Gaillard and John Savage. The Hague: Kluwer Law International, 1999, p. 428). No mesmo sentido, GARY B. BORN, ainda que também tratando apenas do caso de fusão de pessoas jurídicas: "It is well settled that an entity that does not execute an arbitration agreement may become a party thereto by way of legal succession. (...) The most common means of such succession is by a company's merger or combination with the original party to an agreement." (*International Arbitration Cases and Materials*. The Hague: Kluwer International Law, 2015, p. 582).

[405] "Admitir-se que a sucessão, em qualquer das formas mencionadas, representaria a extinção da cláusula compromissória, seria, *ipso facto*, admitir-se que o evento que tivesse dado causa à sucessão representaria uma extinção de direitos e obrigações. E sabemos bem que não é assim. Se utilizarmos as lições da doutrina, chegaremos à conclusão que nenhuma das hipóteses de sucessão, cessão ou sub-rogação teria por efeito extinguir cláusula compromissória existente. Além disso, vale lembrar a lição da Corte de Apelação de Paris que estabelece que a cláusula compromissória constitui elemento importante de conteúdo econômico da relação jurídica presente no contrato, devendo ser igualmente transferida ao sucessor ou cessionário." (PINTO, José Emílio Nunes. *Convenção arbitral: Justiça deve reconhecer convenção arbitral em casos de sucessão*. Consultor Jurídico, 03 jul. 2004. Disponível em: https://www.conjur.com.br/2004-jul-03/justica_reconhecer_arbitragem_casos_sucessao?. Acesso em: 26 jul. 2019). No mesmo sentido: MAZZONETTO, Nathalia. *Partes e terceiros na arbitragem*. Dissertação (Mestrado). São Paulo, 2012, pp. 271-272.

vinculados à cláusula compromissória constante de contrato social os sucessores de sócio falecido[406]. É certo que, naquele caso, o princípio majoritário das deliberações sociais parece ter desempenhado papel preponderante na conclusão do julgado[407-408]. Ainda assim, é digno de nota o fato de que o STJ considerou que os sucessores da quota social do sócio falecido estavam abrangidos pela cláusula compromissória, a despeito de terem tentado se esquivar da arbitragem.

Em nosso sentir, deve-se buscar conciliar os fundamentos do direito das sucessões com a natureza consensual da arbitragem. Isso significa procurar uma manifestação de consentimento dos sucessores, ainda que

---

[406] STJ, REsp 1.727.979/MG, Rel. Min. Marco Aurélio Bellizze, d.j. 12.06.2018. Vide, ainda, no mesmo sentido, os seguintes julgados: TJ/MG, Embargos de Declaração na Apelação Cível nº 1.0000.16.073163-4/002, Rel. Des. Manoel dos Reis Morais, 10ª Câmara Cível, d.j. 04.12.2018; e TJ/SP, Apelação Cível nº 1005959-77.2015.8.26.0011, Rel. Des. Hamid Bdine, 1ª Câmara Reservada de Direito Empresarial, d.j. 29.11.2017.

[407] Como se verifica das seguintes passagens do acórdão: "Esse consentimento à arbitragem, ao qual se busca proteger, no caso dos autos, foi exarado pela sociedade, em seu contrato social, por ocasião de sua constituição.
O contrato social consagra o propósito social e, principalmente, congrega a vontade coletiva dos sócios, a representar, em última análise, a expressão de vontade da própria sociedade. Em matéria societária, a deliberação do corpo social, pelo quórum delimitado em lei, sufraga a vontade individual dos sócios, ainda que, eventual e pontualmente, possa haver, entre estes, divergência. Esta é, aliás, a regra.
Saliente-se, portanto, que a cláusula compromissória arbitral, inserta no contrato social por ocasião da constituição da sociedade, como *in casu*, ou posteriormente, respeitado o quórum legal para tanto, sujeita-se à sociedade e a todos os sócios, atuais e futuros, tenham estes concordado ou não com tal disposição, na medida em que a vinculação dos sócios ao conjunto de normas societárias (em especial, do contrato social) dá-se de modo unitário e preponderante sobre a vontade individual eventualmente dissonante. (...)
Efetivamente, se ao sócio não é dado afastar-se das regras e disposições societárias, em especial, do contrato social, aos sucessores de sua participação societária, pela mesma razão, não é permitido delas se apartar, sob pena de se comprometer os finais sociais assentados no contrato social e a vontade coletivas dos sócios, representada pelas deliberações da sociedade. (...)
Conclui-se, portanto, que estabelecida no contrato social a cláusula compromissória arbitral, seus efeitos são, necessariamente, estendidos à sociedade, aos sócios – sejam atuais ou futuros –, bem como aos sucessores da quota social do sócio falecido, até que ingressem na sociedade na qualidade de sócios ou até que efetivem a dissolução parcial de sociedade, a fim de excluir, em definitivo, a participação societária daquele." (STJ, REsp 1.727.979/MG, Rel. Min. Marco Aurélio Bellizze, d.j. 12.06.2018).

[408] Sobre o tema dos limites subjetivos da cláusula compromissória em entes associativos, vide item 4.3, acima.

6. SUBSTITUIÇÃO POR PARTES NÃO SIGNATÁRIAS

tácita e relativa ao contrato base, que justifique sua vinculação à cláusula compromissória pactuada pelo sucedido.

No caso das pessoas jurídicas, o próprio ato de incorporação, fusão ou cisão, aprovado pela assembleia geral das sociedades e formalizado por meio dos respectivos protocolos, pode ser entendido como aquiescência com a cláusula compromissória pactuada pela sociedade incorporada, fundida ou cindida em dado contrato. Afinal, se uma sociedade aceitou suceder outra em direitos e obrigações, aceitou também ficar sujeita às cláusulas compromissórias pactuadas pela sociedade sucedida nos diferentes contratos por ela celebrados.

No caso das pessoas físicas, a aceitação da herança pode ser interpretada da mesma forma, já que o art. 1.808 do CC estabelece que não se pode aceitá-la em parte, sob condição ou a termo. A propósito, voltando ao caso julgado pelo STJ, vale registrar que o mesmo acórdão bem lembrou que era possível aos herdeiros "renunciarem à sucessão da participação societária". Ainda que o ponto tenha sido suscitado para fundamentar decisão a respeito da arbitrabilidade objetiva da matéria – outro tema discutido naquele caso – e não propriamente a arbitrabilidade subjetiva, o não exercício do direito de renúncia pode implicar manifestação de assentimento do herdeiro com a convenção de arbitragem pactuada pelo *de cujus*.

Caso, no entanto, seja impossível aferir uma manifestação de consentimento do sucessor, ainda que tácita, com a convenção de arbitragem ou o respectivo contrato base, entendemos que sua vinculação forçada poderá ferir o dogma do consentimento da arbitragem, à luz do decidido pelo STF no já mencionado Agravo Regimental em Sentença Estrangeira nº 5.206-7, em atenção à garantia de acesso à justiça prevista no art. 5º, XXXV da CF. Nesse cenário, mais acertado decidir pela não vinculação do sucessor à convenção de arbitragem[409].

---

[409] Como fez, por exemplo, o TJ/SP: "(...) a eleição da Câmara de Mediação e Arbitragem de São Paulo para a solução dos litígios, feita no item 7.9 do 'Instrumento Particular de Contrato de Serviços de Administração de Estacionamento' aqui copiado às fls. 85/90, vincula apenas as partes contratantes, e não a sucessora da administrada – como assim a requerida denomina a autora da ação." (Agravo de Instrumento nº 1.091.143-2, Rel. Des. Erbetta Filho, 3ª Câmara do Primeiro Tribunal de Alçada Civil, d.j. 17.09.2002).

Conclusões

É lugar comum a afirmação de que a arbitragem se funda no consentimento. Essa premissa basilar do instituto, cuja origem está na própria Lei de Arbitragem, se encontra em consonância com a prática internacional no âmbito comercial. No Brasil, o dogma do consentimento é reforçado pelo princípio constitucional da inafastabilidade da jurisdição, sendo certo que a presença de livre manifestação de vontade das partes desempenhou papel fundamental na declaração de constitucionalidade da Lei de Arbitragem pelo STF.

Com a sofisticação das relações empresariais e a velocidade do mundo moderno, no entanto, é cada vez mais frequente que a manifestação de consentimento não observe uma forma estrita ou solene. As relações jurídicas privadas, tal como inicialmente concebidas por seus agentes, vão sofrendo alterações no curso da execução do programa contratual, inclusive com o ingresso de outros sujeitos que, originalmente, não faziam parte daquela relação.

E a arbitragem não está insensível a isso. Ao contrário, vocacionada para facilitar o comércio e as relações empresariais, adapta-se com facilidade às novas circunstâncias fáticas, sem perder seu fundamento básico que é o consensualismo. Na prática, isso significa admitir que a concordância com essa forma de resolução de disputas pode ser externada pelos interessados de modo tácito e até mesmo indireto, não sendo, ademais, sempre inequívoca. Afinal, não raro os agentes comerciais que adentram a relação contratual cuidam de praticar atos relativos ao contrato base, seja negociando, executando ou recebendo obrigações e prestações relativas àquele contrato, sem se preocupar em ratificar expressamente a respectiva convenção de arbitragem.

Nesse contexto, apresentam-se diversos fundamentos para vincular uma pessoa a uma convenção de arbitragem que não celebrou, oriundos, sobretudo, do direito civil. São exemplos os casos de representação, incorporação por referência, adesão a cláusulas compromissórias em entes associativos, grupos de sociedades, o conceito de *estoppel*, a desconsideração da personalidade jurídica na arbitragem, a estipulação em favor de terceiro, a cessão da posição contratual, a cessão de crédito, e assunção de dívida e a sucessão, examinados neste trabalho.

Cada um deles auxilia a resolução de um dos seguintes três problemas: identificar quem é a verdadeira parte de uma dada convenção de arbitragem, adicionar uma nova parte a uma cláusula compromissória firmada *inter alios* ou substituir uma parte por outra, não signatária do pacto arbitral. Com base nisso é que classificamos as variadas hipóteses de vinculação de não signatários à convenção de arbitragem, agrupando algumas daquelas que aparecem com maior frequência na doutrina e na jurisprudência em casos de identificação de partes não signatárias, adição de partes não signatárias ou substituição por partes não signatárias.

Avançando ao exame dessas hipóteses, procuramos conciliar suas características próprias com a natureza consensual da arbitragem. Assim, vimos que, por vezes, as hipóteses e seus respectivos fundamentos são suscitados de forma incorreta ou desnecessária no contexto da vinculação de não signatários à arbitragem, ao passo que, em outras situações, efetivamente auxiliam o trabalho do intérprete na definição dos limites subjetivos da convenção de arbitragem.

A partir daí, constatamos que a noção de consentimento tem, hoje, contornos imprecisos e flexíveis, que se adequam de acordo com as circunstâncias fáticas, em cada caso concreto. Apesar disso, alguma manifestação de consentimento deve necessariamente estar presente para que um determinado sujeito possa ser considerado parte de uma arbitragem. Isso sob pena de atentar-se, a um só tempo, à Lei de Arbitragem e à CF. Enfim, não sendo possível identificar o consentimento do não signatário em parte e de modo algum, ele deve ser considerado efetivamente um terceiro, não vinculado à convenção de arbitragem. O dogma do consentimento, portanto, permanece vivo e presente, ainda que de modo cada vez mais brando. Para que seja finalmente rompido, será preciso, sobretudo, ressignificar o princípio da inafastabilidade da jurisdição, o que não foi o objetivo deste trabalho.

REFERÊNCIAS

ABBUD, André de Albuquerque Cavalcanti. *Homologação de Sentenças Arbitrais Estrangeiras*. In: CARMONA, Carlos Alberto (Coord.). Coleção Atlas de Processo Civil. São Paulo: Atlas, 2008.

ADAMEK, Marcelo Vieira Von. *Responsabilidade civil dos administradores de S.A.* São Paulo: Revista dos Tribunais, 2009.

AGUIAR JR., Ruy Rosado de. *Extinção dos contratos por incumprimento do devedor*. 2. ed. Rio de Janeiro: Aide, 2004.

ALVIM, Teresa Arruda. *Não sujeição do terceiro anuente à cláusula de compromisso arbitral prevista em contrato*. In: Pareceres. São Paulo: Editora Revista dos Tribunais, V. 1, 2012, Pp. 123-144.

APRIGLIANO, Ricardo de Carvalho. *Extensão da cláusula compromissória a partes não signatárias no direito societário*. In: Revista do Advogado. São Paulo: AASP, v. 19, 2013, pp. 140-153.

ARNALDEZ, Jean-Jacques; DERAINS, Yves; JARVIN, Sigvard. *Collection of ICC Arbitral Awards. Recueil des sentences arbitrales de la CCI (1986-1990)*. The Hague: Kluwer Law International, v. 2, 1994.

_____; _____; HASCHER, Dominique. *Collection of ICC Arbitral Awards. Recueil des sentences arbitrales de la CCI (1991-1995)*. The Hague: Kluwer Law International, v. 3, 1997.

_____; _____; _____. *Collection of ICC Arbitral Awards. Recueil des sentences arbitrales de la CCI (1996-2000)*. The Hague: Kluwer Law International, v. 4, 2003.

_____; _____; _____. *Collection of ICC Arbitral Awards. Recueil des sentences arbitrales de la CCI (2001-2007)*. The Hague: Kluwer Law International, v. 5, 2009.

AZEVEDO, Álvaro Villaça. *Código Civil comentado: negócio jurídico*. São Paulo: Atlas, 2003.

AZEVEDO, Antônio Junqueira de. *Negócio jurídico: existência, validade e eficácia.* 4. ed. 14. tiragem, São Paulo: Saraiva, 2017.

BARROCAS, Manuel Pereira. *Manual de Arbitragem.* Almedina: Coimbra, 2010.

BDINE JR., Hamid Charaf. *Cessão da posição contratual.* 2. ed. São Paulo: Saraiva, 2008.

BERALDO, Leonardo de Faria. *Curso de arbitragem nos termos da lei n. 9.307/96.* São Paulo: Atlas, 2014.

BESSON, Sébastian. *Piercing the corporate veil: back on the right track.* In: Multiparty Arbitration (editado por Bernard Hanotiau e Eric Shwartz). Paris: Dossiers, ICC Institute of World Business Law, 2010, pp. 147-159.

BESSONE, Darcy. *Do contrato.* 4. ed. São Paulo: Saraiva, 1997.

BIANCA, Massimo. *Diritto Civile.* 2. ed. Milano: Giuffrè, v. 4, 1993.

BIANCHI, Leonardo. *Da cláusula de estoppel e sua dinâmica na esfera dos negócios jurídicos privados.* Revista de Direito Privado. São Paulo: Revista dos Tribunais, v. 24, out – dez 2005, pp. 54-78.

BIANQUI, Pedro Henrique Torres. *Desconsideração da personalidade jurídica no processo civil.* São Paulo: Saraiva, 2011.

BIRENBAUM, Gustavo. *Teoria da Aparência.* Porto Alegre: Sérgio Antonio Fabris, 2012.

BONICIO, Marcelo José Magalhães. *Arbitragem e Estado: ensaio sobre o litígio adequado.* In: Revista de Arbitragem e Mediação. São Paulo: Revista dos Tribunais, v. 45, 2015, pp. 155-174.

BORGHI, Hélio. *Teoria da aparência no direito brasileiro.* São Paulo: Lejus, 1999.

BORN, Gary B. *International Arbitration Cases and Materials.* 2. ed. The Hague: Kluwer International Law, 2015.

_____. *International Commercial Arbitration.* 2. ed. The Hague: Kluwer International Law, 2014.

BRAGA, Rodrigo Bernardes. *Teoria e prática da arbitragem.* Belo Horizonte: Del Rey, 2009.

BREKOULAKIS, Stavros L. *Third Parties in International Commercial Arbitration.* Oxford International Arbitral Series. New York: Oxford University Press, 2010.

CABRAL, Antonio da Silva. *Cessão de Contratos.* São Paulo: Saraiva, 1987.

CAHALI, Francisco José. *Curso de Arbitragem: mediação, conciliação, tribunal multiportas.* 7. ed., rev., atual. e ampl. São Paulo: Thompson Reuters Brasil, 2018.

CAMPOS, Diogo Leite de. *Contrato a favor de terceiro.* Coimbra: Almedina, 2009.

CANTIDIANO, Luiz Leonardo. *Notas sobre a arbitrabilidade subjetiva na sociedade por ações. Evolução doutrinária e legislativa.* In: CARMONA, Carlos Alberto; LEMES, Selma Ferreira; MARTINS Pedro Batista (Coords.). 20 anos da lei de arbitragem: homenagem a Petrônio R. Muniz. São Paulo: Atlas, 2017, pp. 885-894.

_____. *Reforma da Lei das S.A. comentada*. Rio de Janeiro: Renovar, 2002.
CARDOSO, Paula Butti. *Limites subjetivos da convenção de arbitragem*. Dissertação (Mestrado em Direito) – Faculdade de Direito da Universidade de São Paulo, São Paulo, 2013.
CARMONA, Carlos Alberto. *Arbitragem e Processo: Um Comentário à Lei nº 9.307/96*. 3. ed. São Paulo: Atlas, 2009.
_____. *Flexibilização do procedimento arbitral*. In: Revista Brasileira de Arbitragem. São Paulo: Thompson-IOB, n. 24, out.-nov.-dez. 2009, pp. 7-21.
CARRESI, Franco. *La cessione del contratto*. Milano: Giuffrè, 1950.
CARVALHOSA, Modesto. *Comentários à lei de sociedades anônimas*. 6. ed. São Paulo: Saraiva, v. 2, 2014.
_____; EIZIRIK, Nelson. *A nova Lei das S.A*. São Paulo: Saraiva, 2002.
_____; KUYVEN, Fernando. *Tratado de Direito Empresarial: Sociedades Anônimas*. São Paulo: Revista dos Tribunais, v. III, 2016.
CICALA, Rafaele. *Il negozio di cessione del contrato*. Napoli: Jovene, 1962.
CLÁUSULA de arbitragem padrão CCI. Disponível em: <https://cdn.iccwbo.org/content/uploads/sites/3/2016/11/Standard-ICC-Arbitration-Clause-in-PORTUGUESE-1.pdf>. Acesso em: 27 jul. 2019.
CLÁUSULA de arbitragem padrão UNCITRAL. Disponível em: <http://internationalarbitrationlaw.com/about-arbitration/international-arbitration-agreements/uncitral-arbitration-clause/>. Acesso em: 27 jul. 2019.
CLAY, Thomas. *A extensão da cláusula compromissória às partes não contratantes (Fora grupos de contratos e grupos de sociedades/empresas)*. In: Revista Brasileira de Arbitragem. São Paulo: Thompson-IOB, 2005, pp. 74 et seq.
COHEN, Daniel. *Arbitrage et Societé*. Bibliothèque de Droit Privé. Tome 229. Paris: LGDJ, 1993.
COMPARATO, Fábio Konder. *Aparência de representação: a insustentabilidade de uma teoria*. In: Revista de Direito Mercantil. São Paulo: Malheiros, v. 111, 1998, pp. 39-44.
_____. *Sucessões Empresariais*. In Revista dos Tribunais. São Paulo: Thomson Reuters, vol. 747, 1998, pp. 793-799.
CORAPI, Diego; ARAÚJO, Danilo Borges dos Santos Gomes de. *A obrigatoriedade da cláusula de arbitragem nos estatutos das companhias abertas: anotações a partir da decisão no caso 'In Re Petrobras Securities Litigation'*. In: Revista de Arbitragem e Mediação. São Paulo: Revista dos Tribunais, v. 55, out.-dez. 2017, pp. 161-199.
COSTA, Guilherme Recena. *Partes e Terceiros na Arbitragem*. Tese (Doutorado em Direito) – Faculdade de Direito da Universidade de São Paulo, São Paulo, 2015.
CREMADES, Bernardo. *Good Faith in International Arbitration*. Washington, D.C.: American University International Law Review, n. 4, 2012.

DELAYGUA, Joaquín J. Forner. *La cesión de contrato.* Barcelona: Bosch, 1989.
DE NOVA, Giorgio. *I terzi e la convenzione arbitrale.* Rivista dell'arbitrato. Milano: Giuffrè, ano XXII, n. 4, 2012.
DERAINS, Yves. *Is There a Group of Companies Doctrine?* In: Multiparty Arbitration. (editado por Bernard Hanotiau e Eric Shwartz). Paris: Dossiers, ICC Institute of World Business Law, 2010, pp. 131-145.
_____. *L'extension de la clause d'arbitrage aux non-signatories: la doctrine des groupes de sociétés.* In: Arbitration Agreement: its multifold aspects. Genève: Association Suisse d'Arbitrage, ASA Special Series, n. 8, 1999.
_____; JARVIN, Sigvard. *Collection of ICC Arbitral Awards. Recueil des sentences arbitrales de la CCI (1974-1985).* The Hague: Kluwer Law International, v. 1, 1994.
DIDIER JR., Fredie; ARAGÃO, Leandro. *A desconsideração da personalidade jurídica no processo arbitral.* In: CAHALI, Francisco José; RODOVALHO, Thiago; FREIRE, Alexandre. (Orgs.). Arbitragem: estudos sobre a lei n. 13.129 de 26-5-2016. São Paulo: Saraiva, 2016, pp. 259-272.
DILL, Amanda Lemos. *Jurisprudência Estatal Nacional Comentada: Superior Tribunal de Justiça. Recurso Especial 1.698.730/SP. Ação cautelar de arresto. Bens de terceiros. Desconsideração da personalidade jurídica. Assegurar o resultado útil da vindoura sentença arbitral. Competência do juízo arbitral.* In: Revista Brasileira de Arbitragem. São Paulo: Thompson-IOB, v. 15, n. 60, 2018, pp. 104-111.
DINAMARCO, Cândido Rangel. *A arbitragem na teoria geral do processo.* São Paulo: Malheiros, 2013.
EIZIRIK, Nelson. *A Lei das S.A. Comentada.* São Paulo: Quartier Latin, v. I, artigos 1º a 120, 2011.
ENEI, José Virgílio Lopes. *A arbitragem nas sociedades anônimas.* In: Revista de Direito Mercantil, Industrial, Econômico e Financeiro. São Paulo: Malheiros, n. 129, 2003.
FARIA, Marcela Kohlbach de. *Participação de Terceiros na Arbitragem.* In: YARSHELL, Flavio Luiz e SETOGUTI, Guilherme (Coord.). Coleção Processo e Arbitragem. São Paulo: Quartier Latin, 2019.
FLAKS, Luís Loria. *A arbitragem na reforma da lei das S.A.* In: Revista de Direito Mercantil, Industrial, Econômico e Financeiro. São Paulo: Malheiros, n. 131, jul.-set. 2003, pp. 112-119.
FONSECA NETO, Dilson Jatahy. *Assunção de dívida: conceito, estrutura e negócios jurídicos afins.* 1. ed. São Paulo: Ed. YK, 2018.
FOUCHARD, Philippe; GAILLARD, Emmanuel; GOLDMAN, Berthold. *International Commercial Arbitration.* Edited by Emmanuel Gaillard and John Savage. The Hague: Kluwer Law International, 1999.
GAGLIARDI, Rafael Villar. *O avesso da forma: contribuição do direito material à disciplina dos terceiros na arbitragem (uma análise a partir de casos emblemáticos da*

jurisprudência brasileira). In: MELO, Leonardo de Campos; BENEDUZI, Renato Resende (Coords.). A Reforma da Arbitragem. Rio de Janeiro: Forense, 2016, pp. 201-230.

GARCIA-AMIGO, Manuel. *La cesión de contratos en el derecho español.* Madrid: Revista de Derecho Privado, 1964.

GOMES, Luiz Roldão de Freitas. *Da Assunção de Dívida e sua Estrutura Negocial.* 2. ed. Rio de Janeiro: Lumen Juris, 1998.

GOMES, Orlando. *Contratos.* 26. ed., Rio de Janeiro: Forense, 2008.

_____. *Sucessões.* 14. ed., Rio de Janeiro: Forense, 2008.

GONÇALVES, Eduardo Damião. *Arbitrabilidade objetiva.* Tese (Doutorado em Direito Internacional) – Faculdade de Direito da Universidade de São Paulo, São Paulo, 2008.

GONÇALVES NETO, Alfredo de Assis. *Noções Gerais.* Capítulo IV. In: CARVALHOSA, Modesto (Coord.). Tratado de Direito Empresarial: Empresa Individual de Responsabilidade Limitada e Sociedade de Pessoas. São Paulo: Revista dos Tribunais, v. II, 2016.

GREENBERG, Simon; FERIS, José Ricardo; ALBANESI, Christian. *Consolidation, joinder and cross-claims: multi-party and multi-contract arbitration – recent ICC experience.* In: Multiparty Arbitration (editado por Bernard Hanotiau e Eric Shwartz). Paris: Dossiers, ICC Institute of World Business Law, 2010, pp. 147-159.

GUERRERO, Luís Fernando. *Convenção de arbitragem e processo arbitral.* São Paulo: Atlas, 2009.

HAICAL, Gustavo. *Cessão de crédito: existência, validade e eficácia.* São Paulo: Saraiva, 2013.

HANOTIAU, Bernard. *Complex arbitrations: Multiparty, Multicontract, Multi-Issue and Class Actions.* The Hague: Kluwer Law International, 2006.

_____. *Consent to arbitration: Do we share a common vision?* In: Arbitration International. [S.l.]: Oxford Academic, Issue 4, v. 27, dec. 2011, pp. 539-554.

_____. *Groupes de sociétés et groupes de contrats dans l'arbitrage comercial international.* In: Revista de Arbitragem e Mediação. São Paulo: Revista dos Tribunais, v. 12, 2007, pp. 114 et seq.

_____. *Non-signatories in international arbitration: lessons from thirty years of case law.* In: Arbitration International 2006: Back to Basics? Van den Berg ed., ICCA Congress Series, 2007, pp. 341 et seq.

HENRIQUES, Duarte Gorjão. *A extensão da convenção de arbitragem no quadro dos grupos de empresas e da assunção de dívidas: um vislumbre de conectividade?* In: Revista de Arbitragem e Mediação. São Paulo: Revista dos Tribunais, v. 45, 2015, pp. 65-97.

HORSMANS, Guy. *L'interprétation des contrats internationaux*. In: L'arbitrage commercial international. L'apport de la jurisprudence arbitrale. Publication de la CCI, 1986.

HUCK, Hermes Marcelo. *Os limites do procedimento arbitral*. In: Estudos de direito econômico e economia da concorrência: homenagem ao Prof. Dr. Fábio Nusdeo. Curitiba: Juruá Editora, 2009, pp. 225-232.

ICCA Yearbook Commercial Arbitration. The Hague: Kluwer Law International, v. 10, 1985.

JABARDO, Cristina Saiz. *"Extensão" da Cláusula Compromissória na Arbitragem Comercial Internacional: o Caso dos Grupos Societários*. Dissertação (Mestrado em Direito) – Faculdade de Direito da Universidade de São Paulo, São Paulo, 2009.

KARAM, Munir. *A transmissão das obrigações: cessão de crédito e assunção de dívida*. In: FRANCIULI NETO, Domingos; MENDES, Gilmar Ferreira; MARTINS FILHO, Ives Gandra da Silva (Coords). O novo Código Civil: estudos em homenagem ao professor Miguel Reale. São Paulo: LTr, 2003, pp. 313-330.

KONDER, Carlos Nelson. *Contratos conexos: grupos de contratos, redes contratuais e Contratos Coligados*. Rio de Janeiro: Renovar, 2006.

LAMAS, Natália Mizrahi. *A cláusula compromissória estatutária como regra de governância corporativa: uma análise de seus aspectos subjetivos e objetivos*. Dissertação (Mestrado em Direito) – Faculdade de Direito da Universidade do Estado do Rio de Janeiro, Rio de Janeiro, 2007.

LEITÃO, Luiz Manuel Telles de Menezes. *Cessão de créditos*. Coimbra: Almedina, 2016.

LEMES, Selma Maria Ferreira. *Arbitragem na administração pública. Fundamentos jurídicos e eficiência econômica*. São Paulo: Quartier Latin, 2007.

_____. *Cláusula Compromissória por Referência. Contratos Comerciais Internacionais e a Convenção de Nova Iorque*. In: LEMES, Selma Ferreira; LOPES, Christian Sahb Batista (Coords.). Arbitragem Comercial Internacional: 60 anos da Convenção de Nova Iorque. São Paulo: Ed. Quartier Latin, 2019, pp. 385-418.

LUCON, Paulo Henrique dos Santos; BARIONI, Rodrigo; MEDEIROS NETO, Elias Marques de. *A causa de pedir das ações anulatórias de sentença arbitral*. In: Revista de Arbitragem e Mediação. São Paulo: Revista dos Tribunais, v. 46, 2015, pp. 265-276.

MANTILLA-SERRANO, Fernando. *Multiple parties and multiple contracts: divergent or comparable issues?* In: Multiparty Arbitration. Dossiers ICC Institute of World Business Law. Paris: Hanotiau & Schwartz (eds.), 2010, pp. 11-33.

MARINO, Francisco Paulo De Crescenzo. *Contratos coligados no direito brasileiro*. São Paulo: Saraiva, 2009.

REFERÊNCIAS

_____. *Eficácia da convenção de arbitragem perante terceiros: o caso do terceiro beneficiário*. In: BENETTI, Giovana et al (Coords.). Direito, Cultura, Método. Leituras da obra de Judith Martins-Costa. Rio de Janeiro: GZ Editora, 2019, pp. 859-876.

_____. *Interpretação do Negócio Jurídico*. São Paulo: Saraiva, 2011.

MAROLLA, Eugênia Cristina Cleto. *A Arbitragem e os contratos da administração pública*. Rio de Janeiro: Lumen Juris, 2016.

MARTINS, Pedro A. Batista. *A arbitragem nas sociedades de responsabilidade limitada.* In: Revista de Direito Mercantil, Industrial, Econômico e Financeiro. São Paulo: Malheiros, n. 126, 2002, pp. 213-220.

_____. *Apontamentos sobre a Lei de Arbitragem*. Rio de Janeiro: Forense, 2008.

_____. *Arbitragem no Direito Societário*. São Paulo: Quartier Latin, 2012.

_____. *Cláusula compromissória*. In: MARTINS, Pedro A. B.; LEMES, S. M. Ferreira; CARMONA, Carlos A. (Coords.). Aspectos fundamentais da Lei de Arbitragem. Rio de Janeiro: Forense, 1999.

MARTINS-COSTA, Judith. *A boa-fé no direito privado: critérios para a sua aplicação*. 2. ed. São Paulo: Saraiva Educação, 2018.

_____. *A boa-fé no direito privado: sistema e tópica no processo obrigacional*. São Paulo: Revista dos Tribunais, 2000.

MATTOS FILHO, Ary Oswaldo. *Direito dos valores mobiliários*. Rio de Janeiro: FGV, v. 1, tomo 2, 2015.

MAZZONETTO, Nathalia. *Partes e terceiros na arbitragem*. Dissertação (Mestrado em Direito) – Faculdade de Direito da Universidade de São Paulo, São Paulo, 2012.

MCKINNIS, Scott M. *Enforcing Arbitration with a Nonsignatory: Equitable Estoppel and Defense Piercing of the Corporate Veil – Sunkist Soft Drinks, Inc. v Sunkist Growers, Inc*. Journal of Dispute Resolution. Missouri: v. 1995, Issue 1, Article 11, 1995, pp. 197-211.

MELO, Leonardo de Campos. *Extensão da cláusula compromissória e grupos de sociedades: A prática arbitral CCI e sua compatibilidade com o direito brasileiro*. Rio de Janeiro: Forense, 2013.

MENEZES CORDEIRO, António Manuel da Rocha e. *Da boa fé no direito civil*. 7. reimpressão, Coimbra: Almedina, 2017.

MONTEIRO, Washington de Barros; MALUF, Carlos Alberto Dabus; DA SILVA, Regina Beatriz Tavares. *Curso de Direito Civil. Direito das obrigações*. 36. ed. São Paulo: Saraiva, 1ª parte, 2009.

MOSER, Luiz Gustavo Meira. *A aceitação da cláusula compromissória pelo silêncio, à luz da conduta negocial das partes: a cláusula geral do art. 111 do Código Civil brasi-*

leiro. In: Revista de Direito Mercantil, Industrial, Econômico e Financeiro. São Paulo: Malheiros, v. 153-154, 2010, pp. 105-115.

MOURRE, Alexis. *L'intervention des tiers à l'arbitrage*. In: Revista Brasileira de Arbitragem. São Paulo: Thompson-IOB, v. 16, 2007, pp. 76-97.

MUNIZ, Joaquim de Paiva; PRADO, Maria da Graça Almeida. *Agreement in writing e requisitos formais da cláusula de arbitragem: nova realidade, velhos paradigmas*. In: Revista de Arbitragem e Mediação. São Paulo: Revista dos Tribunais, v. 26, jul/set. 2010, pp. 59-75.

MÜSSNICH, Francisco Antunes Maciel. *Cláusula compromissória estatutária e a vinculação dos administradores*. In: CARMONA, Carlos Alberto; LEMES, Selma Ferreira; MARTINS, Pedro Batista (Coords.). 20 anos da lei de arbitragem: homenagem a Petrônio R. Muniz. São Paulo: Atlas, 2017, pp. 870-884.

_____; PERES, Fábio Henrique. *Arbitrabilidade subjetiva no direito societário e direito de recesso*. In: MELO, Leonardo de Campos; BENEDUZI, Renato Resende (Coords.). A Reforma da Arbitragem. Rio de Janeiro: Forense, 2016, pp. 673-694.

NANNI, Giovanni Ettore. *Cláusula Compromissória como negócio jurídico: análise de sua existência, validade e eficácia*. In: NANNI, Giovanni Ettore. Direito Civil e Arbitragem. São Paulo: Atlas, 2014, pp. 9-58.

NOLAN, Michael D.; SOURGEN, Frederic G. *Limits of Consent: Arbitration without privity and beyond*. In: Liber Amicorum Bernardo Cremades. The Hague: Kluwer Law International, 2010, pp. 873-912.

PARENTE, Eduardo de Albuquerque. *Processo arbitral e sistema*. São Paulo: Atlas, 2012.

PARK, William W. *Non-Signatories and International Contracts: an Arbitrator's Dilema*. In: Multiple party actions in International Arbitration. Permanent Court of Arbitration. New York: Oxford University Press, 2009.

PEDROSO, Luiza Romanó. *Da manifestação de vontade enquanto fundamento para a "extensão" da cláusula compromissória ao Estado*. Tese de Láurea – Faculdade de Direito da Universidade de São Paulo, São Paulo, 2016.

PENTEADO, Luciano de Camargo. *Efeitos contratuais perante terceiros*. São Paulo: Quartier Latin, 2007.

_____; BOLOTTI, Isabela Maria Lopes. *Venire contra factum proprium: uma análise comparativa da utilização da figura pela jurisprudência brasileira e italiana*. Revista de Direito Privado. São Paulo: Revista dos Tribunais, v. 61, 2015, pp. 145-172.

PEREIRA, Caio Mário da Silva. *Instituições de direito civil: direito das sucessões*. 25. ed. Rio de Janeiro: Forense, v. VI, 2018.

_____. *Instituições de direito civil: introdução ao direito civil, teoria geral de direito civil*. 31. ed. Rio de Janeiro: Forense, v. I, 2018.

PETROCHILOS, Georgios. *The extension of the arbitration clauses to a non-signatory state or state entities: Does it raise different issues?* In: Multiparty Arbitration. Dossiers, ICC Institute of World Business Law. Paris: Bernard Hanotiau e Eric Shwartz (eds), 2010, pp. 119-130.

PIETRO, Domenico di. *Incorporation of Arbitration Clauses by Reference.* Journal of International Arbitration. The Netherlands: Kluwer Law International, v. 21, issue 5, 2004, pp. 439-452.

PINNA, Andrea. *Réflexions sur l'arbitrage forcé.* In: Les Cahiers de L'Arbitrage. Paris: A. Pedone, v. V, 2011, pp. 144-154.

PINTO, Carlos Alberto da Mota. *Cessão da posição contratual.* Coimbra: Almedina, 2003.

PINTO, José Emílio Nunes. *Convenção arbitral: Justiça deve reconhecer convenção arbitral em casos de sucessão.* Consultor Jurídico, 03 jul. 2004. Disponível em: https://www.conjur.com.br/2004-jul-03/justica_reconhecer_arbitragem_casos_sucessao?. Acesso em: 26 jul. 2019.

PINTO, Paulo da Mota. *Declaração tácita e comportamento concludente no negócio jurídico.* Coimbra: Almedina, 1995.

PONTES DE MIRANDA, Francisco Cavalcanti. *Tratado de Direito Privado.* Rio de Janeiro: Borsoi, tomo III, 1954.

_____._____. 2. ed. Rio de Janeiro: Borsoi, tomo XXIII, 1958.

_____._____. 2. ed. Rio de Janeiro: Borsoi, tomo XLIII, 1963.

_____._____. 3. ed. Rio de Janeiro: Borsoi, tomo III, 1970.

_____._____. 3. ed. Rio de Janeiro: Borsoi, tomo LV, 1968.

_____._____. 3. ed. São Paulo: Revista dos Tribunais, tomo XXIII, 1984.

_____._____. São Paulo: Revista dos Tribunais, tomo XXIII, 2012.

REDFERN, Alan; HUNTER, Martin; BLACKABY, Nigel; PARTASIDES, Constantine. *International Arbitration.* 6. ed. New York: Oxford University Press, 2015.

_____; _____; _____; _____. *Law and Practice of International Commercial Arbitration.* London: Sweet & Maxwell, 1991.

ROSA, Pérsio Thomaz Ferreira. *Os terceiros em relação à convenção de arbitragem: tentativa de sistematização sob a perspectiva do direito privado brasileiro.* Dissertação (Mestrado em Direito) – Pontifícia Universidade Católica de São Paulo, São Paulo, 2010.

ROSITO, Francisco. *Os contratos conexos e sua interpretação.* In: Revista de Direito Mercantil, Industrial, Econômico e Financeiro. São Paulo: Malheiros, v. 46, n. 145, jan./mar. 2007, pp. 85-106.

SALLA, Ricardo Medina. *Arbitragem e Administração Pública. Brasil, Argentina, Paraguai e Uruguai.* São Paulo: Quartier Latin, 2015.

SALLES, Carlos Alberto de. *Arbitragem em contratos administrativos.* Rio de Janeiro: Forense, 2011.

SALLES, Marcos Paulo de Almeida. *A aplicação da desconsideração da personalidade jurídica à arbitragem.* In: VERÇOSA, Haroldo Malheiros Duclerc (Org.). Aspectos da arbitragem institucional: 12 anos da Lei 9.307 de 1996. São Paulo: Malheiros, 2008, pp. 129-148.

SCHREIBER, Anderson. *A proibição de comportamento contraditório: tutela da confiança e venire contra factum proprium.* 4. ed. rev. e atual. São Paulo: Atlas, 2016.

_____. *Manual de Direito Civil Contemporâneo.* São Paulo: Saraiva, 2018.

SERAGLINI, Christophe; ORTSCHEIDT, Jérôme. *Droit de l'arbitrage interne et international.* Paris: Montchrestien, 2013.

SESIN-TABARELLI, Andrea. *Extension of the arbitration agreement to non-signatories. Landscape of legal theories and jurisdictional approaches.* ICC Dispute Resolution Bulletin, Issue 4, 2017.

SOMBRA, Thiago Luís Santos. *A tutela da confiança em face dos comportamentos contraditório.* Revista de Direito Privado. São Paulo: Revista dos Tribunais, v. 33, 2008, pp. 307-342.

SPERANDIO, Felipe Vollbrecht. *Convenção de Arbitragem.* In: LEVY, Daniel; PEREIRA, Guilherme Setoguti J. (Coords.). Curso de Arbitragem. São Paulo: Revista dos Tribunais, 2019, pp. 63-118.

TELLECHEA, Rodrigo. *A arbitragem nas Sociedades Anônimas: direitos individuais e princípio majoritário.* São Paulo: Quartier Latin do Brasil, 2016.

TELLES, Inocêncio Galvão. *Manual dos contratos em geral.* Coimbra: Coimbra Editora, 2002.

THEODORO JR., Humberto. *Curso de Direito Processual Civil: Procedimentos Especiais.* 50. ed., ver., atual. e ampl. Rio de Janeiro: Forense, v. II, 2016.

TIBURCIO, Carmen. *Arbitragem envolvendo a administração pública: notas sobre as alterações introduzidas pela lei 13.129/2005.* In: Revista de Processo. São Paulo: Revista dos Tribunais, v. 254, 2016, pp. 431-462.

TYLER, Timothy; KOVARSKY, Lee; STEWART, Rebecca. *Beyond Consent: Applying Alter Ego and Arbitration Doctrines to Bind Sovereign Parents.* In: Multiple Party Actions and International Arbitration. New York: Oxford University Press, 2009.

VARELA, João de Matos Antunes. *Das obrigações em geral.* 7. ed. Coimbra: Almedina, v. II, 1999.

VENOSA, Silvio de Salvo. *Direito Civil. Parte Geral.* 4. ed. São Paulo: Atlas, v. I, 2004.

VETTA, Maddalena. *Cessione del contrato, cessione del credito e circolazione della clausola compromissoria*. Doutorado Libera Università Internazionale Degli Studi Sociali – Tutor: Prof. Bruno Capponi. Anno accademico, 2013/2014.

VILELA, Marcelo Dias Gonçalves. *Arbitragem no direito societário*. Belo Horizonte: Mandamentos, 2004.

WALD, Arnoldo. *A arbitrabilidade dos conflitos societários: contexto e prática*. In: YARSHELL, Flavio e PEREIRA, Guilherme Setoguti (Coords.). Processo Societário. São Paulo: Quartier Latin, v. 2, 2015, pp. 91-116.

_____. *A arbitrabilidade dos conflitos societários: lições preliminares (I)*. In: Revista de Arbitragem e Mediação. São Paulo: Revista dos Tribunais, v. 12, 2007, pp. 22 et seq.

_____. *A arbitragem, os grupos societários e os conjuntos de contratos conexos*. In: Revista de Arbitragem e Mediação. São Paulo: Revista dos Tribunais, v. 2, 2004, pp. 31 et seq.

_____. *A desconsideração na arbitragem societária*. In: Revista de Arbitragem e Mediação. São Paulo: Revista dos Tribunais, v. 44, 2015, pp. 49-64.

_____. *A não vinculação da sociedade à cláusula compromissória prevista no acordo de acionistas, do qual participou como mera interveniente*. In: CASTRO, Rodrigo Roca Monteiro de; WARDE JÚNIOR, Walfrido Jorge; GUERREIRO, Carolina Dias Tavares (Coords.). Direito empresarial e outros estudos de Direito: homenagem ao Professor José Alexandre Tavares Guerreiro. São Paulo: Quartier Latin, 2013, pp. 594-617.

_____. *ARTIGO II (incisos 1 e 2): Os aspectos formais da Convenção de Arbitragem (Comentários do artigo II, (1) e (2), da Convenção de Nova Iorque, e sua Aplicação no Direito Brasileiro)*. In: WALD, Arnoldo; LEMES, Selma Ferreira (Coords.). Arbitragem comercial internacional: a Convenção de Nova Iorque e o direito brasileiro. São Paulo: Saraiva, 2011, pp. 83-125.

_____; CAVALCANTI, Ana Elizabeth L. W.; PAESANI, Liliana Minardi. *Direito Civil: Introdução e Parte Geral*. 14. ed. São Paulo: Saraiva, v. 1, 2015.

WIEACKER, Franz. *El principio general de la buena fe*. Madrid: Civitas, 1982.

YOUSSEF, Karim. *The limits of consent: the right or obligation to arbitrate of non-signatories in Group of Companies*. In: Multiparty Arbitration. Dossiers ICC Institute of World Business Law. Paris: Hanotiau & Schwartz (eds.), 2010, pp. 71-109.

ZERBINI, Eugenia C. G. de Jesus. *Cláusulas arbitrais: transferência e vinculação de terceiros à arbitragem*. In: JOBIM, Eduardo; MACHADO, Rafael Bicca (Coords.) Arbitragem no Brasil: Aspectos jurídicos relevantes. São Paulo: Quartier Latin, 2008, pp. 141-151.

JURISPRUDÊNCIA E PRECEDENTES ARBITRAIS

American Bureau of Shipping v. Tencara Shipyard SPA	120
Cadbury Adams Middle East, S.A.L. v. Chupa Chups, S.A	108
CCI nº 1434/1975	79, 108
CCI nº 2375/1975	108
CCI nº 3493/1983	113
CCI nº 4131/1982	107
CCI nº 5103/1988	108
CCI nº 5721/1990	108, 130
CCI nº 5730/1988	79, 128
CCI nº 6519/1991	108
CCI nº 7604/1995	108
CCI nº 7610/1995	108
CCI nº 7626/1995	128
CCI nº 8385/1995	128
CCI nº 10510/2000	108
CCI nº 11160/2002	108
Choctaw Generation Ltd. Partnership v. Am. Home Assurance	118
Deloitte Noraudit A/S v. Deloitte Haskins & Sells, U.S.	120
Gouvernement du Pakistan – Ministère des affaires religieuses v. société Dallah Real Estate and Tourism Holding Company	115
International Paper Co. v. Schwabedissen Maschinen & Anlagen GmbH	120
Kornas Marma v. Durant-Auzias	108
Tepper Realty Co. v. Mosaic Tile Co.	120
TJ/DF, Apelação Cível nº 20110111045065, Rel. Desa. Simone Lucindo, 1ª Turma Cível, d.j. 14.08.2013	90
TJ/GO, Apelação Cível nº 0450729-48.2013.8.09.0174; Rel. Des. Olavo Junqueira de Andrade, d.j. 19.10.2017	150

TJ/GO, Apelação Cível nº 386769-75.2008.8.09.0051 (200893867691);
Rel. Des. Alan Sebastião de Sena Conceição, d.j. 20.10.2011..................... 73
TJ/MG, Agravo de Instrumento nº 1.0035.09.169452-7/001, Rel. Des.
Gutemberg da Mota e Silva, 10ª Câmara Cível, d.j. 13.04.2010................ 90
TJ/MG, Apelação Cível nº 1.0024.08.071075-9/001, Rel. Des. Francisco
Kupidlowski, 13ª Câmara Cível, d.j. 09.07.2009 90
TJ/MG, Apelação Cível nº 1.0079.12.062072-3/002, Rel. Des. Arnaldo
Maciel, 18ª Câmara Cível, d.j. 07.10.2014 90
TJ/MG, Apelação Cível nº 1.0702.09.554297-4/001, Rel. Desa. Márcia de
Paoli Balbino, 17ª Câmara Cível, d.j. 22.11.2012......................... 159
TJ/MG, Apelação Cível nº 2.0000.00.511747-5/000, Rel. Des. Viçoso
Rodrigues, 15ª Câmara Cível, d.j. 22.09.2005............................. 159
TJ/MG, Embargos de Declaração na Apelação Cível nº 1.0000.16.073163-4/
002, Rel. Des. Manoel dos Reis Morais, 10ª Câmara Cível, d.j. 04.12.2018   168
TJ/PR, Agravo de Instrumento 0037526-87.2017.8.16.0000, Rel. Des.
Luciano Carrasco Falavinha Souza, 12ª Câmara Cível, d.j. 06.12.2018..... 137
TJ/PR, Apelação Cível 1451111-6, Rel. Des. Mario Nini Azzolini, 11ª Câmara
Cível, d.j. 30.03.2016.. 99
TJ/RJ, Apelação Cível nº 2006.001.14601, Rel. Des. Sergio Lucio de Oliveira
e Cruz, 15ª Câmara Cível, d.j. 19.04.2006 73
TJ/SP, Agravo de Instrumento nº 0071264-63.2012.8.26.0000, Rel. Des.
Galdino Toledo Júnior, 9ª Câmara de Direito Privado, d.j. 03.07.2012.... 137
TJ/SP, Agravo de Instrumento nº 1.091.143-2, Rel. Des. Erbetta Filho, 3ª
Câmara do Primeiro Tribunal de Alçada Civil, d.j. 17.09.2002 169
TJ/SP, Agravo de Instrumento nº 2046676-11.2019.8.26.0000, Rel. Des.
Adilson de Araújo, 31ª Câmara de Direito Privado, d.j. 14.05.2019......... 137
TJ/SP, Agravo de Instrumento nº 2049331-53.2019.8.26.0000, Rel. Des. Sá
Moreira de Oliveira, 33ª Câmara de Direito Privado, d.j. 06.05.2019 137
TJ/SP, Agravo de Instrumento nº 521.027-4/7-00, Rel. Des. Elcio Trujillo,
7ª Câmara de Direito Privado, d.j. 06.08.2008.. 159
TJ/SP, Agravo de Instrumento nº 7.257.844-6, Rel. Des. Campos Mello, 22ª
Câmara de Direito Privado, d.j. 14.10.2008 158
TJ/SP, Apelação Cível nº 0002071-23.2005.8.26.0576, Rel. Des. Hamid
Bdine, 31ª Câmara de Direito Privado, d.j. 25.06.2013 148
TJ/SP, Apelação Cível nº 0114725-76.2012.8.26.0100, Rel. Des. Ana
Catarina Strauch, 27ª Câmara de Direito Privado, d.j. 10.11.2015............ 73
TJ/SP, Apelação Cível nº 0126050-67.2006.8.26.0000, Rel. Des. Álvaro
Passos, 7ª Câmara de Direito Empresarial, d.j. 19.01.2011........................ 90